ANNUAL REPORT ON
INTERNATIONAL COMMERCIAL ARBITRATION
IN
CHINA

中国国际商事仲裁年度报告

（2023~2024）

中国国际经济贸易仲裁委员会 主编
China International Economic and Trade Arbitration Commission

CIETAC

法律出版社
LAW PRESS·CHINA
北京

图书在版编目（CIP）数据

中国国际商事仲裁年度报告. 2023～2024 / 中国国际经济贸易仲裁委员会主编. -- 北京：法律出版社，2024. -- ISBN 978-7-5197-9464-4

Ⅰ. D997.4

中国国家版本馆 CIP 数据核字第 2024XD2317 号

中国国际商事仲裁年度报告（2023～2024）
ZHONGGUO GUOJI SHANGSHI ZHONGCAI NIANDU BAOGAO（2023～2024）

中国国际经济贸易仲裁委员会　主编

策划编辑 沈小英　毛镜澄
责任编辑 毛镜澄　庞玥坤
装帧设计 李　瞻

出版发行 法律出版社
编辑统筹 法治与经济出版分社
责任校对 王　丰
责任印制 吕亚莉
经　　销 新华书店

开本 710 毫米×1000 毫米　1/16
印张 18.75　**字数** 237 千
版本 2024 年 9 月第 1 版
印次 2024 年 9 月第 1 次印刷
印刷 北京虎彩文化传播有限公司

地址：北京市丰台区莲花池西里 7 号（100073）
网址：www.lawpress.com.cn
投稿邮箱：info@lawpress.com.cn
举报盗版邮箱：jbwq@lawpress.com.cn

销售电话：010-83938349
客服电话：010-83938350
咨询电话：010-63939796

书号：ISBN 978-7-5197-9464-4　**定价**：136.00 元

凡购买本社图书，如有印装错误，我社负责退换。电话：010-83938349

《中国国际商事仲裁年度报告（2023～2024）》编辑委员会

前　　言

开放是中国式现代化的鲜明标识。党的二十届三中全会通过的《中共中央关于进一步全面深化改革　推进中国式现代化的决定》指出，“坚持以开放促改革，依托我国超大规模市场优势，在扩大国际合作中提升开放能力，建设更高水平开放型经济新体制”；同时强调，“加强涉外法治建设。建立一体推进涉外立法、执法、司法、守法和法律服务、法治人才培养的工作机制……健全国际商事仲裁和调解制度，培育国际一流仲裁机构、律师事务所”。

作为中国最具代表性的国际性常设仲裁机构，中国国际经济贸易仲裁委员会（以下简称贸仲）处理国际商事争议具有近70年丰富的实践经验。近年来，贸仲国际商事仲裁案件受案量、标的额以及当事人国籍数量均名列国际仲裁机构前列，仲裁裁决在全球100多个国家和地区得到执行。贸仲坚持仲裁独立公正高效，全面推进仲裁高质量发展，努力提升仲裁公信力，不断扩大国际影响力，向建设现代化、国际化一流仲裁机构迈出坚实步伐，助推中国国际商事仲裁中心的逐步形成。

2015年9月22日，贸仲在北京首次发布中英文版《中国国际商事仲裁年度报告(2014)》,这是国内首次针对中国国际商事仲裁(通常意义上的中国涉外仲裁)的发展所作的年度总结。至今9年间,《中国国际商事仲裁年度报告》受到了国内外仲裁理论和实务界的广泛关注和高度肯定。为进一步总结中国国际商事仲裁法治建设情况,推动中国国际商事仲裁制度完善、行业发展和信息交流,扩大中国在国际商事仲裁舞台上的话语权和影响力,并为中国进一步发展国际商事仲裁事业提供参考,贸仲决定继续编写并发布《中国国际商事仲裁年度报告(2023～2024)》。

《中国国际商事仲裁年度报告(2023～2024)》除前言和年度小结外,共分为5章,分别为"中国国际商事仲裁发展概况""中国紧急仲裁员程序及其实践""仲裁程序与破产程序的冲突与协调""中国能源行业争议解决法律实务研究""中国国际商事仲裁司法审查年度述评"。本年度报告继续采用实证分析与理论研究相结合的研究方法,力求展现中国国际商事仲裁的发展动向和亮点。具言之,在全面分析2023年中国国际商事仲裁案件数据和中国仲裁法治实践发展的基础上,同步跟踪国内外商事仲裁理论研究与教育动态,持续探讨中国国际商事仲裁司法审查所涉法律问题,研析中国视角下的紧急仲裁员程序及其实践,探究仲裁程序与破产程序的冲突与协调,特别考察能源行业争议解决的法律实务问题。

《中国国际商事仲裁年度报告(2023～2024)》课题组组长为贸仲仲裁员、中国人民大学法学院党委书记兼副院长杜焕芳教授,课题组主要成员为最高人民法院民事审判第四庭二级高级法官杨弘磊，二级高级法官助理李娜，司法部公共法律服务管理局仲裁工作处副处长、二级调研员刘世虎，贸仲仲裁员、北京市金阙律师事务所管理合伙人孟霆，资深律师董石，贸仲仲裁员、北京市环球律师事务所合伙人蒋弘，上海分所合伙人龚一朵，贸仲仲裁员、昆仑信托有限责任公司法律合规部原总经理马荣伟，贸仲仲裁员、通商律师事务所合伙人崔强，东方日升新能源股份有限公司副总裁兼总法律顾问李志刚。中国人民大学法学院博士研究生钟瑛琦，硕士研究生吴琦好、李思谊、李怡欢参与了部分内容撰写。具体任务分工如下：前言和年度小结由杜焕芳负责撰写，第一章由杜焕芳、刘世虎、钟瑛琦、吴琦好、李思谊、李怡欢负责撰写，第二章由孟霆、董石负责撰写，第三章由蒋弘、龚一朵负责撰写，第四章马荣伟、崔强、李志刚负责撰写，第五章由杨弘磊、李娜负责撰写。本年度报告初稿完成后，杜焕芳、焦亚尼和粟撒对报告全文进行了统稿，贸仲副主任兼秘书长王承杰、贸仲党委书记兼副秘书长徐延波、贸仲仲裁院副院长解常晴和谷岩等对报告进行了审稿。

《中国国际商事仲裁年度报告（2023～2024）》的编写，得到了最高人民法院民事审判第四庭、司法部公共法律服务管理局的一贯支持，以及中国人民大学法学院、北京市金阙律师事务所、北京市环球律师事务所、通商律师事务所等单位在资料提供、初稿撰写、中期评审等方面给予的便利条件和大力协助。贸仲仲裁研究所梁意、张蓓、赵劲欣等为本年度报告的课题立项、分工协调、典型案例及数据收集、文字核校等工作付出大量努力。法律出版社法治与经济出版分社沈小英社长及毛镜澄、庞玥坤编辑为本年度报告付出的辛劳,在此一并表示由衷感谢!

《中国国际商事仲裁年度报告(2023～2024)》课题组

2024年8月

目　录

第一章 中国国际商事仲裁发展概况

本章旨在系统探讨中国国际商事仲裁的发展现状，通过四个部分展开论述：第一部分将分析全国仲裁机构的案件办理情况，通过对比国内外主要仲裁机构数据，揭示仲裁实践的异同。第二部分将探讨与中国国际商事仲裁相关的立法、司法解释和典型案例。第三部分将综述国内外关于国际仲裁的理论研究动态，涵盖研讨会情况，为国际商事仲裁理论发展的前沿观察提供视角。此外，教育是仲裁事业发展的基石，第四部分将讨论中国国际商事仲裁的教育与人才培养现状和挑战，强调其对仲裁领域长远发展的重要意义。通过上述分析，本章致力为读者提供全面了解中国国际商事仲裁领域的渠道，并为该领域未来的研究和实践奠定基础。

一、中国国际商事仲裁案件数据分析

(一)全国仲裁机构办理案件情况①

1.受案量及标的额

目前,中国共设立282家仲裁机构。2023年,全国279家仲裁机构共受理案件607,260件,比2022年增加132,087件,同比增长27.8%。全国仲裁案件标的总额为11,602亿元,②历史上首次突破万亿元,比2022年增加1742亿元,同比增长17.7%。仲裁机构平均办理案件2177件,平均标的额为41.58亿元(见图1-1至图1-4)。

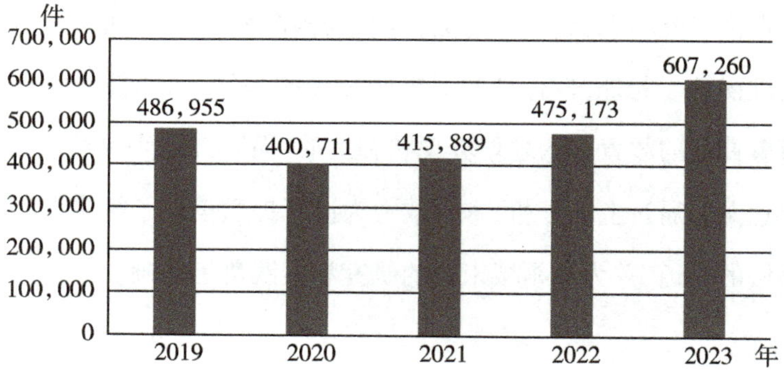

图1-1 全国仲裁机构受理案件总量

① 相关数据由司法部公共法律服务管理局提供。

② 除非另有说明,均指人民币的“元”。

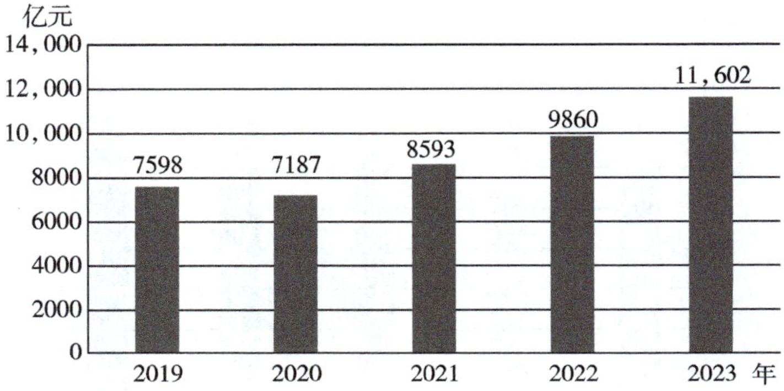

图 1-2　全国仲裁机构办案标的总额

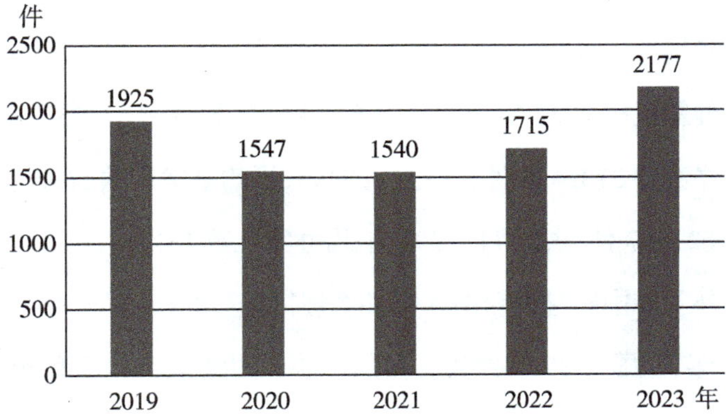

图 1-3　全国仲裁机构平均办案量

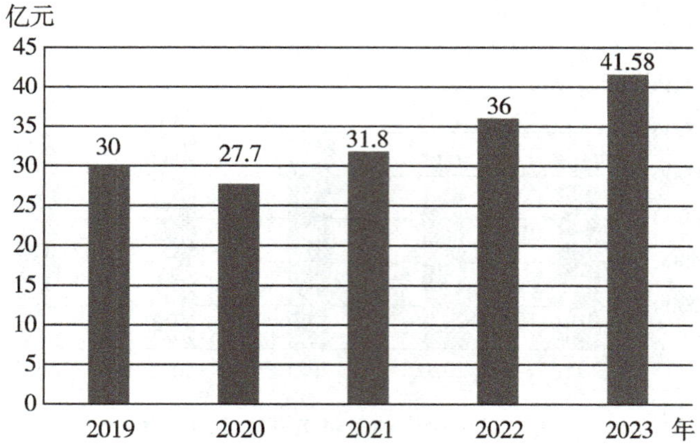

图1－4 全国仲裁机构平均办理案件标的额

2. 结案情况

全国仲裁机构2023年结案531,674件,结案率为87.55%。其中,适用简易程序案件373,436件,占比70.24%,平均办案天数56天;适用普通程序案件62,567件,占比11.77%,平均办案天数131天。

3. 涉外及涉中国港澳台地区案件受理情况

2023年,全国有85家仲裁机构办理涉中国港澳台地区和涉外案件共计3127件,较2022年增加239件,同比增长8.28%。涉外案件标的总额为1706亿元,较2022年增加507亿元,增长率为42.29%。其中,涉中国香港特别行政区案件1336件,占比42.73%;涉中国澳门特别行政区案件193件,占比6.17%;涉中国台湾地区案件214件,占比6.84%;涉其他国家和地区案件1384件,占比44.26%(见图1－5)。

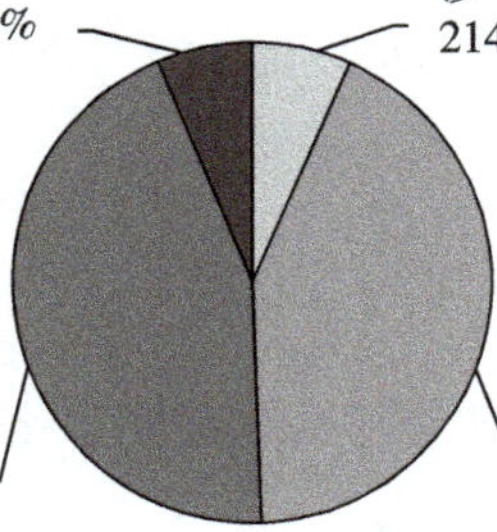

图 1－5　涉外及涉中国港澳台地区案件数量对比

4. 调解和解案件情况

全国仲裁机构以调解和解方式结案的案件共 194, 035 件，占案件总数的 36.5%，同比增长 16.67%。以调解和解方式结案案件的标的额为 2158 亿元，占标的总额的 18.6%。

5. 线上仲裁案件情况

2023 年，全国有 93 家仲裁机构采取线上仲裁方式办理仲裁案件，共办理案件 307, 846 件，占全国案件总数的 50.69%，同比增长 98.72%。线上仲裁案件标的额为 3022 亿元，占全国标的总额的 26.04%。

6. 司法监督案件情况

2023 年，全国有 41 家仲裁机构被人民法院裁定撤销仲裁裁决 88 件，占案件总数的 0.02%，比 2022 年减少 32 件；有 26 家仲裁机构被裁定不予执行仲裁裁决 70 件，占案件总数的 0.01%，比 2022 年减少 71 件；有 69 家仲裁机构被人民法院发回重新仲裁案件 206 件，占案件总数的 0.04%。

根据《最高人民法院2023年度工作报告》,[①]2023年全国法院审结商事仲裁司法审查案件1.6万件,同比增长5%;裁定撤销仲裁裁决案件552件,同比持平。

(二)中国国际商事仲裁实践之比较

本部分将对中国国际商事仲裁实践与世界上主要仲裁机构通过官方渠道发布的年报进行横向比较分析,并归纳总结2023年中国国际商事仲裁实践的亮点及其发展趋势。鉴于中国国际商事仲裁多采取机构仲裁模式,选取以下仲裁机构作为比较对象:贸仲、国际商会国际仲裁院(International Chamber of Commerce International Court of Arbitration,以下简称ICC仲裁院)[②]、伦敦国际仲裁院(London Court of International Arbitration, LCIA)、斯德哥尔摩商会仲裁院(The Arbitration Institute of the Stockholm Chamber of Commerce, SCC)、新加坡国际仲裁中心(Singapore International Arbitration Centre, SIAC)、香港国际仲裁中心(Hong Kong International Arbitration Centre, HKIAC)。下文将对前述仲裁机构通过官方渠道发布的年报及数据进行比较分析,并重点归纳2023年中国国际商事仲裁实践的突出特点及发展趋势。

① 参见《最高人民法院工作报告(全文)》,载最高人民法院知识产权法庭官网2024年3月9日,https://enipc.court.gov.cn/zh-cn/news/view-2849.html。

② See *ICC Dispute Resolution* 2023 *Statistics*, Accessed Aug. 15, 2024, https://iccwbo.org/news-publications/news/icc-dispute-resolution-statistics-2023/#single-hero-document.

1. 受案量

2023 年,贸仲新受理案件 5237 件,①同比增长 28.17%,受案量近 4 年连续增长。在办案件 3809 件,同比增长 19%;审结案件 4682 件,同比增长 22.5%。在所有新受理案件中,涉外案件共 645 件(包括双方均为境外当事人的国际案件 62 件),国内案件共 4592 件(见图 1-6),保持增长趋势。贸仲办理的案件国际化程度继续提升,当事人选择适用国际公约及外国法律的情况日益增多。当事人约定适用的法律包括《联合国国际货物销售合同公约》、中国香港特别行政区法、英国法、巴基斯坦法、蒙古国法、俄罗斯法、文莱法、伊拉克法等,2000 年《国际贸易术语解释通则》等国际贸易通行规则也继续为当事人所约定适用。值得注意的是,2023 年贸仲首次实现"一带一路"案件国家或地区基本全覆盖,10 年来累计受理涉及"一带一路"案件 2944 件,争议金额上亿元案件 256 件,近 5 年来受理案件新增国家或地区近 30 个。

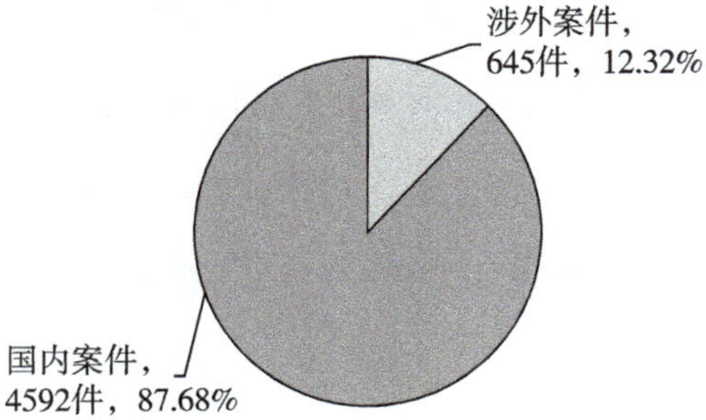

图 1-6　贸仲 2023 年案件数量对比

① 参见《贸仲委 2023 年工作报告(文字版)》,载中国国际贸易促进委员会官网,https://www.ccpit.org/a/20240127/2024012767fm.html。

2023年ICC仲裁院共登记了890个案件,同比增长约25.4%,是其历史上第三佳。近30%的新案件涉及同一国家的当事人,45%的案件涉及同一区域的当事人,与2022年相比略有增加。适用的准据法涉及112个国家和地区,援引次数最多的分别是英国法(131次,占比约15%)、瑞士法(83次,约9%)、美国法(81次,约9%)及德国法(62次,约6%)。

LCIA[①]在2023年共受理377个案件,受理数量同比增长约13%。在377个案件中,96%的案件具有国际因素,79%的案件仅涉及国际当事人,即无任何英国当事人。适用的准据法共涉及27个法域,相比2022年增加了8个,83%的案件适用英国法律。

SCC[②]在2023年共受理175个新案件,相比2022年增加32件。其中,97个(55%)案件具有国际因素,78个(45%)案件为瑞典国内案件。140件(80%)案件选择瑞典法为适用法律,选择英国法的有9件(5.14%)。

SIAC[③]在2023年受案数量增加,共受理663件新案件,同比增长率约为85.71%。在向SIAC提交的新案件中,614件(93%)为国际案件,49件(7%)为新加坡国内案件,来自66个司法管辖区的当事人选择在SIAC进行仲裁。适用的准据法涉及27个法域及《国际统一私法协会国际商事合

---

① See *LCIA Annual Casework Report 2023*, Accessed Jun. 1, 2024, https://www.lcia.org/lcia/reports.aspx.

② See *SCC Statistics 2023*, Accessed Apr. 25, 2024, https://sccarbitrationinstitute.se/en/statistics-2023.

③ See *SIAC 2023 Annual Report*, Accessed Apr. 29, 2024, https://siac.org.sg/annual-reports.

同通则》(UNIDROIT Principles of International Commercial Contracts),其中援引次数最多的分别是新加坡法律(64.6%)、英国法律(20.7%)和印度法律(4.5%)。

HKIAC在2023年共受理281起仲裁案件,①其中有75.1%为国际案件,即至少有一方为非中国香港特别行政区当事人。37.7%的案件双方当事人均来自中国香港特别行政区外,9.6%的案件双方当事人均来自亚洲外。关于准据法的选择,提交HKIAC的争议涉及14个不同法域的准据法,最常被当事人选择的准据法依次是中国香港特别行政区法、英国法和中国内地法。美国纽约州、开曼群岛、美国特拉华州、韩国、英属维尔京群岛、美国加利福尼亚州、日本、蒙古国、俄罗斯等国家或地区的法律也得以适用(见图1-7)。

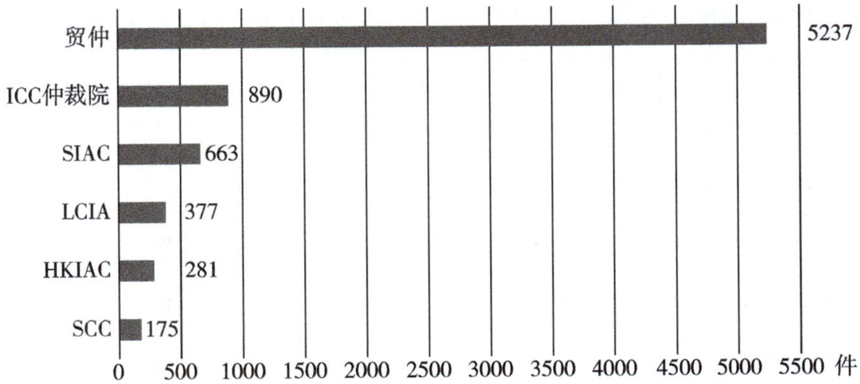

图1-7　2023年各主要仲裁机构受案数量对比

① 参见HKIAC 2023统计数据,载https://www.hkiac.org/zh-hans/about-us/statistics,最后访问时间:2024年3月25日。

2. 案件当事人

在国际商事仲裁领域,仲裁机构的国际化水平、国际知名度和认可度,主要由案件当事人和争议的国际程度决定。回顾2023年,各主要国际仲裁机构公布的案件当事人国别或地区分布情况如下:

2023年,贸仲受理案件的当事人来自71个国家和地区,涉外案件来源地前10位分别是:中国香港特别行政区、美国、英属维尔京群岛、德国、新加坡、韩国、开曼群岛、中国台湾地区、英国、加拿大。

ICC仲裁院所受理案件的当事人来自141个司法管辖区,其中欧洲地区占比40%、亚太地区25%、拉丁美洲14%、北美地区13%、非洲地区8%。与2022年相比,来自多个地区的当事人数量有所上升,具体包括:中东欧地区,当事人数量从188位增加到了277位;北美地区,从207位增加到了308位;中东地区,从198位增加到了288位。

SIAC受理的案件中,来自中国、印度和美国的当事人仍然位居前列,阿联酋、马来西亚、印度尼西亚、韩国、泰国、法国以及英国也位列前十。中国香港特别行政区、中国内地、印度、美国的当事人数量位居前四,分别为1436位、851位、160位和123位。与2022年相比,中国香港特别行政区、中国内地和印度当事人数量增长明显,其中,中国香港特别行政区当事人数量增长特别显著,增长了约39倍。

LCIA受理的案件中,案件当事人来自91个不同国家,其中85%的当事人来自英国以外的国家。来自英国、瑞士、美国、巴西、阿联酋和沙特阿拉伯的当事人数量最多。约21%的当事人来自西欧地区,前四位分别是瑞士、意大利、荷兰、德国，占比分别为6.6%、2.2%、2.2%和1.8%。非洲地区的当事人比例与2022年相比有显著增加，由4%上涨至7%。同时，亚洲地区当事人数量显著减少，由24%递减至8%，来自新加坡、中国内地、中国香港特别行政区和巴基斯坦的当事人比例减少了约一半以上。

SCC受理的175件案件中，78件案件仅涉及瑞典当事人，另有97件案件为国际性案件，涉及来自42个国家和地区的当事人。除瑞典外(251位)，来自泰国(28位)、丹麦(18位)、瑞士(16位)、俄罗斯(10位)、芬兰(10位)、英国(8位)及美国(8位)等国家和地区的当事人数量居于前列。

HKIAC受理的案件中，当事人来自45个司法管辖区。其中，当事人数量排名靠前的国家或地区为：中国香港特别行政区、中国内地、英属维尔京群岛、开曼群岛、新加坡、美国、俄罗斯、韩国、日本、中国澳门特别行政区、英国、加拿大、德国。

3. 争议类型

贸仲2023年受理的案件类型新颖多元，案件争议类型主要包括买卖合同、建设工程、公司或企业治理、服务合同、金融、租赁、知识产权、文化体育娱乐产业、委托合同、房地产、环保低碳等争议，其中建设工程、知识产权、金融等热点领域案件数量增幅明显。买卖合同类纠纷案件数量位居首位，为1788件；建设工程类纠纷案件数量位列第二，为1353件；公司或企业治理、服务合同纠纷、金融纠纷、租赁纠纷类案件保持较高数量，分别为539件、484件、362件和271件，其中，建设工程案件数量同比增长115.45%，知识产权案件数量同比增长395.24%，买卖合同类纠纷案件数量相比

2022 年的一般货物买卖纠纷案件数量同比增长 245.17%，金融案件数量同比增长 64.55%。环境、社会和治理（Environmental, Social and Governance, ESG）等新兴领域纠纷进入国际仲裁视野，与此相关的气候变化、环境污染、公司治理等相关纠纷，以及由此衍生的绿色金融、绿色低碳产业等潜在纠纷风险增加。此外，贸仲受理知识产权案件 104 件，其他案件 102 件，委托合同纠纷受理案件 91 件，房地产纠纷受理案件 40 件等（见图 1－8）。

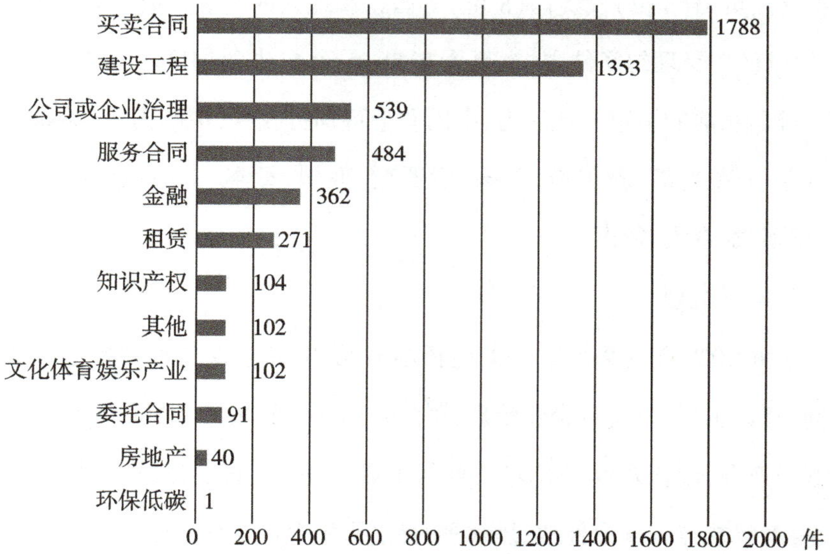

图 1－8　2023 年贸仲受案类型及案件数

ICC 仲裁院受理案件涵盖了广泛的行业，细分为 20 余个不同类别。其中建筑工程及能源行业的案件占比最多，分别为 219 件（25.2%）和 179 件（20.6%）。最常见的合同类型为建筑或工程合同（21.2%）、买卖合同

(16.3%)、股份购买或转让合同和股东协议(8.5%)。

SIAC在2023年受理的案件类型主要为:贸易案件(315件,占比47%)、与商业相关案件(91件,占比14%)、海事或航运案件(85件,占比13%)、其他案件(63件,占比9%)、公司案件(59件,占比9%)、建筑或工程案件(50件,占比8%),其他争议类型包括航空航天或国防、农业案件、艺术或娱乐案件、银行或金融案件、区块链或加密货币案件等。

2023年,LCIA受理的案件类型主要为:运输或货物贸易案件(36%)、银行金融案件(16%)、能源或资源纠纷类案件(14%)、专业服务纠纷案件(7%)、技术纠纷案件(6%)和建设工程或基础设施类案件(6%)等。

2023年,SCC受理的案件类型主要为:服务合同案件(35件,占比20%)、商业收购案件(35件,占比20%)、交货合同案件(32件,占比18%)和借款合同案件(22件,占比13%)等。

2023年,HKIAC受理的案件类型主要为:公司案件(21%)、建筑工程案件(17.1%)、与商业相关案件(16%)、海事案件(16%)、银行及金融服务案件(11.4%)、国际货物或货物销售案件(5%)、专业服务案件(5%)、知识产权案件(2.5%)、保险案件(2.1%)、航空案件(1%)、投资案件(1%)、私人案件(0.7%)、能源案件(0.4%)和其他等。

4. 仲裁地

选择不同的仲裁地可能导致法律和实际后果不同,影响仲裁程序法、仲裁协议的效力,以及仲裁裁决的承认与执行等重要方面。

2023年ICC仲裁院总共在63个国家或地区的116个城市进行仲裁。

其中,法国、英国、瑞士、美国和巴西仍是前五大仲裁地。

2023 年,在 LCIA 受理的案件中,约有 86% 的 LCIA 仲裁在伦敦进行,与 2022 年(88%)的比例相似,可见,伦敦仍为最受欢迎的仲裁地。除伦敦外,还有 15 个国家或地区被选为仲裁地,包括迪拜、墨西哥城、得克萨斯州等,其中案件数量位列第二和第三的是迪拜和墨西哥城,分别有 16 个案件和 6 个案件将这两个地点选为仲裁地。

2023 年,在 SCC 受理的案件中,77. 14% 的案件(135 件)将斯德哥尔摩选为仲裁地。选择哥德堡和马尔默作为仲裁地的案件数量分别位列第二(13 件,7. 43%)和第三(5 件,2. 86%)。总体而言,较少的当事人选择将仲裁地设定在瑞典之外的地点。

2023 年,在 HKIAC 受理的案件中,有 96. 8% 的案件仲裁地为中国香港特别行政区,其余仲裁案件中仲裁地未指定。

5. 仲裁员

贸仲在 2023 年受理的案件中,共 1010 名仲裁员接受指定或选定。女性仲裁员 231 名(约 22. 87%),共参与审理案件 2049 人次,外籍仲裁员 136 人次参与审理 125 件案件。仲裁庭均为外籍仲裁员的案件共 90 件,在 22 个案件中,当事人约定在名册外选定仲裁员。

2023 年由 ICC 仲裁院确认或任命的仲裁员共 935 名,来自 89 个司法辖区。其中,近 60% 的仲裁员来自欧洲地区,24% 的仲裁员来自美洲地区,12% 来自亚太地区,4% 来自非洲地区。在所有任命的仲裁员中,有 41% 为女性。

2023 年,SIAC 共有 359 人次的仲裁员得到任命。SIAC 共提名外籍仲裁员 146 人(35%),主要来自英国、澳大利亚、印度、美国、法国、爱尔兰等国家。在 SIAC 发起的 164 人次的仲裁员任命中,60 人次为女性仲裁员,占比 37%。

LCIA 共作出 445 项仲裁员指定,共有 303 名仲裁员得到任命,其中,48% 的指定由当事人发起,相比 2022 年(50%)有所减少,约 36% 的仲裁员由 LCIA 直接任命(2022 年为 33%)。仲裁员来自 41 个不同的国家和地区,其中,指定的仲裁员 58% 来自英国(258 人),42% 来自英国以外的其他国家和地区,包括美国(30 人)、加拿大(18 人)、爱尔兰(19 人)等。在 LCIA 任命的仲裁员中,女性仲裁员占比 48%,男性仲裁员占比 52%。当事人在 2023 年选择女性仲裁员的比例略高于 2022 年(45%)。

SCC 共有 250 人次的仲裁员得到任命,其中由 SCC 发起的仲裁员任命有 92 人次(约 37%),由双方当事人选定的有 148 人次(约 59%)。仲裁员来自五大洲的 27 个不同国家或地区。在所有的任命中,女性仲裁员占比 39%,男性仲裁员占比 61%。

2023 年,HKIAC 共作出 172 项仲裁员指定。在所作指定中,60 项为女性仲裁员,占比 34.9%;59 项为过去 3 年中未指定过的仲裁员,占比 34.3%。所有被 HKIAC 指定的仲裁员主要来自以下国家或地区:中国香港特别行政区(51 人,29.7%)、澳大利亚(26 人,15.1%)、英国(22 人,12.8%)、中国内地(11 人,6.4%)、马来西亚(6 人,3.5%)、加拿大(5 人,2.8%)、新加坡、德国(均为 4 人,2.3%)、新西兰、美国(均为 3 人,

1.7%)、奥地利、丹麦(均为2人,1.2%)。此外,双重国籍的仲裁员占比16.9%,共28人。

6. 仲裁争议金额

2023年,贸仲受理所有仲裁案件争议标的额达人民币1510.23亿元,连续6年突破千亿元大关,个案平均争议金额2883.77万元,创历史新高,同比增长19.01%。其中,涉外案件争议金额527.65亿元,同比增长41.08%;国内案件争议金额982.59亿元,同比增长10%。上亿元争议金额的案件共209件,同比增长11%;其中10亿元以上案件19件(2022年共17件),同比增长11.76%。

ICC仲裁院2023年案件争议总金额达530亿美元,平均争议金额为6500万美元,中位值约为550万美元。

2023年SIAC受理的案件争议总标的额达到119亿美元(约157.10亿新加坡元),为有史以来第二高。所有新受理案件平均争议金额为3731万美元(约4925万新加坡元)。其中,争议金额最高的案件标的额为54.8亿美元(约72.3亿新加坡元)。

2023年,近30%的LCIA案件标的额超过2000万美元,远超2022年的19%。其中,2000万~5000万美元案件增长最显著,由2022年的6%增长为12%。1亿美元以上标的额的案件和5000万~1亿美元标的额的案件出现了增长,均增长2%。与2022年相比,1000万美元以下案件标的额的案件均有不同程度的减少,其中100万~500万美元的案件减少最为显著,约为5%。

2023年，SCC受理的案件争议总标的额约为30.5亿欧元，相比2022年增加了约14.5亿欧元，包括适用普通规则、快速仲裁规则、紧急仲裁员程序及联合国国际贸易法委员会（以下简称贸法会）规则的案件。

HKIAC受理的案件争议总标的额为928亿港元（约125亿美元），由HKIAC管理的机构仲裁案件争议总金额为860亿港元（约111亿美元），个案平均争议标的额为4.676亿港元（约6010万美元）。

7.小结

通过对上述主要国际商事仲裁机构的年报和案件数据的统计分析，可以得出以下基本结论：

第一，关于受案量，2023年贸仲、ICC仲裁院、SCC、SIAC、LCIA的受案量均呈上升趋势，其中，贸仲受案量实现近10年连续增长，而HKIAC受理仲裁案件数量有所下降，由344件下降到281件。与世界上一些著名的仲裁组织相比，贸仲在国际商事仲裁方面的影响力与代表性得以进一步提高，并将在今后的国际商事仲裁中扮演越来越重要的角色。

第二，关于争议类型，中国国际商事仲裁机构受理的案件类型依然复杂多样，但主要的纠纷类型及涉及争议案件量最多的仍是买卖合同纠纷、建筑工程纠纷、服务合同纠纷、金融纠纷等传统的纠纷类型；但是，随着ESG等新兴领域纠纷进入国际仲裁视野，与此相关的气候变化、环境污染、公司治理等相关纠纷，以及由此衍生的绿色金融等潜在纠纷风险增加，能源类案件，如碳排放权交易纠纷等，设计生物医药技术开发、域名购买等知识产权类案件数量所占比重也在不断增加，这一趋势对仲裁机构及仲裁员的职业素养提出了更高要求。

第三,关于争议金额,2023 年各仲裁机构处理的案件涉及的金额普遍呈增长趋势。特别是,贸仲在受理仲裁案件方面所涉及的争议金额屡次突破千亿元大关,涉及的标的额超过亿元的大额案件同比增长尤为显著。受案标的额的大幅增长反映了争议的规模不断扩大,复杂程度不断提高。随着全球经济发展和商业活动的增加,商业合同和交易越来越复杂。此外,人们对仲裁制度的信任和接受程度的提高也是导致受案标的额增长的原因之一。相比传统的诉讼程序,仲裁通常更高效、灵活,能够更好地适应国际商事争端的解决需求,因此越来越多的人选择将争议提交给仲裁机构处理。

第四,关于"一带一路"案件,2023 年贸仲首次实现"一带一路"案件国别基本全覆盖。近 5 年来,贸仲委受理案件新增国别近 30 个,累计受理涉及"一带一路"案件 2944 个,总争议金额逾 1600 亿元,争议金额上亿元案件 256 件,积累了丰富的处理"一带一路"经贸投资争议经验,全球商事主体的服务范围也进一步扩大。

第五,关于女性仲裁员的任命,2023 年的数据展示了国际仲裁领域中女性仲裁员比例的显著变化,反映了性别多元化的趋势,女性仲裁员在仲裁领域发挥出越来越重要的作用。在过去一年,LCIA、ICC 仲裁院、SCC 和 HKIAC 等机构得到任命的女性仲裁员比例均有不同幅度的上升。在本观察年度中,贸仲首次公布其受理案件中女性仲裁员的任命数据。整体而言,这些数据反映了各仲裁机构对于推动仲裁领域性别平等的重视,同时也表明在仲裁领域实现全面性别平等仍面临挑战。

二、中国国际商事仲裁相关立法、规则与案例

(一)相关立法

伴随高水平对外开放的持续推进,中国仲裁机构受理的国际商事纠纷案件日益增多,在实践中面临的新情况、新问题愈加复杂,相关立法设计难以充分发挥仲裁自治、灵活、高效解决争议的制度优势。2023 年 9 月 1 日,全国人民代表大会常务委员会审议通过了《关于修改〈中华人民共和国民事诉讼法〉的决定》,规定自 2024 年 1 月 1 日起施行。[①] 具言之,本次修法与国际仲裁通行标准接轨,明确将涉外仲裁裁决籍属认定标准由仲裁机构调整为仲裁地;扩大申请承认与执行仲裁裁决的范围,允许当事人在特定情况下向申请人住所地或者与裁决的纠纷有适当联系的地点的中级人民法院提出申请;并在包括受理域外仲裁裁决承认与执行申请等方面为当事人在国内处理涉外民商事纠纷提供了诸多便利。作为《民事诉讼法》出台以来针对涉外民事诉讼程序的首次实质性修改,此次修订亦回应了仲裁实务的发展需要,对接国际通行规则,强化了司法支持和监督仲裁并重的理念,对于促进中国仲裁事业健康发展,提升仲裁吸引力,打造市场化、法治化、国际化营商环境具有重要意义。

值得关注的是,北京、上海、广东、海南等仲裁资源集聚的地区日益成

① 《民事诉讼法修改:统筹推进国内法治和涉外法治》,载全国人民代表大会官网,http://www.npc.gov.cn/npc/c2/kgfb/202309/t20230902_431432.html。

为国际仲裁走进中国、中国仲裁走向国际的重要窗口。充分调动地方立法主动性,及时将试点经验转化为制度成果,对于打造面向世界的国际商事仲裁中心具有重要意义。《上海市推进国际商事仲裁中心建设条例》作为全国首部推进国际商事仲裁中心建设的地方性法规,积极推进仲裁业务开放,引入仲裁地、临时仲裁等与国际接轨的概念和制度规则,在机构及人员队伍建设、财政和司法支持等方面为仲裁提供全面的立法保障。① 此外,海南仲裁促进了地方立法,因其享有特殊的自由贸易港立法权,具备仲裁制度大步创新空间而备受关注。2024 年 3 月 25 日,《海南自由贸易港国际商事仲裁中心建设促进条例(草案)》公布,②该草案在优化仲裁业务环境、加强仲裁行业自律、细化临时仲裁程序等方面提出创新性思路。2024 年 5 月 29 日,《海南自由贸易港国际商事仲裁发展若干规定》审议通过,③率先以立法形式规定了临时仲裁,重点对选择名册外仲裁员,发挥海南省仲裁协会职能和加大司法支持力度等内容进行变通与创新,服务自由贸易港法治化营商环境建设。

(二)仲裁规则

仲裁规则为具体仲裁活动提供行为准则,是衡量仲裁机构竞争力的重

---

① 《上海市推进国际商事仲裁中心建设条例》,载上海人大官网 2024 年 2 月 6 日,http://www.shrd.gov.cn/n8347/n8407/n9710/u1ai262151.html。

② 《海南省人大法制委员会关于公布〈海南自由贸易港国际商事仲裁中心建设促进条例(草案)〉征求意见的通知》,载海南人大网,https://www.hainanpc.gov.cn/hainanpc/xxgk/fgcazqyj/2024032511295957575/index.html。

③ 《海南自由贸易港国际商事仲裁发展若干规定》,载海南人大网,https://www.hainanpc.gov.cn/hainanpc/xxgk/xfsd/2024060515391459342/index.html。

要指标。2023 年,以贸仲为代表的国内领先仲裁机构积极修订仲裁规则,顺应中国仲裁法改革趋势,努力打造面向世界的国际商事仲裁中心。

1. 贸仲发布新版仲裁规则

2023 年 9 月 5 日,贸仲召开新闻发布会,公布新版《中国国际经济贸易仲裁委员会仲裁规则(2024)》(以下简称贸仲 2024 年版《仲裁规则》)。[①] 这是贸仲规则自 2015 年修订以后的再次大修,涉及 30 余项内容,新增反映国际仲裁最佳实践的条款,部分规则的设置体现出一定的前瞻性,主要包括:其一,概括授权仲裁庭作出管辖决定;其二,推进数字化、智能化方式在仲裁程序中的广泛应用,如明确规定仲裁文件可优先适用电子送达;其三,明确仲裁协议约定的协商、调解前置程序不影响当事人提出仲裁申请;其四,进一步扩大多合同合并单案仲裁的情形,增加"多个合同所涉标的具有牵连关系"的多合同合并立案的情形,允许仲裁程序进行中申请人追加合同;其五,明确贸仲就当事人保全措施申请可转递其指定的境外相关法院的规则依据;其六,充分尊重并赋予当事人公平公正选定仲裁员的权利,包括增加当事人共同选定首席仲裁员的多种产生方式,并规定了应对当事人滥用选定仲裁员权利拖延仲裁程序的措施;其七,规定第三方应就其资助的信息及时向仲裁庭披露;其八,引入早期驳回制度,增强程序灵活性和高效性;其九,明确仲裁收费封顶及仲裁员小时报酬;等等。

---

① 《关于修订〈中国国际经济贸易仲裁委员会仲裁规则〉的说明》,载中国国际经济贸易仲裁委员会官网 2023 年 9 月 5 日,http://www.cietac.org/index.php?m=Article&a=show&id=19383。

此外,贸仲同步更新了《证据指引》,规定与贸仲2024年版《仲裁规则》同步生效并允许仲裁庭决定适用或部分适用《证据指引》来进行案件审理。贸仲是中国仲裁事业发展的先驱,是代表中国仲裁界参与全球仲裁治理的重要力量,贸仲2024年版《仲裁规则》的出台彰显了贸仲与时俱进提升服务质量,积极建设国际一流仲裁机构的决心,不仅有助于提高贸仲的国际竞争力,更有助于提升中国仲裁的国际话语权,为国际商事仲裁发展贡献更多"中国智慧"和"中国方案"。

2. 上国仲发布新版仲裁规则

2023年11月7日,上海国际经济贸易仲裁委员会(以下简称上国仲)发布《上海国际经济贸易仲裁委员会(上海国际仲裁中心)仲裁规则(2024)》(以下简称上国仲2024年版《仲裁规则》)。① 上国仲2024年版《仲裁规则》在《上海国际经济贸易仲裁委员会(上海国际仲裁中心)仲裁规则(2015)》的基础上,篇幅自5章66条增至10章92条。内容上,上国仲2024年版《仲裁规则》将受案范围扩展至国际投资争端仲裁案件,增设上国仲(香港)仲裁中心专章及仲裁与调解相结合专章。上国仲2024年版《仲裁规则》注重诚信透明,引入国际律师协会发布的《国际仲裁利益冲突指引》作为仲裁员信息披露的参考依据,并针对当事人滥用权利影响仲裁程序正常进行的不诚信行为加以防范与规制。此外,上国仲2024年版《仲

---

① 《"国际仲裁'中'坚力量"论坛暨上海国际仲裁中心新版仲裁规则发布仪式成功举行》,载上海国际经济贸易仲裁委员会官网2023年11月8日,https://shiac.org/pc/SHIAC?moduleCode=search&securityId=LqfJaQY0ICZcGIm6dP8Bzw。

裁规则》强调案件处理的灵活性与高效性，改良多份合同合并仲裁制度，完善案外人加入制度，提供临时措施与紧急仲裁员救济，在优化设计仲裁庭程序主导权，明确仲裁机构程序管理权方面均颇具亮点。在体例上，上国仲同步发布两部特别仲裁规则，即《上海国际经济贸易仲裁委员会（上海国际仲裁中心）数据仲裁规则》以及《上海国际经济贸易仲裁委员会（上海国际仲裁中心）航空仲裁规则》，同时制定《在线仲裁指引》和《临时仲裁协助服务指引》。

3. 多地颁布临时仲裁及相关服务规则

2023 年 8 月 31 日，中国海事仲裁委员会、中国（福建）自由贸易试验区厦门片区管理委员会、厦门市贸促会、厦门市律师协会在厦门联合召开新闻发布会，先行发布《中国（福建）自由贸易试验区临时仲裁指南》（以下简称《福建指南》）。[①]《福建指南》共分为示范条款、前言、正文（共 19 条）及附件（共 10 个）四部分，规定通过临时仲裁解决争议的法律依据、程序规则（如临时仲裁程序的启动、仲裁文书送达、仲裁庭的产生等）及注意事项。

2023 年 11 月 1 日，海南国际仲裁院发布《海南国际仲裁院协助临时仲裁工作规则（试行）》（以下简称《海南工作规则》）。[②]《海南工作规则》共 16 条，涵盖临时仲裁适用范围和条件、程序的启动、仲裁员的指定和替换、仲裁机构提供协助服务的程序和内容等多方面规定。

---

① 《全国首创！〈中国（福建）自由贸易试验区临时仲裁指南〉在厦门发布》，载福建自由贸易试验区门户网 2023 年 9 月 1 日，https://www.china-fjftz.gov.cn/article/index/aid/21532.html。

② 《海南国际仲裁院协助临时仲裁工作规则（试行）》，载海南国际仲裁院官网 2023 年 11 月 1 日，https://www.hnac.org.cn/article/1092/20.html。

2024年6月5日,海南省仲裁协会制定的《海南自由贸易港临时仲裁规则》(以下简称《海南临时仲裁规则》)审议通过。[①]《海南临时仲裁规则》遵循《海南自由贸易港国际商事仲裁发展若干规定》的指导,吸收国内外已有临时仲裁规则的经验做法,规定临时仲裁范围、仲裁员选定、仲裁程序以及仲裁费用等内容。

2023年11月,上国仲发布《上海国际经济贸易仲裁委员会(上海国际仲裁中心)临时仲裁协助服务指引》,[②]上海仲裁委员会(以下简称上仲)推出《关于适用〈联合国国际贸易法委员会仲裁规则〉的仲裁管理与服务指引》。[③] 两部指引均阐明临时仲裁程序中的机构协助服务内容,为临时仲裁落地上海提供了机构端配套支持。2024年8月1日,上海仲裁协会发布《上海仲裁协会临时仲裁规则》(以下简称《上海规则》)。[④]《上海规则》对基本原则、仲裁协议、仲裁程序等主要内容作出规定。

(三)典型案例

1.最高人民法院发布仲裁司法审查十大典型案例

2024年1月16日,最高人民法院发布仲裁司法审查典型案例,其中3

① 《海南自由贸易港临时仲裁规则》,载海南省仲裁协会官网2024年7月1日,http://ftp-hnaa.com/detail/62.html。

② 《上海国际仲裁中心〈临时仲裁协助服务指引〉》,载上海国际经济贸易仲裁委员会官网,https://www.shiac.org/pc/SHIAC?moduleCode=guidelines&securityId=zM-_r9dc6KivZOMb6Gd25g,最后访问日期:2024年9月6日。

③ 《上海仲裁委员会关于适用〈联合国国际贸易法委员会仲裁规则〉的仲裁管理与服务指引》,载上海仲裁委员会官网2023年11月23日,https://www.accsh.org/news.html?id=1217。

④ 《〈上海仲裁协会临时仲裁规则〉发布》,载上海仲裁协会官网2024年8月1日,http://www.sharbitration.org.cn/#/newsDetails?id=535。

件涉及国际商事仲裁。[1] 此次发布的案例，主要包括承认和执行境外仲裁裁决、申请撤销仲裁裁决、申请确认仲裁协议效力、管辖权异议纠纷等问题；涉及体育仲裁、金融仲裁、网贷平台仲裁条款效力等多个方面，充分表明人民法院对仲裁支持和监督并重的司法立场，以及统一全国仲裁司法审查尺度、提升仲裁司法审查质效的责任担当。

在“乌兹别克斯坦艺术马赛克有限责任公司（以下简称艺术马赛克公司）申请承认和执行乌兹别克斯坦工商会国际商事仲裁院仲裁裁决案”中，[2]广东省佛山市中级人民法院严格执行《承认及执行外国仲裁裁决公约》（以下简称《纽约公约》），承认案涉外国仲裁裁决。因中方合同签署人员并非其公司员工，且加盖印章为非经登记备案公章，当事人就仲裁协议是否存在及其效力产生争议。办案法院根据《纽约公约》之规定，结合合同磋商、签订及履行情况，认可仲裁协议的存在和有效性，并据此承认仲裁裁决。该案中，人民法院严格履行条约义务，为平等保护“一带一路”倡议共建国家商事主体的合法权益提供了强有力的司法保障。

在“亿海国际有限公司申请认可和执行 HKIAC 仲裁裁决案”中，[3]浙江省杭州市中级人民法院准确适用最高人民法院《关于内地与香港特别行政区相互执行仲裁裁决的安排》（以下简称《安排》），认可并执行案涉仲裁裁决。办案法院根据《安排》第 7 条，在当事人未指明以何种法律为准时，

① 《最高人民法院发布仲裁司法审查典型案例》，载最高人民法院官网 2024 年 1 月 16 日，https://www.court.gov.cn/zixun/xiangqing/423292.html。

② 广东省佛山市中级人民法院(2021)粤 06 协外认 1 号。

③ 浙江省杭州市中级人民法院(2021)浙 01 认港 1 号。

适用仲裁裁决地即香港特别行政区法律审查仲裁协议成立问题;同时,基于仲裁协议独立性原则,认定双方已就交易合同草案中所载仲裁条款达成合意,最终裁定认可和执行 HKIAC 所作裁决。该案明确了仲裁协议适用仲裁地法和仲裁条款可分性之裁判规则,对同类案件的审查具有参考意义。

在"大成产业气体株式会社、大成(广州)气体有限公司与普莱克斯(中国)投资有限公司申请确认仲裁协议效力案"中,[①]上海市第一中级人民法院明确当事人约定境外仲裁机构在中国内地仲裁的仲裁条款有效,促进自由贸易试验区涉外商事纠纷的多元化解决。因约定仲裁地为上海,新加坡最高法院上诉庭判决案涉仲裁条款效力宜由仲裁地法院即中国法院认定。中国法院参考协议文本及当事人意思表示,结合中国法律对相关问题未作禁止性规定的情况,通过将《仲裁法》第 16 条规定将"选定的仲裁委员会"宽松解释为"仲裁机构",裁定仲裁条款有效。该案充分展示出中国司法在尊重当事人意愿、灵活解释仲裁立法、积极行使管辖权方面的进步。

2. 最高人民法院发布适用国际条约和惯例典型案例

近年来,中国法院秉持开放合作理念,善意履行条约义务,准确理解和适用国际条约及国际惯例,审理了一批具有典型意义的涉外商事海事案件。2023 年 12 月 28 日,最高人民法院举行涉外民商事案件适用国际条约

① 上海市第一中级人民法院(2020)沪 01 民特 83 号。

和国际惯例司法解释及典型案例新闻发布会。[①] 此次发布的案例涵盖国际贸易、航空运输、海事海商、环境保护等领域，对于配合最高人民法院《关于审理涉外民商事案件适用国际条约和国际惯例若干问题的解释》的正确实施，规范裁判标准具有积极意义，其中 1 件涉及外国仲裁裁决的承认和执行。

在"威仕中国进口有限公司（WS China Import GmbH）申请承认和执行汉堡市商品交易注册协会仲裁庭仲裁裁决案"中，[②]成都市中级人民法院善意合理解释"适当通知"的判断标准，平等保护中外当事人的合法权益。该案争议焦点在于，因中国对《向外国送达民事或商事司法文书和司法外文书的公约》（以下简称《海牙送达公约》）中通过邮寄途径直接向身处国外的人送交司法文书的相关条款作出保留，汉堡市商品交易注册协会仲裁庭通过邮寄方式向四川荣丰公司送交程序文书是否符合中国法律规定且满足《纽约公约》"适当通知"要求。办案法院在准确理解《海牙送达公约》适用范围的基础上进行善意合理解释，认定仲裁庭寄送程序文书应视为文书实际到达申请人，或足以推定申请人能够收到，因此该行为符合《纽约公约》第 5 条规定中"适当通知"的判断标准，据此裁定承认和执行案涉仲裁裁决。该案彰显了中国法院严格履行国际条约义务，积极支持国际仲裁的司法立场。

---

① 《最高法发布涉外民商事案件适用国际条约和国际惯例典型案例》，载最高人民法院官网 2023 年 12 月 28 日，https://www.court.gov.cn/zixun/xiangqing/421932.html。

② 成都市中级人民法院（2022）川 01 协外认 5 号。

三、国内外国际仲裁研究动态

综合2023年国内外主要机构举办的仲裁论坛和收录于各中英文数据库、国家图书馆及纸质期刊上的国际商事仲裁研究文献，本部分梳理和归纳2023年以来国内外国际商事仲裁研究的主要动态并予以述评。

(一)仲裁论坛动态

2023年，国内外仲裁论坛举办成果颇丰，范围涵盖区域性交流和全球性探讨，国内外仲裁研讨论坛已为社会各界相互增进了解，凝聚共识，共同促进国际仲裁理论发展提供了重要平台。

1. 国内仲裁论坛动态

(1)中国仲裁周系列论坛及会议

作为中国仲裁领域的年度盛会，2023年中国仲裁周以北京为主场，在巴黎、布鲁塞尔、圣彼得堡、温哥华、新加坡、吉隆坡、中国香港特别行政区和中国澳门特别行政区等全球37个城市同期举办了76场研讨会，贸法会等数十家机构和400余家国内外单位深度参与，中外仲裁法律专家应邀云集，上千万人次踊跃参加，共同畅谈国际仲裁新发展，展望国际仲裁新前景，进一步凝聚法治共识、增进法治互信、深化法治交流。中国仲裁周品牌活动包括中国仲裁高峰论坛暨第三届“一带一路”仲裁机构高端论坛、新版《中国国际经济贸易仲裁委员会仲裁规则》暨《中国国际商事仲裁年度报告(2022～2023)》新闻发布会、唐厚志大讲堂、仲裁之夜、中国青年仲裁论坛、金砖国家仲裁论坛等大家耳熟能详的经典活动，境外共同举办的葡语系国家投资诉讼仲裁研讨会、欧洲绿色政策对商业战略和仲裁影响研讨会、ESG对国际商事仲裁新挑战研讨会等活动亦丰富多彩。

2023年9月6日，贸仲和贸法会共同主办2023中国仲裁高峰论坛暨第三届“一带一路”仲裁机构高端论坛。本届高峰论坛以“直面新一轮科技革命和产业变革浪潮的国际仲裁”为主题，聚焦多元争议解决机制新发展、国际仲裁热点新观察、变革时代仲裁发展新趋势等前沿热点问题并展开高端对话。本届高峰论坛研讨环节分为3个子议题而依次展开：议题一聚焦“环球视野：多元争议解决机制的新发展”，与会嘉宾分享了各机构在国际仲裁新发展、调解与仲裁协同、在线争议解决等方面做出的努力；议题二“前沿对话：国际仲裁热点问题的新观察”则讨论了早期驳回和初步裁定制度、第三方资助、法院保全措施和仲裁庭临时措施的完善等新趋势，与会嘉宾从不同视角展开交流，为持续推进仲裁事业创新发展提供新思路；议题三以“未来镜像：变革时代仲裁发展的新趋势”为主旨，探讨了仲裁在科技革命和产业变革背景下的发展机遇和挑战，强调智慧仲裁的重要性。此次论坛汇集了最高人民法院、司法部、中国国际贸易促进委员会、贸法会等相关负责人出席开幕式，中外法官、仲裁员、律师、学者及工商界人士500余人现场参会，来自25个国家和地区，包括30余家国外主要仲裁机构近百名负责人，145个国家和地区逾412万人次在线参与。

值“一带一路”倡议提出10周年之际，本届高峰论坛同期举办第三届“一带一路”仲裁机构高端论坛，贸仲发布“一带一路”仲裁机构法律查明合作机制。截至发布之日，该机制的合作方有39个，包括来自亚洲、欧洲、北美洲、南美洲、非洲等近20个国家和地区的24家国际仲裁机构和有关争议解决组织，旨在增强域外法查明的准确性和权威性，为公平公正裁决提供专业保障，共同打造更高质量的“一带一路”争议解决机制，为共建“一带一路”合作展开新篇章。①

(2)中国—拉丁美洲国际仲裁论坛

2023年5月30日，贸仲主办中国—拉丁美洲国际仲裁论坛。该论坛获得10家拉美地区及西班牙仲裁机构和国际组织的支持。论坛以“新时代背景下中拉仲裁的机遇与发展”为主题，10余位与会中外专家围绕“交流互鉴：中拉仲裁法律制度”进行主题演讲，围绕“互利共赢：仲裁与中拉经贸发展”开展圆桌对话，聚焦中拉争议解决领域的前沿问题，探索中拉跨境纠纷解决未来发展方向，结合相关法治实践，展开了深入探讨与交流。全球15个国家12万人次线上参与，深化“一带一路”合作成果。论坛通过新浪财经及北京时间等平台进行了全程直播，以拉美国家为主的全球15个国家的12万人次通过直播观看了活动盛况。有关政府部门代表、法官、仲裁员、学者、律师、公司法务等专业人士、媒体记者140余人参加现场活动。②

① 《2023中国仲裁高峰论坛暨第三届“一带一路”仲裁机构高端论坛在京成功举办》，载中国国际经济贸易仲裁委员会官网2023年9月6日，http://www.cietac.org/index.php?m=Article&a=show&id=19390。

② 《中国—拉丁美洲国际仲裁论坛成功举办》，载中国国际经济贸易仲裁委员会官网2023年5月30日，http://www.cietac.org/index.php?m=Article&a=show&id=19102。

(3)中国—中亚仲裁论坛

2023年11月1日,贸仲与新疆维吾尔自治区人民政府共同主办中国—中亚仲裁论坛。该论坛得到11家境外争议解决机构及律师协会的支持。以"共话中国—中亚国际仲裁新发展 共绘'一带一路'经贸发展新蓝图"为主题,20余位与会中外专家围绕"增进交流互信 共建合作平台 打造法治丝路""发挥区位优势 促进经贸合作 共筑繁荣丝路"等议题发表演讲,围绕"一带一路"高质量发展背景下司法对仲裁的支持、中亚相关国家争议解决制度及发展情况、中国及中亚争议解决机构在新时代背景下的合作以及发挥贸仲及其中亚庭审中心作用以有效化解纠纷等内容进行了深入交流。来自中亚等15个国家和地区的仲裁机构负责人出席,400余人现场与会,面向全球"3种语言"同步直播,约2500万人次线上收看或关注,进一步推动了中国—中亚仲裁、法律及经贸交流合作。①

(4)中国国际投资仲裁常设论坛年会

在国际投资仲裁领域,2023年中国国际投资仲裁常设论坛年会于2023年10月27日在上海市举办。该年会以"聚焦ISDS(投资者—国家争端解决)改革与投资便利化"为主题。会上各位专家学者分别围绕ISDS改革的新发展、ISDS上诉机制、投资争议处理的多元化与一体化趋势、作为投资政策的碳排放问题、涉华投资仲裁的主要法律问题、投资仲裁裁决的(不)一致问题、投资协定中投资便利化条款的发展、投资便利化国际合

① 《2023年中国—中亚仲裁论坛成功举办》,载中国国际经济贸易仲裁委员会官网2023年11月1日,http://www.cietac.org/index.php?m=Article&a=show&id=19651。

作的中国范式、区域贸易协定中的投资便利化、气候变化背景下的投资便利化措施、投资便利与国际争端解决、投资便利化与可持续发展等议题发表演讲。政府部门代表、仲裁员、学者、律师、公司法务、高校师生、企业家等百余名人士现场参会,会议全程网络直播,据统计,全球超过70万人次在线观看了本次会议。①

(5)中国仲裁法学研究会2023年年会暨第十六届中国仲裁与司法论坛

2023年12月22~25日,中国仲裁法学研究会2023年年会暨第十六届中国仲裁与司法论坛(以下简称年会)在昆明举办。本次年会以“新时代仲裁高质量发展”为主题,与会人员聚焦仲裁行业面临的重点、难点、焦点问题,探讨新时代进一步推动仲裁事业高质量发展的思路和举措,分别就“国际商事仲裁中心建设”“仲裁机构深化改革”“中国仲裁公信力竞争力建设”“涉外仲裁人才培养”“仲裁程序优化新探索”“专业仲裁新发展”六大议题,围绕国际、国内仲裁热点和焦点问题展开讨论。来自全国各地的法官、仲裁机构负责人、专家学者、法务代表、律师等共计约15.5万人次通过线上、线下方式参加了本次会议。

(6)能源领域仲裁论坛

除常规主题仲裁论坛外,我国仲裁研讨深度结合国际发展动向,深化探索多种主题。为推动能源争议高质量解决,助力能源强国建设,贸仲于2023年2月21日举办能源争议解决论坛首期活动。本次会议围绕能源领

① 《2023中国国际投资仲裁常设论坛年会在沪成功举办》,载中国国际经济贸易仲裁委员会官网2023年10月28日,http://www.cietac.org/index.php?m=Article&a=show&id=19622。

域争议的特点,深度探讨了仲裁作为一种替代性纠纷解决机制在解决日趋复杂的能源行业纠纷上具有天然优势和重要作用。与会人员还围绕“中国企业在海外的能源争议解决”“国际电力能源争端解决机制——基于投资人与承包商冲突视角”“风电行业的海外争议解决”“跨境能源争议:中国企业的经验与体会”等能源争议解决领域的热点问题进行了深入探讨。论坛以线上、线下相结合方式进行,来自大型能源企业的总法律顾问、能源领域知名律师、仲裁员等共计 100 余人线下参会,并吸引 3.5 万余人次通过线上直播平台观看。[①]

2. 境外仲裁论坛

(1)2023 年伦敦国际争议解决周系列会议

2023 年伦敦国际争议解决周(LIDW23)以“适应变化的世界”为主题,在为期 1 周的时间里,来自 43 个不同司法管辖区的 4000 名专业人士,通过线上、线下相结合的方式,参与了超过 80 场由成员主办的活动。该争议解决周的议程涵盖了国际仲裁、法庭诉讼、集体诉讼和调解等多个方面,同时特别关注了技术在争议解决中的应用,例如,人工智能的利用以及加密货币破产和体育相关争议等新兴领域的法律问题。此外,活动还关注了法律专业人士在高压工作环境下的心理健康问题,提倡行业内对这一问题加强认识和作出行动。[②]

---

① 《能源争议解决论坛在京成功举办》,载中国国际经济贸易仲裁委员会官网 2023 年 10 月 28 日,http://www.cietac.org/index.php? m = Article&a = show&id = 19622。

② London Arbitration Week, Accessed Sept. 9, 2024, https://delosdr.org/my-events/london-international-disputes-week - 2023/.

(2)香港法律周2023

香港法律周2023(以下简称法律周)以“联通世界　迈步前行”为主题,汇聚了来自逾50个司法管辖区的超过11,000名专业人士通过线上、线下方式参与了涵盖国际法律合作、调解、仲裁、粤港澳大湾区和“一带一路”建设中的法律问题等重要议题的深入讨论。法律周的压轴活动“法展未来”,由中国香港特别行政区行政长官李家超等重要嘉宾致辞、高等法院首席法官潘兆初发表主题演讲,进一步强调了法治的重要性。此外,法律周还包括了专为青年设立的互动环节“法治新一代”,让年轻一代能够与立法会议员、校长和老师轻松畅谈法治议题。首次设立的“国安聊天室:你敢问　我敢答”专题环节,通过生活化的例子深入解答了有关《香港特别行政区维护国家安全法》的疑问,为公众提供了清晰的法律指导。这一系列活动展示了中国香港特别行政区在“一国两制”下的独特优势,为法治教育和法治建设贡献力量。①

(3)巴黎仲裁周系列活动

2023年3月27日,第七届国际商会欧洲国际仲裁会议拉开巴黎仲裁周的序幕。该会议关注了数字时代背景下重塑仲裁和替代性争议解决未来发展的风险和挑战,能源行业纠纷预防与解决的重点问题。会议提出,应利用数字技术开发用户友好型方法,提高程序效率,扩大用户受众面。另外,重点关注了清洁能源转型下能源行业复杂、高风险争议的解决。

① The Law Society of Hong Kong, Accessed Aug. 22, 2024, https://www.hklawsoc.org.hk/zh-HK/Serve-the-Public/Flagship-community-projects/Law-Week.

(二)国内研究动态

2023年国内学界关于国际仲裁的研究成果主要可分为三个方面:一是聚焦国际商事仲裁制度的完善和发展,重点关注了仲裁程序和国际商事仲裁改革等新问题,同时也对仲裁协议的效力、仲裁的司法审查等传统问题进行研究;二是对投资仲裁的关注,主要围绕投资者与国家间争端解决机制的程序改进和投资仲裁中的法律适用问题展开研究;三是在体育仲裁机制基本确立的情况下,研究具体优化体育仲裁程序的措施。

1.关于仲裁协议的研究

一是仲裁协议的独立性。有学者从私法自治与仲裁制度价值之间的博弈切入,以合同的生效作为分界区分判断仲裁协议独立性。在仲裁协议尚未完成缔约时,仲裁协议在订立阶段并不能独立于主合同而生效。以支持仲裁为目的追求仲裁协议独立于合同的效力,应以仲裁协议完成自身的缔约为前提,否则将与仲裁的契约性产生冲突。①

二是仲裁协议的约束范围。有学者持扩大仲裁协议约束范围的观点,认为传统上"仲裁协议只对明示同意的签署人有效"的主观范围理论已不合时宜。在单一合同关系下,非签署人可因添加或变更而受合同所含仲裁协议的约束;在多个合同关系下,如果合同的关联性非常紧密,以至于可以将它们视为一个结构相对复杂的合同,具有推断或推测关联性合同的当事人同意基础合同仲裁协议之基础,基础合同的仲裁协议可对关联性合同的

① 姚宇:《对仲裁协议独立性的反思——以司法支持仲裁为视角》,载《河北法学》2024年第4期。

当事人有效。[①] 但也有学者对扩大仲裁协议约束范围持审慎态度,并区分了不同合同关系下仲裁协议的约束力。在债权全部或部分让与的场合,应当区分受让人是否知情,进而认定仲裁协议能否对其产生拘束力,在其知情的情形下,法律不宜承认受让人享有拒绝权,以平衡受让人和债务人的保护。[②] 就仲裁协议对真正利益第三人的效力,有学者认为,仲裁条款效力及于对合同享有请求权的特定第三人符合基础合同当事人订立仲裁条款的目的和期待。应促进相关立法,以特别规定的形式使仲裁条款在真正利益第三人主张合同权利时对其有效。[③]

2. 关于国际商事仲裁程序的研究

一是仲裁庭的释明问题。仲裁庭释明的基础源自仲裁庭本身的调查权以及裁判者知法原则的适用,属于仲裁庭权利的范畴。有学者指出,释明规则应适用于更广泛的空间,并通过仲裁规则中特定程序的使用、当事人异议权的保障以及司法审查标准的明确等方式充分消除释明规则产生的不利影响。[④]

二是仲裁机构程序管理权问题。有学者认为,仲裁机构与当事人间的关系本质为契约关系,仲裁机构管理权源自当事人的权利让渡及权力授予,争议双方或多方当事人作为一方,仲裁机构作为另一方,共同缔结了一

---

① 陈杭平:《仲裁协议主观范围理论的重构》,载《法学研究》2023 年第 2 期。

② 王利明:《仲裁协议效力的若干问题》,载《法律适用》2023 年第 11 期。

③ 南迪:《论〈民法典〉背景下真正利益第三人在仲裁中的法律地位——兼谈〈仲裁法〉的修改》,载《南大法学》2023 年第 4 期。

④ 刘彤:《国际实践视角下我国商事仲裁释明规则的构建》,载《经贸法律评论》2024 年第 1 期。

份具有代理合同或服务提供合同性质的特殊类型合同。仲裁机构程序管理权的扩张与意思自治原则的冲突只是虚假的表象，亦与《纽约公约》第5条第1款第4项相适配。从功能主义视角来看，仲裁机构程序管理权的扩张有利于解决仲裁系统效益所面临的困境，亦与仲裁机构的功能演变相顺应。无论从规范主义还是功能主义视角，国际商事仲裁机构程序管理权扩张的正当性均可证成。[①]

三是仲裁中的临时措施。有学者指出，当前中国仲裁临时措施立法落后于涉外仲裁与司法实践，《仲裁法》的修改应注重提升临时措施立法的形式严谨性，在临时措施发布权优先原则上作折中规定：赋予仲裁庭临时措施的发布权，若申请人先后向法院和仲裁庭申请临时措施，以在先提交的发布主体为准，若同时申请，则以法院为准；法院在不影响仲裁程序进行的情况下，可在任何时候经任何一方当事人申请或主动依职权，审查仲裁庭发布的临时措施，如果法院认为有必要执行临时措施，可提出建议或修改、撤销、重新发布临时措施。另外，还需限定临时措施的种类，增加发布临时措施的实质审查标准，补充临时措施错误的归责与救济规定。[②]

四是案外人权益救济机制。随着“虚假仲裁”等侵犯仲裁案外人权益的情形受到广泛关注，有学者指出，应摒弃构建仲裁案外人提起撤销仲裁裁决之诉、申请不予执行等专门独立型救济机制，根据“侵犯物权型”“虚

---

① 王怡然：《论国际商事仲裁机构程序管理权扩张的正当性》，载《北方法学》2023年第2期。

② 黄非也：《论中国国际商事仲裁临时措施制度的优化路径》，载《国际法研究》2024年第1期。

构债务型”“减少责任财产型”3 种可能侵害仲裁案外人权益的情形，挖掘和完善案外人异议之诉、分配方案异议之诉、撤销权之诉、确认无效之诉、侵权之诉等非专门独立型第三人救济路径。①

3. 关于国际商事仲裁发展趋势及其改革的研究

一是仲裁发展的趋势。近年来，国际商事仲裁呈现趋同化、人本化、信息化、融合化等发展趋势。究其原因，经济全球化、科技革命等外部环境与仲裁契约本质、发展历史周期性等内在因素交织叠加，共同决定国际商事仲裁的发展演进。当前，应当积极完善中国仲裁制度、优化司法环境、强化行政支持、加快仲裁机构发展、提升仲裁智慧化水平、推动仲裁绿色转型、建设仲裁友好型社会、深化国际交流合作、加强国际仲裁人才队伍建设。②对于国际商事仲裁未来改革的指导思想，有学者提出，中国涉外商事仲裁立法改革应以建设“一带一路”国际商事仲裁中心为根本目标，树立支持涉外商事仲裁理念；在此指导思想下，应扩大涉外仲裁可仲裁事项范围，放宽涉外仲裁协议有效性和法律适用限制，提升涉外商事仲裁的国际化水平和国际公信力。③

二是建设网络仲裁机制。有学者认为，中国跨国商事网络仲裁实践存在法律制度配合不足、网络平台存在固有问题、其他法律服务协同不充分

① 毋爱斌：《仲裁案外人权益救济机制的立法展开——基于我国〈仲裁法〉〈民事诉讼法〉修订和〈民事强制执行法〉制定的协同考量》，载《政治与法律》2023 年第 12 期。

② 赵健：《国际商事仲裁：全球趋势与中国应对》，载《仲裁与法律》第 149 辑。

③ 李姗姗、石现明：《论中国涉外商事仲裁立法国际化改革——以建设“一带一路”国际商事仲裁中心为目标视角》，载《学术探索》2023 年第 5 期。

等问题。推进《仲裁法》修订从而进一步完善送达条款与证据条款,需以云计算与智能化技术改造网络仲裁平台,在平台运作上注重数据保密与当事人自治。在遵循仲裁保密性的前提下,需强化仲裁机构同其他法律服务机构的协作,推进仲裁机关与司法机关的数据衔接。①

三是推动仲裁的国际合作。有学者强调,加强与各国和各地区之间司法与仲裁的互动和交流,建立区域化互联网仲裁服务平台,为公平、合理、高效解决国际商事仲裁纠纷提供法治保障。② 同时,以加强中国与东盟国家的仲裁合作为例,可以考虑设立以"中国—东盟"国际商事仲裁中心这一非政府间国际组织的社会团体法人作为统一的合作机构,促进区域内部仲裁法律服务的优化融合,满足中国与东盟的多元文化和法律理念的需求,同时完善合作机制的实施方式与程序规则,逐步推动"中国—东盟"国际商事仲裁区域共同体的形成。③

4. 关于仲裁司法审查的研究

一是中国仲裁司法审查的制度架构。《仲裁法(修订)(征求意见稿)》(以下简称《仲裁法修订征求意见稿》)统一了撤销国内裁决和涉外裁决的事项规定,并对司法审查的范围进行了部分修改,但对于双轨制变单轨制后涉外仲裁监督范围的设定、程序性审查原则的把握与实体监督如何安放

① 陈源荣、伏军:《云计算技术支持下的跨国商事网络仲裁机制构建(英文)》,载《科技与法律(中英文)》2023 年第 2 期。

② 黎群:《论国际商事仲裁合作机制的构建》,载《法商研究》2023 年第 3 期。

③ 丁丽柏、徐展鹏:《中国—东盟国际商事仲裁合作机制研究》,载《广西大学学报(哲学社会科学版)》2023 年第 5 期。

等仍然存在争议。有学者提出,应扩大涉外因素识别标准、并轨至原涉外仲裁监督范围、坚持程序性审查原则及允许当事人协议约定监督范围以最大限度地尊重当事人意思自治。①

二是发回仲裁问题。发回仲裁可以减轻当事人另行起诉或仲裁的程序负担,缓解司法压力。有学者认为,只要局部瑕疵未从根本上影响仲裁程序的合法性,发回仲裁较另行仲裁或诉讼而言更符合程序经济,法院应当合并裁定,即通过撤销裁定的形成力恢复仲裁程序。②

5. 关于完善国际投资仲裁程序的研究

一是国家反诉问题。有学者指出,国家反诉是国际投资仲裁中的重要程序性机制,但在实际适用当中面临重大的制度性困境;为了化解国家反诉适用困境,需要在国际投资条约中直接规定国家具有反诉权,明确国家反诉与投资者本诉须存在事实联系,并设定具体的投资者义务。③

二是禁诉令的运用问题。有学者认为,在实践中,对于国内平行程序,以投资条约为基础的仲裁庭几乎不存在运用禁诉令维护仲裁排他性的现实需求,扩大使用禁诉令会导致相关的国内法律程序受到仲裁庭的干预。仲裁庭对国内法律程序的干预应仅以保障国家善意履行条约义务、保护投资者诉诸仲裁的权利为宗旨。④

---

① 何云:《我国涉外仲裁司法审查的几个争议问题——以〈仲裁法〉修订为视角》,载《法律适用》2023年第9期。

② 马家曦:《人民法院发回仲裁程序的反思与重构》,载《南大法学》2023年第6期。

③ 桑远棵:《国际投资仲裁中国家反诉的适用困境及其化解》,载《中国海商法研究》2023年第1期。

④ 宁红玲、魏丹:《论禁诉令在国际投资仲裁中的运用》,载《国际法研究》2023年第4期。

三是禁执令（anti-suit injunction）问题。当前出现了以西班牙为代表的当事国反复申请对执行仲裁裁决的禁令（“禁执令”），深刻暴露了能源案件中相关域内法与国际法的冲突以及传统国际投资条约的不足。为应对现有僵局，当事国可以考虑与相关投资者进行和解谈判，在不挑战裁决的前提下寻求双方均可接受的方案；同时，加强能源转型过程中相关域内法与现有国际法的协调，为潜在投资者提供应对风险的可预测性。①

6. 关于国际投资仲裁法律适用的研究

一是国内法在仲裁中的地位问题。根据《关于解决国家和他国国民之间投资争端公约》（Convention on the Settlement of Investment Disputes Between States and Nationals of Other States，以下简称《华盛顿公约》）第42条第1款的规定，东道国国内法和可能适用的国际法都可作为仲裁庭的法律依据。这表明，东道国国内法在投资仲裁中具有重要的法律地位，仲裁庭应给予足够的重视。有学者指出，为明确东道国国内法的地位与功能，需要以修正的一元论作为理论基础，即国内法的法律地位需要以国际法优先于国内法的一元论为基本立场，同时结合内在联系论进行科学认识。②

二是投资仲裁中的国家安全问题。国际争端解决机构通常不会公开直接地对国家安全争端中最敏感的政治性冲突作出裁决，而是会充分利用法律技术来平衡尊重国家安全和维护国际经济秩序的稳定性和可预期性

---

① 陈红彦、黄丽萍：《可再生能源投资仲裁裁决的反执行行动及其破解》，载《法学杂志》2024年第1期。

② 董静然：《论投资条约仲裁视域下国内法的法律地位》，载《国际经济法学刊》2023年第4期。

之间的利益冲突,把政治性的抉择隐藏在从法律技术角度来看大体可以接受的裁决中。从“华为诉瑞典仲裁案”来看,仲裁庭需要解决3个问题:首先,瑞典决定将华为设备从5G网络中排除的目的是否是保护国家安全。其次,瑞典的国家安全决定是否遵循了非歧视、符合正当程序以及比例原则(proportionality)。最后,在没有国家安全条款的情况下,仲裁庭是选择高度甚至完全尊重东道国的国家安全决定,还是选择坚持国际经济法可以并且必须包容不同的经济、政治和社会制度,最大限度地保护国际经济秩序的可预期性。但可以想象,无论该案结果如何,大抵不会出现“双赢”的局面。①

7. 关于体育仲裁程序问题的研究

一是强制性体育仲裁协议的效力。有学者指出,正当性补充理论能够支撑国际体育仲裁院机制中强制性体育仲裁协议的有效性,即仲裁协议的正当性不在于摒弃强制性,而在于如何优化强制性以保障运动员合法权利。② 此外,还有学者强调,在仲裁协议和具体规则的解释与适用中明确保障运动员权利的解释立场。③

二是体育仲裁的范围。当前,体育仲裁范围排除劳动争议是符合中国实际的,但劳动仲裁解决体育劳动争议具有专业性、即时性不强等弊端,因而劳动仲裁在解决体育劳动争议的过程中极易遭遇困难。另外,劳动仲裁

① 杜明:《国家安全的国际经济法回应——以华为诉瑞典仲裁案为例》,载《国际法研究》2023年第5期。

② 翟一飞、盛昊民、陈一铭:《强制性体育仲裁协议的正当性争议及中国因应》,载《北京体育大学学报》2023年第12期。

③ 冯硕:《国际体育仲裁中的规则之治与权利保障》,载《华东政法大学学报》2023年第5期。

规则与体育规则存在冲突，劳动人事仲裁机构在运用规则时会产生困难。未来应逐步将体育劳动争议纳入体育仲裁范围，最终实现中国体育仲裁制度的进一步发展。①

三是体育仲裁中的证据标准。国际体育仲裁院根据案件主体和客体不同，区别适用不同的证明标准。如兴奋剂案件中对体育组织适用的标准区别于普通法系传统的两大证明标准，采用“放心满意”（comfortable satisfaction）的标准，即令裁决者可以放心地根据双方提出的证据来裁定案件事实，从而支持或否定某一方的主张。该证明标准不仅对各国体育仲裁机构和其他体育纠纷解决机构借鉴吸收具有重大价值，而且符合新修订《体育法》中对于兴奋剂的治理目标，对运动员权利保护具有一定借鉴意义。②

8. 关于国际仲裁中其他问题的研究

一是多元化纠纷解决机制。《联合国关于调解所产生的国际和解协议公约》的签署为商事调解作为中国多元化纠纷解决机制的重要路径提供了宝贵机遇，有学者认为，中国应借此契机，加快推动商事调解独立立法，并在体例上将国内与国际商事调解进行“双轨制”分别立法。总则部分应明确其适用范围并规定保密原则，分则部分就个人调解制度、对商事调解的

---

① 张笑世、赵心畅：《体育仲裁范围排除劳动争议的正当性分析及展望》，载《北京体育大学学报》2023年第9期。

② 徐路梅：《国际体育仲裁院中证明标准的适用问题研究》，载《天津体育学院学报》2023年第4期。

监督制度以及支持调解在线化发展的制度措施作出明确规定。①

二是探讨友好仲裁的引入。对于传统国际商事仲裁来说,友好仲裁是一项巨大的挑战。实践中,公平善意原则的定义、具体标准以及国际商事友好仲裁裁决公共政策的司法审查均面临难题。为推动友好仲裁制度发展,需借鉴国际实践经验,在国内立法的基础上明晰公平善意原则的定义,以彰显保护弱势群体利益的公平善意原则;廓清公共政策的内涵与外延,合理运用公共政策对国际商事友好仲裁裁决进行司法审查。②

三是讨论税收争议的仲裁机制。现有税收争议解决机制尤其是相互协商程序机制的局限性日益凸显。有学者提出,"一带一路"税收争议仲裁机制应当作为相互协商程序机制的延伸与补充。税收争议仲裁具有"应纳税人的请求而启动"的强制性,应优化该机制的包容协调性,以确保税务主管当局在仲裁程序中拥有相应的话语权和影响力,推动中国与相关国家形成符合共同利益需求的多边或双边安排。③

四是推动海事仲裁中心建设。上海在建设面向全球的亚太仲裁中心及全面建成国际航运中心的战略背景下,亦作出了建设亚太海事仲裁中心的战略选择。美国的《统一仲裁法》,以海事临时仲裁为基础制定规则,秉持快速低费仲裁的价值目标,使参差不齐的州仲裁法向更高水准的《联邦

① 孙巍:《中国商事调解立法问题研究》,载《仲裁与法律》第149辑,中国法制出版社2023年版。

② 王淑敏、李银澄:《中国自贸区开展国际商事友好仲裁的问题与对策》,载《中国海商法研究》2023年第3期。

③ 赵洲、吕思彤:《"一带一路"税收争议仲裁机制的引入与建构研究》,载《国际商务研究》2023年第2期。

仲裁法》和美国联邦最高法院形成的仲裁普通法看齐和靠拢。当前,我们应立足中国国情及已有的制度优势,从比较法视野下考察美国海事仲裁制度的实践,在中国《仲裁法》修订的基础上鼓励地方仲裁立法先行先试,面向国际航运界引入临时仲裁,推动中国海事仲裁制度改革完善。[①]

五是"一带一路"共建国家的投资仲裁新发展。随着中国对非洲投资的增长,由此引发的纠纷不断增多。以"中山富诚诉尼日利亚案"为例,中国投资者在尼日利亚投资产生争端后,寻求权利救济路径面临诸多困境,如诉诸东道国诉讼久拖不决、被东道国法院签发禁止仲裁令阻断商事仲裁、被东道国援引岔路口条款挑战投资仲裁管辖权等。[②] 有学者发现,监管质量、腐败控制等宏观政治变量在很大程度上影响"一带一路"沿线的投资争端风险,案件索赔额和法律层面东道国的政策偏好对双方的和解意愿具有较突出的影响。[③] 对此,有学者提出,当前中国与非洲国家已生效双边投资协定覆盖率低,可仲裁范围有限,存在严格的"岔路口"条款。中国政府需推进与非洲国家商签或更新投资保护条约,提高保护水平,采取综合措施敦促东道国执行裁决,探索建立有中非特色的投资争端仲裁机制,为中国投资者启动国际投资仲裁解决投资争端提供制度支撑和保障。[④]

① 邓杰:《美国海事仲裁制度多维检视及中国选择——从建设国际海事仲裁中心的视角出发》,载《国际法研究》2023 年第 6 期。

② 彭先琦:《中国在尼日利亚投资争端解决机制的困境与突破——以"中山富诚案"为例》,载《非洲研究》2023 年第 1 期。

③ 谷婀娜、邓晨晨:《"一带一路"沿线投资争端风险识别及经验借鉴——基于投资仲裁案例的实证分析》,载《西安交通大学学报(社会科学版)》2023 年第 5 期。

④ 李晓玲:《中非投资争端的国际投资仲裁解决研究》,载《国际经济合作》2023 年第 5 期。

(三)国外研究动态

2023年,国际学界关于国际仲裁的研究成果主要可分为三个方面:一是聚焦国际商事仲裁制度,重点关注了仲裁程序问题,同时也研究仲裁协议的效力等传统问题;二是对投资仲裁的关注,主要围绕投资者与国家间争端解决机制改革和投资仲裁中的气候、环境、人权问题;三是对投资仲裁与调解和诉讼的互动问题展开研究。

1. 关于仲裁协议效力的研究

一是不对称仲裁条款(asymmetrical arbitration clauses)的效力问题。不对称争端解决条款是单边争议解决条款的一种,在国际实践中逐步获得认可,但由于仅允许其中一方在争议发生后选择审判地点造成了程序上的不平等。有学者指出,贸法会《国际商事仲裁示范法》(以下简称《示范法》)第18条中不对称仲裁条款规定的立场来自《欧洲人权公约》第6条中类似的司法处理,这促进了欧洲倡导的公平待遇。在探讨了《示范法》第18条性质和范围的基础上,有学者提出了解决不对称仲裁条款效力问题的“三步测试”路径。首先,需要确定该协议是否是非受益方作出的战略决策。其次,如果该协议不是非受益方的战略决策,则应考虑该条款是否有损程序平等而违反《示范法》第18条的规定。最后,如果法院或仲裁庭发现该条款违反了《示范法》第18条的规定,则可以将该条款修改为双边条款,赋予双方在仲裁地点选择方面的相同权利。①

① Gadkari, A., *The Legitimacy of Asymmetrical Arbitration Clauses in International Commercial Arbitration*, RGNUL Fin. & Mercantile L. Rev., Vol. 10, p. 121 (2023).

二是主合同未成立时仲裁条款的效力问题。有学者认为，仲裁条款具有相当大的独立性，通常可以独立于主合同而成立。仲裁条款的有效性判定基于充分的形式和实质要素，应适用合同订立和生效的条件，包括当事人自愿约定、要约和承诺的过程，以及双方的真实意思表示。①

三是仲裁协议对第三方的效力问题。有学者认为，在涉及公司集团的争议中有必要考虑仲裁协议对非签署第三方的约束力。仲裁制度的合同性质使其有别于国家诉讼制度，如果非签字第三方的纳入满足仲裁协议有效的客观和形式条件，或者通过合同转让或义务转移的方式，则可以将仲裁协议扩展到非签署方。②

2. 关于国际商事仲裁程序问题的研究

一是合并仲裁问题。随着商业模式、公司结构和商事纠纷形式变得更加多样化和复杂化，越来越多的国际商事仲裁案件涉及多方当事人。合并仲裁在涉及多份合同、多方当事人的纠纷中具有独特优势，如减少事实错误、避免裁决不一致、提高仲裁效率、降低成本等。但合并仲裁在某种程度上挑战和影响了传统双边仲裁下当事人同意原则、仲裁协议的相对性和仲裁保密性等基本理论和原则。通过研究国际主要仲裁机构中的合并仲裁条款，有学者认为，合并仲裁的修改趋势是更加灵活实用，通过简化仲裁程

---

① Zhang, Y., *The Study on the Effectiveness of Arbitration Clauses in International Commercial Arbitration-From the Perspective of Contract Non-Formation*, Athens JL, Vol. 9, p. 493 (2023).

② Abd-elfattah Fouly, R. M., *Joinder of Third Party in International Commercial Arbitration Despite its Objection and its Grounds*, Police Thought, Vol. 126, p. 287 – 334 (2023).

序来应对日益复杂的多边争议。①

二是案件可受理性问题。有学者认为,在国际仲裁案件中仲裁庭决定案件的可受理性时,如果国内仲裁法和机构仲裁规则都没有规定当事人诉求的可受理性,仲裁员不应类比国内程序法,将其解释为不可受理。相反,国际案件中仲裁员应借助仲裁程序自治的理念,行使广泛的自由裁量权来决定运用何种程序规则来决定案件的可受理性。②

三是第三方在仲裁程序中的作用。有学者探讨了如何处理涉及第三方的平行程序。第一种情况是第三方未签署仲裁条款,但同意仲裁,请求中止针对第三方的诉讼,此时第三方自愿同意仲裁。第二种情况是第三方未签署仲裁条款,但对签署方提起诉讼,但并未以任何方式同意参与当事人之间启动的仲裁程序。法院在批准反仲裁令(anti-arbitration injunction)或禁诉令(anti-suit injunction)时必须考虑两个目标之间的平衡:一方面,考虑当事人意思自治,争取在争议解决方式上达成协议;另一方面,实现争议解决效率,尽可能通过将第三方加入单一程序来避免多重平行程序。③

3. 关于国际投资仲裁程序问题的研究

一是仲裁员任命问题。国际投资仲裁庭成员任命缺乏多样性的问题长

---

① Wang, J., *Joinder Mechanism in International Commercial Arbitration: A Trend in the Digital Age?*, International Journal for the Semiotics of Law-Revue internationale de Sémiotique juridique, p. 1–20 (2023).

② Dautaj, Y. & van der Stad, S., *The Role of Domestic Procedural Rules in Setting the Scope for the Prayers for Relief in an International Commercial Arbitration with a Swedish Seat*, Indian J. Arb. L., Vol. 11, p. 69 (2023).

③ Garnett, R., *Third Parties and International Commercial Arbitration: Reframing the Debate*, Melbourne University Law Review, Vol. 47:1, p. 154–191 (2023).

期以来一直受到批评。有学者分析了国际投资争端解决中心（International Centre for Settlement of Investment Disputes, ICSID）仲裁员任命的多样性问题,《华盛顿公约》第14条第2款的主要目的是使争端方能够任命具有所需素质或身份的仲裁员。解决多样性问题的不同方法的争议本质上是司法职能中私权保护和公共利益之间更深层次分歧的产物,即考虑赋予国际司法机构争端解决之外其他公共职能的可取性。有方案指出,当事人任命仲裁员制度在结构上无法实现多样性,并提议建立多边常设机制。在选举阶段,被提名仲裁员应确保世界主要法系的代表性、地域分布的公平性以及整个法庭的性别平衡。在案件分配方面还需考虑国籍、法系、语言和学科领域。①

二是仲裁反请求问题。一般情况下,反请求不得作为超越仲裁庭管辖范围的手段。另外,反请求又与一方当事人的主张密切相关。然而,在投资仲裁的特定背景下,这两个面向之间存在紧张关系。有学者提出,处理反请求管辖权问题的方案,对反请求的管辖权应被视为对原始请求管辖权的附带管辖权,从而允许法庭审理更广泛的反请求。这种综合方法的关键是反请求与程序范围内的"索赔内容"之间的密切联系。这种分类法本质上归结为,仲裁庭在当事方同意对主要索赔拥有管辖权的情况下对密切相关的反请求作出裁决的附带或固有的权力。为了实现程序公平性,无论是

① Zhang, Y., *Equitable Representation on International Benches and the Appointment of Tribunal Members in Investor-State Dispute Settlement: A Historical Perspective*, Journal of International Dispute Settlement, Vol. 14:4, p. 428-450 (2023).

通过合同还是条约达成的当事人合意应在一定程度上受到限制,也就是说,有可能超出约定的范围,以此回应对国际投资法的强烈反对,并为国家反击留出空间。①

三是仲裁费用分配问题。费用分配是任何争议解决过程的一个重要方面,ICSID 仲裁也不例外。有学者研究了 ICSID 仲裁中的具体实践,并阐述了 ICSID 仲裁庭在分配费用时使用的不同方法和原则。一是"费用随事件而定"原则,即仲裁失败的一方应承担仲裁费用,包括胜诉方的法律费用和开支。这是 ICSID 仲裁庭在分配投资争端费用时最常用的方法。二是"比例"原则,旨在确保仲裁费用与争端价值成比例,同时考虑案件的性质和复杂性。三是"基于行为的分配"原则,仲裁庭在确定费用分配时将考虑整个仲裁过程中各方的行为,目标是根据当事人的行为分配费用,并阻止当事人采取不必要增加仲裁费用的行为。四是命令双方分摊仲裁费用。这种方法通常用于双方在仲裁中都成功达到部分诉求或双方都导致仲裁费用增加的情况。②

4. 关于国际投资仲裁改革的研究

过去 10 年,对国际投资仲裁的批评不断升级。但随着当时欧盟法院(Court of Justice of the European Union)裁定欧盟国家之间的双边投资争

---

① Brenninkmeijer, M. & Gélinas, F., *Counterclaims in Investment Arbitration: Towards an Integrated Approach*, ICSID Review: Foreign Investment Law Journal, Vol. 38:3, p. 567 – 594 (2023).

② Cristina Elena Popa (Tache) & Silviu Constantin, *Allocation of Costs in ICSID Arbitration a Continuing Challenge to International Law*, International Investment Law Journal, Vol. 3:1, p. 4 – 16 (2023).

端解决机制不符合其法律秩序，投资仲裁的改革再次受挫。有学者认为，投资仲裁应该被废除，不应维持现有的单向对抗机制，以便重新设计投资争议的解决方式，摆脱以投资者为中心带来的不平衡问题。① 有学者研究了欧盟倡议设立双边投资法院（Bilateral Investment Court System）的路径，认为双边投资法院是法院和仲裁庭的混合体，但未能完全解决国际投资仲裁面临的所有挑战，这一方案必须随着时间的推移进一步被审视并改进。②

5. 关于国际投资仲裁中的气候问题的研究

一是将投资仲裁作为执行气候变化协定承诺的平台。大部分国际投资协议在广泛的气候行动之前达成，并未考虑气候变化承诺的问题。随着全球气候治理和国际投资争端解决机制改革的出台，国际投资协定正进入一个协调、统一、相互支持的新阶段。有学者提出，应改革现行国际投资协定制度，一是在国际投资协定中纳入与气候变化和环境相关的条款，二是将气候变化考虑纳入投资仲裁，推动国际投资法朝着可持续发展的方向进行系统性改革，为减缓气候变化作出贡献。③

二是促进国家执行气候变化行动承诺的具体路径。有学者提出，根据《巴黎协定》（The Paris Agreement）第 24 条和《联合国气候变化框架公约》第 14 条的规定，“绿色”投资者可能会诉诸国际投资仲裁，要求国际投资法

---

① Van Harten, G. & Vastardis, A. Y., *Special Issue: Critiques of Investment Arbitration Reform: An Introduction*, Journal of World Investment & Trade, Vol. 24:3, p. 363 – 371 (2023).

② Tinyiko Lawrence Ngobeni, *The International Court System: A Solution to the Crisis in Investor-State Arbitration?*, Potchefstroom Electronic Law Journal, Vol. 27:1, p. 2 – 34 (2024).

③ Sheng Zhang & Ni Li., *Addressing Climate Change through International Investment Agreements: Obstacles and Reform Options*, Sustainability, Vol. 16:4, p. 1471 (2024).

庭或法院对国家未能实施气候变化行动的情况作出裁决。[①]

三是适用于气候变化争议的具体范围。从长远来看,《巴黎协定》的更大潜在作用是,作为间接法律来源来解释投资者和东道国的实质性权利和义务标准。与环境豁免条款不同,在争端解决背景下,《巴黎协定》可以平衡双方利益,一方面支持绿色投资者的主张,即确定东道国的责任,另一方面也使东道国能够对高排放投资的责任进行辩护。[②]

6. 关于国际投资仲裁中的环境问题的研究

一是完善法庭之友制度。法庭之友制度为案件非当事人意见提供了陈述意见的机会和平台。考虑公众和生态利益,并在环境争议中更好地呈现非当事人意见,有学者建议修改和扩展《华盛顿公约》第37条第2款,为仲裁庭在审议非当事人意见陈述时提供完整的指南,以确保在充分缓和的同时继续考虑公众环境问题。[③]

二是环境争议的软法适用。对于国际环境法和可持续发展规则来说,缺乏执行机制长期以来一直被认为是该体系的主要弱点,国际投资仲裁可在环境争议中推动非约束性软法规则的解释,促进主权国家加强相关义务

---

① Carlo de Stefano, *Litigating Climate Change Mitigation and Adaptation in Investment Dispute Resolution*, Athena, Vol. 3:2, p. 187－208 (2023).

② Sarvarian, A., *Invoking the Paris Agreement in Investor-State Arbitration*, ICSID Review: Foreign Investment Law Journal, Vol. 38:2, p. 422－440 (2023).

③ Lizarraga, C. G., *Submission of Amici Briefs in Arbitration Related to Environmental Concerns: Developing a Better Framework for Their Consideration Under ICSID Rule* 37 (2), Northwestern Journal of International Law & Business, Vol. 43:2, p. 219－233 (2023).

的遵守和执行。[①]

7. 关于国际投资仲裁中的人权问题的研究

一是国际投资法和国际人权法的融合。有学者提出应将国际投资法与人权和国际人道法重新联系起来。理论上,必须正确应用全面保护和安全投资义务的尽职调查标准,并在实践中促进国际投资仲裁对国际人权法的尊重。[②]

二是土著居民的人权问题。对于经济开发程度较低的地区,外国直接投资的介入往往会对东道国土著社区的生存环境、人权保护等方面产生负面影响。但投资者与国家仲裁涉及土著社区权利时,东道国土著社区本身作为法庭之友参与仲裁的影响有限。有学者提出,来自相关国际投资协定当事方的法庭之友陈述可能更能引起仲裁员的注意。投资者母国应践行《联合国土著人民权利宣言》,通过国内立法的方式规定投资者母国政府应在投资者与国家仲裁中向仲裁庭提交法庭之友陈述,评估本国投资者的行为是否符合《联合国土著人民权利宣言》,使国际投资仲裁更加关注土著人民的权利和利益,并促进投资的可持续发展。[③]

8. 关于国际投资仲裁与其他纠纷解决机制互动的研究

一是国际投资仲裁与调解的结合。当前带有投资者与国家调解条款

---

① Korzun, V., *Enforcing Soft Law in International Investment Arbitration*, Vanderbilt Journal of Transnational Law, Vol. 56:1, p. 1 – 65 (2023).

② Yacoub, A. R., *Bridging the Gap between International Investment Law and Human Rights*, Hofstra Law Review, Vol. 52:1, p. 65 – 129 (2023).

③ Heidepriem, P., *Indigenous Rights, Investor-State Disputes, and Canadian Law*, South Dakota Law Review, Vol. 68:1, p. 51 – 72 (2023).

的国际投资协定数量逐渐增加。贸法会发布的指导方针解决了国际投资仲裁中调解所面临的一些障碍,包括但不限于治理、立法和政策障碍以及调解保密性与作为结构性目标的透明度之间的紧张关系。① 随着以中国为首的亚洲国家对争端预防和调解的支持,应着重释放调解的潜力,在未来国际投资协定中更多地使用投资者与国家调解的条款,并提高调解条款的质量。②

二是国际投资仲裁与国内法院的互动。就管辖权问题,由于投资者通常可以根据国际投资条约和合同提出索赔,因此国内法院和投资仲裁庭可能会就本质上相同的争议争夺管辖权。因此,应寻找更多司法对话的机会,推动国际投资仲裁庭更仔细地审查其管辖范围。③ 就国际投资仲裁庭适用国内法的问题,有学者认为,首先,应当由仲裁庭来决定投资条约仲裁中国内法的国际有效性,而非由东道国国内法院决定。其次,仲裁庭在确定国内法的国际有效性时,国内标准为默认标准,但在形式无效和实质无效方面,国内标准必须由国际标准补充。④

---

① de la Rasilla, I., "*The Greatest Victory*"? *Challenges and Opportunities for Mediation in Investor-State Dispute Settlement*, ICSID Review, Vol. 38:1, p. 169 – 200 (2023).

② Weeramantry, R., Chang, B. & Sherard-Chow, J., *Conciliation and Mediation in Investor-State Dispute Settlement Provisions: A Quantitative and Qualitative Analysis*, ICSID Review: Foreign Investment Law Journal, Vol. 38:1, p. 201 – 237 (2023).

③ Brenninkmeijer, M., *Jurisdictional overlap between Domestic Courts and Investment Arbitration: An Occasion for Judicial Dialogue*, Arbitration International, Vol. 39:3, p. 379 – 400 (2023).

④ Jarrett, M., *The International Validity of Domestic Law in Investment-treaty Arbitration*, Arbitration International, Vol. 39:1, p. 1 – 18 (2023).

9. 关于国际投资仲裁中其他前沿问题的研究

一是新型争议纳入投资仲裁框架的问题。就加密货币相关的投资争议可仲裁性，有学者提议，将加密货币相关的争议置于国际投资仲裁框架内，并讨论涉及加密货币的争议是否可以根据国际投资法予以成功解决，重点关注使用加密货币的实体是否符合国际投资法和双边投资协定现行判例中的投资者资格的问题。[①] 就国际税收协定仲裁问题，有学者强调，税收协定中仲裁条款的重要性，并重点关注税收协定仲裁中的第三方资助，来推动税收争议通过国际仲裁的方式解决。[②]

二是经济制裁与国际投资仲裁。在经济制裁越发频繁的背景下，有学者分析经济制裁对国际投资仲裁中管辖权和可受理性、案情实质以及裁决执行的影响，并考虑国际投资仲裁是否适合作为应对单边制裁的工具。在缺乏关于经济制裁合法性的国际立法的情况下，投资者可以根据双边投资条约中的投资保护义务对东道国的单边制裁提出质疑。另外，各国可以依靠双边投资条约或习惯国际法规定的国家安全例外、不可抗力或反措施等理由来正当化其制裁措施。制裁措施的合法性需要在实践中具体判断。[③]

---

① Mohanty, G. & Tangara, H., *Cryptocurrencies in International Investment Law: The Dawn of a New Era of Protected Investments under Article 25(1) of the ICSID Convention?*, Manchester Journal of International Economic Law, Vol. 20:1, p. 66–83(2023).

② Kun Chol Kim, *Justice, Third-Party Funding, and Tax Treaty Arbitration*, Indiana International & Comparative Law Review, Vol. 33:1, p. 39–91 (2023).

③ Xiaolu Fan & Tong Qi, *Is Investor-State Arbitration Appropriate as a Tool for Regulating Unilateral Sanctions? A Comprehensive Study of Sanctions-Related ISDS Practices*, Hong Kong Law Journal, Vol. 53:1, p. 287–325 (2023).

四、中国国际商事仲裁教育与后备人才培养

中国在国际商事仲裁教育与人才培养方面已经形成了较完善的体系，涵盖了国家政策支持、高校课程设置、高校与仲裁机构的合作以及地方政府的推动等多方面。这些措施协同发力，旨在为中国在国际商事仲裁领域的发展提供坚实的人才保障。

(一)政策支持

国家对涉外仲裁人才培养给予了高度重视。2022 年 3 月，司法部、教育部、科学技术部、国务院国有资产监督管理委员会、中华全国工商业联合会、中国国际贸易促进委员会联合发布《关于做好涉外仲裁人才培养项目实施工作的通知》(以下简称《通知》)，全局性地提出了做好涉外仲裁人才培养的指导思想，载明当前中国涉外人才培养要“以全面推动新时代涉外仲裁人才培养工作为主题，以提高中国涉外仲裁人才队伍质量为核心，以完善涉外仲裁人才梯队体系建设为着力点，创新涉外仲裁人才培养机制，优化涉外仲裁人才培养路径，着力培养一批具有国际视野、通晓国际规则，能够在跨境法律服务市场提供专业服务的中国涉外仲裁人才，建立适应中国国际仲裁品牌和国际商事仲裁中心建设的专业人才培育、培训工作格局，为建设法治中国提供坚实人才支撑和智力支持”，战略性地提出了“到 2025 年，建立起与国际通行仲裁制度相适应的涉外仲裁人才培养体系，遴选 1000 名高端领军人才、培训 1000 名职业进阶人才、培养 1000 名青年后备人才，打造一支坚定不移走中国特色社会主义法治道路的高素质专业化

涉外仲裁人才队伍”的培养目标。

《通知》还载明了涉外仲裁人才培养的重点举措，如组建涉外仲裁人才培养专家委员会、建立涉外仲裁人才培训基地、组建涉外仲裁高端人才库（遴选1000名涉外仲裁高端领军人才）、开展涉外仲裁项目证书教育（培训1000名涉外仲裁职业进阶人才）、实施国际仲裁研究生培养项目（培养1000名国际仲裁青年基础人才）和组织开展专题教育。目前，高校和仲裁机构等有关社会各界正在协同合作，稳中有序地推进这些重点举措的贯彻落实。

随后，教育部办公厅于2023年发布了《关于开展涉外法治人才协同培养创新基地建设的通知》（教高厅函〔2023〕4号）。根据该通知要求，教育部办公厅、中央依法治国办秘书局于2023年底联合发布《关于公布涉外法治人才协同培养创新基地（培育）名单的通知》，多家中国仲裁机构作为参与共建实务部门获批与有关高校共建涉外法治人才协同培养创新基地。

地方政府也在积极推动涉外仲裁人才培养。例如，北京市将仲裁人才培养纳入《首都涉外法治人才队伍建设行动计划（2023～2025）》，计划用3年时间选拔培养包括涉外律师、仲裁员、公证员、司法鉴定人和法治岗位公务员在内的百名涉外法治人才，实现“涉外仲裁领军人才、职业进阶人才、青年基础人才”3类人才有序、有力培养，推动服务国家“走出去”取得新提升。

（二）国际商事仲裁后备人才专项培养情况

2022年8月，教育部办公厅、司法部办公厅联合印发了《关于实施法律硕士专业学位(国际仲裁)研究生培养项目的通知》(以下简称《国际仲裁项目通知》),决定选取部分高校会同仲裁委员会、律师事务所等涉外仲裁实务单位,实施法律硕士专业学位(国际仲裁)研究生培养项目,旨在通过实施法律硕士专业学位(国际仲裁)研究生培养项目,支持有关高校和仲裁委员会、律师事务所等法律实务部门积极探索和创新涉外法治高层次人才培养模式,完善涉外仲裁人才培养体系。该项目明确在全国范围内选取包括清华大学、北京大学、中国人民大学在内的20所高校会同仲裁委员会、律师事务所等涉外仲裁实务单位,实施法律硕士专业学位(国际仲裁)研究生培养项目,计划在2023~2025年合计招收培养不少于1000人的涉外仲裁人才。

自正式发布以来,《国际仲裁项目通知》已在全国范围内得到了积极响应和有效实行。相关高校已经根据教育部和司法部的指导精神,制定了严格、详细的招生选拔办法,并研究制定了相应的培养方案。此外,这些高校通过与行业单位的合作,如律师事务所、仲裁委员会等,积极探索"高校+行业"的联合培养模式,强化实践教学,帮助学生更好地理解和运用国际仲裁规则,从而更好地服务国际商事仲裁市场,提高学生的就业竞争力,为中国在全球法律服务市场中的竞争力提供了坚实的人才支持。

中国各大高校法学院普遍面向本科生和研究生开设涉外仲裁类课程,还注重与仲裁机构合作,以协同开课、开展实务讲座等方式增进学生对实务领域的了解。

贸仲、北京仲裁委员会(以下简称北仲)等积极参与国际商事仲裁教育与人才培养工作。教育部办公厅和中央依法治国办秘书局批准贸仲及其分会，与7所知名高校共同建设涉外法治人才协同培养创新基地，贸仲成为与高校共建基地获批最多的实务部门；与近20所高校签署合作协议，围绕国际仲裁硕士项目、涉外律师硕士项目开设联合培养专项课程，提供实务指导，厚植涉外法治人才队伍。[①] 例如，在国际仲裁联合培养硕士项目下，贸仲与中国人民大学法学院、对外经济贸易大学法学院和西安交通大学法学院等合作开设仲裁系列课程；[②]在复旦大学法学院开设的"国际仲裁规则"和中国政法大学开设的"国际仲裁经典案例研习"中，贸仲均派员给学生进行授课，通过结合贸仲经验给学生讲授国际仲裁经典案例和实践。又如，北仲与全国各地7家机构签订人才培养合作备忘录；[③]根据合作协议，北仲与清华大学合作推出了仲裁系列课程。[④]

（三）实务导师与接收实习生

此外，部分仲裁机构还通过指派实务导师、接收实习生的方式与合作高校共同培养国际仲裁人才。

---

① 《中国国际经济贸易仲裁委员会2023年工作报告》，载中国国际贸易促进委员会官网，https://www.ccpit.org/a/20240127/2024012767fm.html。

② 《"贸仲—中国人民大学"联合培养法律硕士国际仲裁项目"外国合同法"课程正式开讲》，载中国国际贸易促进委员会官网，https://www.ccpit.org/a/20230926/20230926w8ka.html；《国际仲裁实务与模拟法庭开课，贸仲仲裁院解常晴副院长首讲》，载对外经济贸易大学法学院官网2024年3月14日，https://law.uibe.edu.cn/xwzx/xyxw/002ee3faa2b141be84 36d168b2da7290.htm。

③ 《北京仲裁委员会/北京国际仲裁中心2023年度工作报告》，载北京仲裁委员会官网2024年2月8日，https://www.bjac.org.cn/news/view? id=4714。

④ 《北仲与高校合作"国际商事仲裁理论与实务"系列课程陆续开课》，载北京仲裁委员会官网2024年3月6日，https://www.bjac.org.cn/news/view? id=4724。

例如,在2023年,贸仲向中国人民大学法学院、中国政法大学等高校指派若干专业能力过硬的中高层干部担任法律硕士研究生校外实务导师,指导学生了解仲裁法律实务、开展相关实习实践、规划法律职业生涯。又如,武汉仲裁委员会与武汉大学、中南财经政法大学,签署了法律硕士专业学位(国际仲裁)研究生联合培养协议,在联合培养单位参与培养方案制定、招生选拔、导师团队组建、课程设置与教学、学生专业实习、学位论文指导等涉外仲裁人才培养方面达成了紧密协作。①

(四)小结

上述高校与仲裁机构的合作模式,促进了学术研究与实际应用的结合,成功培养了一批具有国际视野和专业技能的法律人才,有望在将来为中国国际仲裁机构和相关领域输送大量优秀的涉外仲裁人才,提升了中国在全球仲裁市场中的竞争力。

可以预见,到2025年,我国将建立起与国际通行仲裁制度相适应的涉外仲裁人才培养体系。在未来几年,涉外仲裁人才的培养将更系统、更全面地发展。

---

① 《加快涉外法治工作战略布局,武汉仲裁委联手知名高校培养高层次涉外仲裁人才》,载百家号2022年9月9日,https://baijiahao.baidu.com/s?id=1743501269586731119&wfr=spider&for=pc。

第二章 中国紧急仲裁员程序及其实践

一、引言

紧急仲裁员程序(Emergency Arbitrator Procedure),是指在仲裁庭组成之前,由紧急仲裁员(Emergency Arbitrator)对当事人提出的紧急性临时措施(interim measure)请求迅速作出决定的程序。紧急仲裁员程序是近年来国际商事仲裁领域的重要制度创新,其主要目的是为当事人提供在仲裁庭组成前快速获得紧急性临时救济的法律途径,从而高效保障当事人的正当程序和实体权利。临时措施的紧急性以及程序的快速性是紧急仲裁员程序最突出的特征。

一般认为,紧急仲裁员程序的起源可以追溯到ICC仲裁院于1990年引入的仲裁前公断程序(Pre-Arbitral Referee Procedure)。[①] 但是,这一规则在

---

① ICC仲裁院仲裁前公断程序(https://iccwbo.org/dispute-resolution/dispute-resolution-services/adr/pre-arbitral-referee/)目前仍然可供当事人选择。与之类似的程序还有美国仲裁协会(American Arbitration Association)1999年规则中的《紧急保护措施任择规则》(Optional Rules for Emergency Measures of Protection)。两者均要当事人在事前或事后达成协议方可适用。

实践中并未得到广泛适用,影响力十分有限。[①] 2006 年,美国仲裁协会国际争议解决中心(International Centre for Dispute Resolution, ICDR)在其仲裁规则中率先引入紧急仲裁员程序。在接下来的 10 年中,紧急仲裁员程序逐渐被多个国际领先的仲裁机构采纳,几乎成为国际商事仲裁实践中的一项标准配置。具体而言,SCC、SIAC 以及荷兰仲裁协会(Netherlands Arbitration Institute)均于 2010 年引入了紧急仲裁员程序。紧随其后,ICC 仲裁院及瑞士仲裁中心(Swiss Arbitration Center)于 2012 年,HKIAC 于 2013 年,LCIA 于 2014 年引入紧急仲裁员程序。贸仲于 2015 年制定了完整的紧急仲裁员程序规则。《示范法》以及《联合国国际贸易法委员会仲裁规则》未将紧急仲裁员程序作为单独的程序工具纳入其规定之中,而是整体就临时措施进行了规定。

中国已成为仲裁大国。目前,中国现行法律对于紧急仲裁员程序尚无明文规定,对于仲裁临时措施[②]的规定尚限于"财产保全"和"证据保

---

① 自 1990 年引入仲裁前公断程序后,直至 2014 年,ICC 仲裁院仅收到该程序的申请 14 份。See Andrea Carlevaris and José Ricardo Feris, *Running in the ICC Emergency Arbitrator Rules: The First Ten Cases*, ICC International Court of Arbitration Bulletin, Vol. 25:1, p. 3.

② 一般认为,中国法律框架中的"仲裁保全"与仲裁法语境中的"临时措施"具有实质上的等同关系。这一观点得到了 2019 年 4 月 2 日最高人民法院《关于内地与香港特别行政区法院就仲裁程序相互协助保全的安排》(以下简称《两地仲裁保全安排》)的支持。《两地仲裁保全安排》第 1 条明确指出,该安排所称"保全","在内地包括财产保全、证据保全、行为保全","在香港特别行政区包括强制令以及其他临时措施"。而紧急仲裁员程序是由紧急仲裁员对当事人提出的紧急性临时措施请求迅速作出决定的程序,故《两地仲裁保全安排》在实践中也会涉及对紧急仲裁员决定的执行。

全”。[①] 而且,法院享有作出保全决定的专属权,业内将之描述为“单轨制”。[②]

然而,值得注意的是,国内很多仲裁机构都制定了紧急仲裁员程序。而且过去数年,包括贸仲、北仲和上仲在内的中国多家头部仲裁机构都相继采用了紧急仲裁员程序,尤其是有些紧急仲裁员决定已经获得境外(包括港澳台地区)法院的认可。截至2024年7月17日,贸仲已有6件进行了紧急仲裁员程序的案件,[③]截至2023年6月底,北仲审理了6件紧急仲裁申请[④]。

规则先行、实践随后、立法确认是中国紧急仲裁员程序在初期的发展模式。总体来看,一方面,中国紧急仲裁员程序起步较晚、实践经验还不够丰富、审理标准还不统一,同时目前还缺乏充分的法律依据;另一方面,各地仲裁机构勇于探索、当事人需求持续提高,随着实践的积累,期待在立法中对仲裁中的临时措施以及紧急仲裁员程序作出突破性修订。

在此背景下,本章以紧急仲裁员程序在中国的实践为核心议题,通过介绍中国各主要仲裁机构的紧急仲裁员程序规则、讨论实践中所适用的诸

① 《仲裁法》中并未就行为保全作出规定,但在实践中已有法院支持仲裁当事人提出的行为保全申请的先例。

② 在中国,作出临时措施裁定的权力专属于法院,实行的是“单轨制”模式。仲裁当事人如面临紧急情况需要获得临时救济,应将其保全申请提交仲裁机构并由仲裁机构转递给有管辖权的法院进行裁定。也就是说,仲裁机构和仲裁庭本身并无权利直接发布任何临时措施。在这一过程中,仲裁机构仅仅充当转递的角色:对当事人提交的保全申请进行最表面的形式审查,如认为形式符合要求,则出具公函将当事人的保全申请及相关材料寄送给法院。

③ 为行文方便,按照受理时间顺序,本章将贸仲审理的6个紧急仲裁员程序案件按照序号1~6进行了编号。

④ 姜丽丽:《中国仲裁:继往开来的国际化之路》,载微信公众号“商法CBLJ”2024年2月1日,https://mp. weixin. qq. com/s/v5iyhZRxfw7lEJbOGWl0LQ。

多审查标准、剖析有关案例、分析立法及司法支持等方面,对紧急仲裁员程序在中国的发展进行观察,以期为完善中国紧急仲裁员程序的立法和实践方案提供参考。

二、中国仲裁机构紧急仲裁员程序规则概览

从整体来看,中国主要仲裁机构基本采纳了与国际通行做法相一致的紧急仲裁员程序。以下我们对中国仲裁机构对紧急仲裁员程序的引入情况和相关规则的基本内容进行简要介绍。

(一)中国紧急仲裁员程序规则的产生

虽然紧急仲裁员与仲裁庭称谓不同,但是两者具有相似的资质、享有相似的权力、履行相似的职责,并且负有相似的义务。因此,可以将紧急仲裁员视作使当事人获取紧急性临时措施而特别设置的仲裁庭。故此,启动紧急仲裁员程序的基本前提是仲裁庭有权发布临时措施决定。在中国,率先在仲裁规则中明确规定仲裁庭有权发布临时措施的仲裁机构是贸仲。《中国国际经济贸易仲裁委员会仲裁规则(2012)》(以下简称贸仲2012年版《仲裁规则》)第21条首次规定了仲裁庭有权根据"所适用的法律"发布临时措施。①

① 贸仲2012年版《仲裁规则》第21条"保全及临时措施"规定,"(一)当事人依据中国法律规定申请保全的,仲裁委员会秘书局应当依法将当事人的保全申请转交当事人指明的有管辖权的法院。(二)经一方当事人请求,仲裁庭依据所适用的法律可以决定采取其认为必要或适当的临时措施,并有权决定请求临时措施的一方提供适当的担保。仲裁庭采取临时措施的决定,可以程序令或中间裁决的方式作出"。

最早在仲裁规则中采用“紧急仲裁员”①这个概念的中国仲裁机构是上国仲。其在2014年版《中国(上海)自由贸易试验区仲裁规则》(以下简称《上海自贸试验区规则》)第21条“紧急仲裁庭”规定,在仲裁庭组成前提出临时措施申请的当事人,可以“根据执行地国家/地区有关法律的规定向仲裁委员会提交组成紧急仲裁庭的书面申请”。但是,《上海自贸试验区规则》关于紧急仲裁员程序的规定相对简约,并未对紧急仲裁员程序的具体程序安排、审查标准、作出决定的形式等作出具有可操作性的规定。显然是注意到中国并无相关立法支持,《上海自贸试验区规则》特别规定,启动紧急仲裁员程序需要根据“执行地国家/地区有关法律”,意思是只有在执行地认可紧急仲裁员决定的前提下方可启动紧急仲裁员程序,而且这个程序仅适用于当事人、标的物或法律事实涉及中国(上海)自由贸易试验区的案件。故此,在《上海自贸试验区规则》中,“紧急仲裁员”还仅为一个概念雏形。

2015年,贸仲在其新修订的《中国国际经济贸易仲裁委员会仲裁规则(2015)》(以下简称贸仲2015年版《仲裁规则》)中采用了更接近国际实践、也更完整的紧急仲裁员程序。除第23条第2款包含了相应规定,②2015年版《仲裁规则》还以附件的形式,提出了完整的《中国国际经济贸易

① 2014年版《中国(上海)自由贸易试验区仲裁规则》实际使用的措辞是“紧急仲裁庭”。

② 贸仲2015年版《仲裁规则》第23条第2款规定:“根据所适用的法律或当事人的约定,当事人可以依据《中国国际经济贸易仲裁委员会紧急仲裁员程序》(本规则附件三)向仲裁委员会仲裁院申请紧急性临时救济。紧急仲裁员可以决定采取必要或适当的紧急性临时救济措施。紧急仲裁员的决定对双方当事人具有约束力。”

仲裁委员会紧急仲裁员程序》(以下简称《贸仲紧急仲裁员程序规则》),涵盖了紧急仲裁员程序的各个主要方面。

紧随其后,北仲也于2015年、[①]深圳国际仲裁院(以下简称深国仲)于2016年[②]、上仲于2018年[③]、广州仲裁委员会(以下简称广仲)于2021年、[④]上国仲于2024年[⑤]陆续制定了紧急仲裁员程序规则。在条款安排方面,大多数仲裁机构选择将相关规定置于仲裁规则主文"临时措施/保全"部分,而少数选择单独制定一个附件。值得注意的是,贸仲、上国仲、上仲和深国仲的紧急仲裁员程序规定既适用于国内仲裁案件,也适用于国际仲裁案件,而北仲和广仲的紧急仲裁员程序仅适用于国际仲裁案件。

(二)紧急仲裁员程序的权力基础

由于中国法律规定的空白,且司法实践对"仲裁保全"发布权实行"单轨制",在理论上,以中国为仲裁地进行的紧急仲裁员程序的法律地位存在不确定性。在实践中,该问题常常表现为紧急仲裁员的决定权受到挑战。为了避免与现行法律直接相冲突,对于紧急仲裁员程序的法律依据,中国

---

① 《北京仲裁委员会仲裁规则(2015年版)》,载北京仲裁委员会官网2017年10月19日,https://www.bjac.org.cn/news/view?id=3075。

② 《深圳国际仲裁院仲裁规则(2016年版)》,载深圳国际仲裁院官网,https://www.scia.com.cn/index.php/Home/index/rule/id/798.html,最后访问日期:2024年8月22日。

③ 《上海仲裁委员会仲裁规则(2018年版)》,载上海仲裁委员会官网2021年3月5日,https://www.xmac.org.cn/Home/Index/detail?ArticleId=254&ClassifyId=24。

④ 《广州仲裁委员会仲裁规则(2021年版)》,载广州仲裁委员会官网2021年5月12日,https://www.gzac.org/zcgz/526。

⑤ 《上海国际经济贸易仲裁委员会(上海国际仲裁中心)仲裁规则(2024)》,载上海国际经济贸易仲裁委员会(上海国际仲裁中心)官网,https://www.shiac.org/pc/SHIAC?moduleCode=arbitrate_rules&securityId=AemPnu8_EA7m8anaza734A,最后访问日期:2024年8月22日。

各仲裁机构的仲裁规则要么不予规定，要么只规定为“根据所适用的法律”；贸仲则更进一步规定，当事人可以依据“所适用的法律或双方当事人的约定”启动紧急仲裁员程序。这里的“当事人的约定”就指向了所适用的仲裁规则。

尽管如此，在过去几年中国仲裁机构管理的案件中，紧急仲裁员经常面对被申请人对其针对当事人提出的临时措施申请作出决定的权限提出的质疑。显然，在目前这个阶段，这是一个紧急仲裁员不能回避的挑战。但是，在目前已知的中国仲裁机构管理的紧急仲裁员程序案件中，全部紧急仲裁员都认为自己享有无可争议的决定权。在这些案件中，紧急仲裁员所援引的依据大致可以归纳为以下三个方面。

1. 所依据的仲裁规则

在中国立法尚未对仲裁庭（包括紧急仲裁员）是否有权作出临时措施决定作出明确规定的背景下，所有紧急仲裁员都以仲裁机构关于紧急仲裁员程序的规定作为自己有权审理当事人紧急性临时措施申请的最主要依据。有紧急仲裁员指出，双方合意选择适用某个仲裁规则，即表示对仲裁规则所包含的各种程序作出了概括性同意（general consent）；除非仲裁规则本身有禁止性规定，否则就意味着：第一，从当事人的角度来看，双方已经默认（implicit consent）仲裁规则项下有关临时措施的规定，并且间接授权紧急仲裁员依据规则作出临时措施决定，即无须当事人作出进一步授权，当事人也不能反悔；第二，从紧急仲裁员的角度来看，紧急仲裁员也就有权基于仲裁规则作出相应的临时措施决定，这也是紧急仲裁员自裁权

(competence-competence)的重要组成部分。

2. 国际软法

虽然贸法会没有对紧急仲裁员程序作出规定,但在很多具有涉外因素的案件中,紧急仲裁员会参考贸法会《示范法》等国际软法以及有关国际商事仲裁实践作出决定。其中,通过审阅中国多家仲裁机构紧急仲裁员作出的决定可知,《示范法》第17条对于紧急仲裁员作出决定具有重大影响。

《示范法》第17条对仲裁庭采取临时措施的权力作出了规定:"除非当事人另有约定,仲裁庭经一方当事人请求,可以准予采取临时措施。"这一规定的意义在于赋予了仲裁庭采取临时措施的权力。同时,《示范法》第17条还对临时措施的种类以及临时措施的审查标准作出了比较详细的规定。由于进行紧急仲裁员程序的核心目的就是审查当事人提出的紧急性临时措施救济申请,因此,《示范法》第17条已经不仅是国际仲裁实践以及各国立法关于临时措施的重要参考,而且也已成为国际仲裁实践中紧急仲裁员组成的仲裁庭的权力基础。

3. 执行地法律

在一些具有涉外因素的案件中,有些紧急仲裁员还认为应当从拟申请承认及执行紧急仲裁员决定的国家或地区的法律出发审视紧急仲裁员的权力来源。事实上,已经有将近90个国家和地区、大约120个法域或者全面执行《示范法》,或者以《示范法》作为范本制定和修改了自己的仲裁法律,全面认可仲裁案件中的仲裁庭有权发布临时措施决定,更有新加坡、奥地利、新西兰和中国香港特别行政区已经通过立法方式支持紧急仲裁员作出临时措施决定。

（三）中国主要仲裁机构紧急仲裁员规则介绍

本章主要以贸仲、北仲、深国仲、上仲、广仲和上国仲等具有代表性的仲裁机构所实施的紧急仲裁员程序规则作为比较范本（见表2－1）。

表2－1　紧急仲裁员规则比较

机构	引入时间/最新规则时间	申请时间	指定紧急仲裁员时间	有无程序令要求	决定期限	决定形式	费用
贸仲	2015年/2024年	组庭前	收到申请书及申请人预付的紧急仲裁员程序费用后1日内	接受指定2日内	接受指定后15日内	决定	人民币3万元
北仲	2015年/2022年	组庭前	收到申请书及申请人预付紧急仲裁员程序费用后2日内	—	指定之日起15日	决定、指令或裁决	机构费用为人民币1万元；紧急仲裁员报酬最低为2万元
深国仲	2016年/2022年	仲裁程序开始后至组庭前	收到申请及申请人按规定预缴的紧急仲裁员费用后2日内	—	指定之日起14日	决定	人民币1万元；每增加1项加2000元

续表

机构	引入时间/最新规则时间	申请时间	指定紧急仲裁员时间	有无程序令要求	决定期限	决定形式	费用
上仲	2018 年/2023 年	组庭前	收到申请及申请人按规定预缴的紧急仲裁员费用后 2 日内	—	指定之日起 15 日	决定、指令或者裁决	人民币 1 万元;每增加 1 项加 5000 元
广仲	2021 年/2023 年	组庭前(申请同时提交)	及时	—	指定后 15 日	决定、指令或者裁决	按照国家、省、市有关规定执行
上国仲	2014 年/2024 年	案件受理后至组庭前	收到申请及申请人按规定预缴的紧急仲裁员费用后 2 日内	—	被指定之日起 10 日内; 当事人提供担保的,应在提供担保之日起 5 日内	决定	人民币 1 万元;每增加 1 项加 2000 元

通过比较以上各机构规则可知,各家仲裁机构关于紧急仲裁员程序的规定都比较完整,均具有可操作性。进言之,中国主要仲裁机构关于紧急仲裁员程序的各方面程序规定都已经与国际仲裁实践实现了有效接轨。

1. 紧急仲裁员程序的启动时间和条件

各仲裁机构都规定紧急仲裁员程序必须要在仲裁庭组庭前启动,这体现出紧急仲裁员程序具有紧急性的基本特征。有些规则还强调该程序要在仲裁程序开始后启动，排除了不提起仲裁程序而仅仅提起紧急仲裁员程序的可能性；[①]还有规则要求紧急仲裁员程序要在提起仲裁程序时一并提起。

值得注意的是，考虑中国立法尚未对临时措施以及紧急仲裁员程序作出具体规定，各地法院对执行紧急仲裁员决定持保守态度，个别仲裁机构还特别规定，紧急仲裁员程序只适用于“国际商事仲裁”。[②]

2. 启动紧急仲裁员程序的申请文件和证据材料

关于启动紧急仲裁员程序的申请文件和证据材料，各仲裁机构的规定基本相同。紧急仲裁员程序申请书（或者类似名称）应当包括当事人及其代理人的基本信息、关于基础争议的介绍、所申请的临时措施的具体内容及理由等。有些规则还强调要提供送达地址。考虑很多争议具有涉外因素，而且有可能在境外执行，有些规则特别强调申请人要对适用法律和语言作出说明。各家规则对于证据材料没有作出具体规定。在实践中，常见情况是申请人会节选基础争议中的关键证据提交给紧急仲裁员，有些还会提交一些关于紧急仲裁员程序的文章和案例。但是，也有的当事人将基础争议的全套资料提交给紧急仲裁员。在贸仲管理的一起紧急仲裁员程序案例中，由于双方当事人已经在过去数年里，在贸仲、国内多家法院以及我

---

① 对此，贸仲2024年版《仲裁规则》并未提出硬性要求，但其同时明确，“仲裁庭未能在紧急仲裁员决定作出后90日内组成的”，紧急仲裁员决定不再具有效力。国际上，HKIAC和SCC也允许当事人在提起仲裁程序前启动紧急仲裁员程序。

② 北仲将紧急仲裁员程序规定安排在《北京仲裁委员会仲裁规则（2019年版）》第八章“国际商事仲裁的特别规定”中，显示出在该仲裁机构，紧急仲裁员程序并不适用于国内案件。广仲也作了类似处理。

国香港特别行政区法院提起数以千计的诉讼和仲裁，所以，紧急仲裁员就收到了上万页的证据材料。

3. 是否要求当事人提供担保

各机构的紧急仲裁员程序规则通常都规定，如果认为必要，紧急仲裁员有权要求申请人提供担保。这种规定与中国司法实践中关于申请人在申请财产保全时必须提供担保具有内在联系，也与《示范法》的规定一致。[①] 而在中国的紧急仲裁员程序实践中，要求申请人提供担保的与不要求的基本相当。

4. 紧急仲裁员的指定、披露与回避

无一例外，各仲裁机构都规定，紧急仲裁员由仲裁机构指定。关于指定紧急仲裁员的时间，通常是以仲裁机构收到紧急仲裁员程序申请文件及申请人缴纳的费用作为前提条件进行确定。多数机构将指定紧急仲裁员的时限规定为2日，也有1日的，还有“及时”的。

各仲裁机构均要求紧急仲裁员独立、公正地履行自己的职责，并且规定了紧急仲裁员的披露义务。同时，大多数仲裁机构也都规定按照规则处理回避事宜。在实践中，针对每一起紧急仲裁员程序案件，仲裁机构往往会有一个紧急仲裁员备选名单，备选紧急仲裁员通常是仲裁机构了解且信任的、具有良好职业素养的仲裁员。因此，一般而言，紧急仲裁员的职业素质较少遭到质疑。

---

① 2006年《示范法》第17E条“提供担保”第1款规定：“仲裁庭可以要求请求临时措施的一方当事人提供与这种措施有关的适当担保。”

各仲裁机构还明确规定,除非当事人另有约定,否则紧急仲裁员不得在基础争议案件中再担任仲裁员①。

5. 紧急仲裁员所审理的临时措施种类

在中国,对于仲裁临时措施尚无明确立法的背景下,不难理解各机构仲裁规则都没有具体列明在紧急仲裁员程序中,当事人可以提出以及紧急仲裁员能够审理哪些类型临时措施申请的原因。相应地,各机构仲裁规则都对临时措施作出笼统规定,要求临时措施必须具有"紧急性""临时性""必要性""可行性"等特征。

在实践中,各仲裁机构紧急仲裁员所审理的临时措施主要包括:禁止转让和处置股权和资产、禁止股东或者管理层行使表决权、披露财产信息、交付提单、禁止索赔保函项下的金额等。相比国际仲裁中五花八门的临时措施请求,目前中国临时措施请求的种类还不是很多。

6. 紧急仲裁员程序的审理期限

紧急仲裁员程序的审理程序紧凑、期限短。大多数仲裁机构都规定,紧急仲裁员应在接受指定后 2 周左右的时间作出决定,这与国际上绝大多数仲裁机构规定的期限相同。② 在中国的仲裁机构中,上国仲规定的期限最短,为 10 日;而且,如果当事人提供了担保,就需要在 5 日内作出决定。当然,如果必要,经仲裁机构批准,可以适当延期。一般而言,绝大多数紧

① 国际大多数仲裁机构都有类似规定,但是 SIAC《仲裁规则》规定,如果当事人同意,紧急仲裁员可以在随后的基础争议案件中担任仲裁员。

② 国际上大多数仲裁机构都规定紧急仲裁员应在接受指定后的 14 日或者 15 日作出决定。但是,SCC《仲裁规则》规定,紧急仲裁员应在接受指定后的 5 日内作出决定。

急仲裁员都能够在规则规定的期限内作出紧急仲裁员决定。但是,个别案件需要更长的审理期限。例如,在贸仲管理的一起紧急仲裁员程序案件(以下简称"贸仲6号案")①中,由于案情复杂、当事人提交了上万页的证据,紧急仲裁员程序用时大约4周。在贸仲管理的另一起紧急仲裁员程序案件(以下简称"贸仲3号案")中,由于被申请人进入了破产清算程序,需要由清算管理人作为当事人代表参加仲裁程序,紧急仲裁员程序在程序进行期间约中止3个月;虽然程序中止时间并不计入紧急仲裁员的审理期限,但实际上造成了整个紧急仲裁员程序的拖延。

7. 紧急仲裁员程序的审理方式:程序令与开庭

中国各机构仲裁规则都规定紧急仲裁员有权按照其认为适当的方式审理当事人提出的临时措施申请,但是必须保证当事人有合理的陈述机会。因此,在中国,一般不会发生紧急仲裁员只依据单方申请,不给对方答辩机会就作出紧急仲裁员决定的情况。②

大多数仲裁机构不要求紧急仲裁员必须作出程序令。贸仲要求紧急仲裁员"尽可能"在接受指定后2日内作出一份程序令。实践表明,程序令对于顺利推进紧急仲裁员程序效果显著。

各机构仲裁规则通常不要求紧急仲裁员必须召开庭审。但是,在实践

---

① 本章按照紧急仲裁员作出决定的时间顺序对贸仲管理的紧急仲裁员程序案件作出编号,第一个紧急仲裁员程序案件为"贸仲1号案",第二个紧急仲裁员程序案件为"贸仲2号案",以此类推。

② 《瑞士国际中心仲裁规则》允许紧急仲裁员根据单方申请就作出决定,但是尽管如此,也还是规定在发出决定时给予被申请人发表意见的机会。

中,几乎所有紧急仲裁员都会通过现场庭审、视频庭审或者电话庭审的方式听取当事人的辩论意见。

8. 紧急仲裁员决定的形式、效力与更正

中国各仲裁机构对于紧急仲裁员决定的名称作出了不尽一致的规定,包括"决定""裁决""指令"。在实践中,几乎所有紧急仲裁员都将所作决定冠名为"决定";[①]此外,除北仲管理的一起紧急仲裁员程序案件中紧急仲裁员决定采用了"裁决"的形式,[②]目前还没有见到其他将决定冠名为"指令"的情形。国内主流意见认为,就其性质而言,紧急仲裁员决定毕竟仅仅是针对当事人临时措施请求作出的程序性决定,并非针对案件实体性争议作出的决定,不宜对紧急仲裁员作出的决定冠以"裁决"的名称。在实践中,除非当事人提供专家意见,证明未来紧急仲裁员所作出的"裁决"能够在相关法域中根据《纽约公约》得到执行外,否则紧急仲裁员通常默认以"决定"的形式作出紧急仲裁员决定。[③]

关于紧急仲裁员决定的效力,各仲裁机构均认为紧急仲裁员决定既对当事人具有约束力,而同时又具有临时性特征。因此,审理基础争议案的仲裁庭不受其约束。基于临时性特征,很多仲裁规则规定,在出现以下情形时,紧急仲裁庭决定便不再具有效力,这些情形主要包括:仲裁庭作出了相反决定、仲裁庭没有及时组成(如在紧急仲裁员决定作出后超过 90 日未

① 这里的决定所对应的英文可能是"decision",也可能是"order"。在贸仲管理的一起紧急仲裁员程序案件(以下简称"贸仲 2 号案")中,紧急仲裁员使用了"decision"一词。

② 参见尹通:《紧急仲裁员程序在中国:实践与反思》,载《北京仲裁》2023 年第 4 期。

③ 参见尹通:《紧急仲裁员程序在中国:实践与反思》,载《北京仲裁》2023 年第 4 期。

组庭)或者虽然组成但是仲裁程序持续中止达到一定期限(如超过60日)、申请人撤回申请或者与被申请人协商和解致使临时措施没有必要、紧急仲裁员没有履行披露义务或者被回避等。

关于紧急仲裁员决定中存在技术性错误(如数字错误、币种错误、时间错误等)时紧急仲裁员是否有权进行更正的问题,各机构仲裁规则都没有具体规定。但是,参考各机构仲裁规则相关规定可知,如果这些错误纯粹是技术性的,应当允许紧急仲裁员进行相应的更正。但截至2024年7月15日,还没有紧急仲裁员更正决定的相关报道。

9. 紧急仲裁员决定的内部核阅

尽管各机构仲裁规则对紧急仲裁员决定的核阅没有明文规定,但是仲裁机构的内部核阅制度客观存在,而且在不进行原则性修改、不触及紧急仲裁员职责边界的前提下,内部报核对于保证紧急仲裁员决定的质量起到了积极作用。

10. 紧急仲裁员程序费用

总体而言,中国各主要仲裁机构对于紧急仲裁员程序案件的收费都在人民币1万～3万元(折合约几千美元)。相比国际仲裁机构而言,中国紧急仲裁员程序费用较低。[①] 显然,对于极端复杂的紧急仲裁员程序案件,如上述“贸仲6号案”,其收费标准难以匹配紧急仲裁员的实际工作量。但是,从当事人的角度来看,在中国仲裁机构进行紧急仲裁员程序基本不会

① 国际头部仲裁机构的收费一般在2万～4万美元。

给当事人带来很大的财务负担。

三、中国仲裁机构紧急仲裁员程序的适用概况

尽管中国仲裁机构引入紧急仲裁制度的时间与国际基本同步，但是中国紧急仲裁实践的发展还是显得较缓慢。2017 年 9 月，北仲收到第一份紧急仲裁员程序申请。随后贸仲、深国仲、上仲陆续收到紧急仲裁员程序申请。然而，相较中国仲裁机构处理的常规案件数量，紧急仲裁员案件的数量相当有限，紧急仲裁员程序在中国的应用并不广泛。

尽管实践样本尚不充足，但是梳理贸仲过去的紧急仲裁员程序案件以及公开渠道可查的北仲及上仲等机构的紧急仲裁员程序案件，可以看出，中国的紧急仲裁实践总体上与国际实践的发展趋势相一致。

本节分为两部分，对中国仲裁机构紧急仲裁员程序的适用情况进行简要介绍。首先，我们将通过案例展示仲裁机构的程序管理实际操作；其次，我们将以贸仲和北仲为代表，简要汇总和介绍紧急仲裁员案件的基本情况。

（一）紧急仲裁员程序案件的程序管理

在实践中，紧急仲裁员基本都会尽力执行紧急仲裁员程序规则规定的各项程序，严格控制时间。本章仅以北仲“GKML 案”以及“贸仲 2 号案”为例：

1. 北仲“GKML 案”

北仲于 2017 年 9 月审理的“GKML 案”既是北仲审理的第一件紧急

仲裁员程序,也是中国内地第一件紧急仲裁员程序,而且该案紧急仲裁员所作决定后来得到香港特别行政区法院的认可,故而受到广泛重视。

该案中,从紧急仲裁员接受指定之日起到作出决定,总共耗时 11 天。在接受指定的当天,紧急仲裁员即发出第一号程序令;庭审于第 6 天通过电话会议的方式举行;之后,申请人和被申请人根据紧急仲裁员草拟的问题单,分别在第 8 天 18 点之前和第 10 天 18 点之前,通过电子邮件的方式提交了进一步的代理意见(post-hearing brief);而紧急仲裁员则于第 11 天作出了决定。紧接着,北仲只用了 1 天就完成了内部流程并发出了紧急仲裁员决定。①

在回顾该案程序进展时,紧急仲裁员认为紧急仲裁员程序的快速推进要归功于文件电子传输、紧急仲裁员及时制作了问题单、以电话会议的方式进行庭审以及北仲仲裁秘书的有力支持。而北仲则强调,与当事人特别是被申请人保持有效联系、对紧急仲裁员决定在香港特别行政区的可执行性进行深入了解,以及对临时措施的性质进行充分研究是启动并顺利推进紧急仲裁员程序的保障。②

2.“贸仲 2 号案”

该案是贸仲 2022 年 4 月审理的第二个紧急仲裁员程序案件,仲裁语

① Sun Wei, *First Emergency Arbitrator Proceeding in Mainland China: Reflections on How to conduct an EA Proceeding from Procedural and Substantive Perspectives*, Kluwer Arbitration Blog (Sept. 1, 2018) https://arbitrationblog.kluwerarbitration.com/2018/09/01/first-ea-proceeding-mainland-china-reflections-conduct-ea-proceeding-procedural-substantive-perspectives/.

② 许捷:《紧急仲裁员仲裁程序及临时措施在内地的实践》,载北京仲裁委员会官网 2018 年 11 月 14 日,https://www.bjac.org.cn/news/view? id=3330。

言为英文。由于在贸仲处理的第一个紧急仲裁员程序中，双方当事人在紧急仲裁员作出决定之前达成了和解，所以，该案也是贸仲就当事人提出的临时措施申请作出实体性判断的第一个案件。[①]

在整个紧急仲裁员程序进行过程中，仲裁机构（包括办案秘书和核稿人）、紧急仲裁员以及双方当事人（包括双方的代理律师）高度协调、密切互动，所以整个程序得以在紧急仲裁员接受指定后的15日内顺利完成。从紧急仲裁员接受指定到紧急仲裁员作出紧急仲裁员决定，相关程序大致可分为以下4个阶段：

第一阶段：紧急仲裁员接受指定、阅卷并发布程序令。紧急仲裁员在确认没有利益冲突并接受指定后，按照《贸仲紧急仲裁员程序规则》的规定，在2日（非工作日）内制定并发出了程序令，对紧急仲裁员程序的主要事项，包括仲裁语言、被申请人的答辩和质证期限、线上开庭以及开庭时间等作出了安排；而案件秘书则要确保送达，并且及时校对和发出程序令。

第二阶段：庭前准备和文件交换。在程序令发出的随后6日时间里，双方当事人（包括代理律师）需要研究对方的意见和证据材料，提交自己一方的意见和证据材料，并且准备庭审；紧急仲裁员则要深度阅读卷宗，了解双方的基础争议以及临时措施请求，同时，为更好处理这种前沿案件，还查询、研究了大量关于紧急仲裁员程序的资料，特别是ICC仲裁院发布的

① 参见孟霆：《走进紧急仲裁在贸仲的最新实践》，载金华贸促网，http://jhmch.jinhua.gov.cn/art/2022/12/30/art_1229096107_58895797.html。

相关报告[①]以及紧急仲裁员程序在世界各地的实践情况;同时,案件秘书则要保证文件传送迅速无误,并且做好线上开庭准备。

第三阶段:庭审及庭后安排。由于受到当时疫情防控措施的影响,当时难以进行现场开庭,紧急仲裁员在接受指定的第7日组织进行了时长半天的线上视频庭审。庭审时,双方当事人(包括代理律师)都获得了较充足的机会发表代理意见,并且对相关证据进行了质证。之后,紧急仲裁员准许双方在2日内提交进一步证据和意见。而针对对方当事人庭后新提交的证据材料,双方又获得2日时间进行书面质证。

第四阶段:撰写决定及核稿。事实上,紧急仲裁员自开庭后就开始撰写紧急仲裁员决定,而且在撰写决定的同时,还在进一步研读各种相关文献。之后,根据双方提交的进一步意见和证据,紧急仲裁员对决定进行了必要的修改和完善。再后,仲裁机构利用周末完成了核稿工作及内部流程,并且在紧急仲裁员接受指定后的第15日发出了紧急仲裁员决定。

(二)各个仲裁机构紧急仲裁员程序案件概览

1. 贸仲管理的紧急仲裁员程序案件概览

贸仲早于2015年就推出了《贸仲紧急仲裁员程序规则》。但是,直到2019年7月30日才收到第一份紧急仲裁员程序申请书,随即正式启动了第一件紧急仲裁员程序。截至2024年7月,贸仲一共审理了6个案件。

---

① International Chamber of Commerce, *Report of the ICC Commission on Arbitration and ADR Task Force on Emergency Arbitrator ('EA') Proceedings*, ICC (Apr. 2019), https://www.isdc.ch/media/1736/emergency-arbitrator-proceedings-icc-report.pdf.

全部案件均有涉外因素,涉及亚洲、欧洲、大洋洲和南美洲的7个国家和地区,有1个案件的仲裁语言为英文。

从结果上看,除1件在紧急仲裁员程序期间达成和解的案例外,只有1件获得了实质性支持,3件被全部驳回,还有1件只获得了小部分支持(实质上被驳回)。如此看来,当事人通过紧急仲裁员程序获得临时措施救济的概率不大,这也显示出紧急仲裁员对于当事人的紧急性临时措施申请持有非常谨慎的态度。同时,在6个紧急仲裁员案件中,有2个达成和解。具体情况见表2-2。

表2-2　贸仲紧急仲裁员程序案件概览

案件名称/编号	临时措施申请	决定结果
1号案	冻结资产、停止进行清算和禁止分配财产	在紧急仲裁员程序中和解
2号案	交付全部提单	少部分支持、大部分驳回,且双方随后和解
3号案	禁止执行保函	实质上支持
4号案	禁止转让股权、禁止变更子公司管理层	驳回
5号案	披露财产信息、禁止处分名下资产	驳回
6号案	禁止转让股份、禁止行使表决权	驳回

由于案件有限,以上数据只体现出贸仲紧急仲裁员程序在适用初期的

情况。[1] 从案件结果的角度来看,申请人所提出的紧急性临时救济获得支持率不高,对于这一点,后文对紧急仲裁员程序审查标准的介绍中将作进一步说明。无论如何,相信随着案例数量不断增加,中国仲裁当事人会更熟练地使用紧急仲裁员程序,也能够更合理地对是否提起紧急仲裁员程序作出决策。

2. 北仲等其他主要仲裁机构管理的紧急仲裁员程序案件概况

对于北仲等其他仲裁机构的紧急仲裁员程序案件的数量及具体案件情况,本章无法进行完整和详细的介绍。但可以确定的是,继北仲受理中国首件紧急仲裁员程序案件后,深国仲、上仲等仲裁机构也相继有了紧急仲裁员程序的实践。

值得注意的是,北仲对截至2023年12月底的7个临时措施申请案件(包括5件紧急仲裁员程序案件和2件由仲裁庭处理的临时措施申请)进行了梳理。[2] 这些案件存在涉外因素,所涉及的地域包括美国、开曼群岛、蒙古国和马绍尔群岛共和国等。

结合目前公开的有限信息,我们尝试对北仲的4个紧急仲裁员程序案件作如下梳理(见表2-3)。

---

① 据ICC仲裁院2024年5月发布的《ICC争议解决简报》(*ICC Dispute Resolution Bulletin*)显示,目前每年平均只有3~4件仲裁案施行紧急仲裁员程序,相较初期的每年大约10件,下降趋势明显。Sébastien Besson, *Emergency Arbitrator Proceedings under the ICC Rules-An Update*, ICC Dispute Resolution Bulletin, 2024:1, p. 51-116 (2024).

② 参见尹通:《紧急仲裁员程序在中国:实践与反思》,载《北京仲裁》2023年第4期。

表 2－3　北仲的 4 个紧急仲裁员程序案件

序号	案件名称/编号	临时措施申请	决定结果
1	GKML	要求被申请人披露资产信息、要求被申请人保持现状而不得处置特定资产等	支持
2	EAP02	禁止变更目标公司子公司的执行董事和执行经理	驳回
3	EAP03	禁止被申请人转让其在某协议项下的采矿权和获得石油份额的权利	驳回
4	EAP06	限制被申请人处分资产	驳回

四、紧急仲裁员程序审查的主要标准及问题

除使用“紧急性”“临时性”“必要并可行”等概括性词汇描述临时措施外，中国各仲裁机构的仲裁规则都没有具体列明应当以怎样的标准审查判断当事人提出的临时措施请求。然而，这并不妨碍每个紧急仲裁员在各自审理的案件中，参考《示范法》以及国际仲裁实践中通行的审查标准，并基于每个案件的具体事实对当事人的请求进行分析讨论。

在实践中，大多数案件中的紧急仲裁员都会分析和讨论临时措施的紧急性、胜诉可能性，并进行损害平衡测试（balance of hardship or balance of inconvenience），有些还会涉及临时措施的可执行性、临时措施的性质、临时措施是否对第三人有约束力、担保问题以及管辖权问题等。

但是，到 2024 年 8 月为止，鲜有紧急仲裁员采取国际上流行的“两步法”（two-steps），也就是先就临时措施请求的紧急性、管辖问题和可受理性

等"程序性"问题进行分析,经过筛选之后,再针对具体的临时措施请求进行实体审查。①

(一)程序性审查标准

近年来,国际上紧急仲裁员程序的发展趋势之一,是采取"两步法"审理当事人提出的临时措施请求,也就是在进行实体审查前,仲裁机构或者紧急仲裁员将进行程序性审查。其中,可受理性是一项重要审查标准。仲裁机构或者紧急仲裁员通过对当事人提出的紧急性临时救济的可受理性进行初步审查,可判断该申请是否满足继续进行紧急仲裁员程序的条件。具体而言,对可受理性的审查,通常包括对临时措施请求是否具有紧急性,当事人之间是否存在有效的仲裁协议,以及仲裁事项是否超出审理范围等方面进行评估。②

紧急仲裁员程序自设计之初,就是为了迅速响应那些面临"燃眉之急",不能等待仲裁庭组成后再申请临时措施的当事人。因此,"两步法"中的第一步——程序性审查,相当于一个初步筛选机制,用以识别出真正符合条件且情况紧急的当事人,从而确保紧急仲裁员程序的资源不被浪费或滥用。在中国,各主要机构以及紧急仲裁员在实践中,还尚未有意识地

---

① 目前中国国内仲裁机构管理的紧急仲裁员程序案件中,仅有贸仲管理的4号案中的紧急仲裁员事实上采取了"两步法",参见"(一)程序性审查标准"下的论述。

② See International Chamber of Commerce, *Report of the ICC Commission on Arbitration and ADR Task Force on Emergency Arbitrator ('EA') Proceedings*, ICC (Apr. 2019), https://www.isdc.ch/media/1736/emergency-arbitrator-proceedings-icc-report.pdf; Sébastien Besson, *Emergency Arbitrator Proceedings under the ICC Rules-An Update*, ICC Dispute Resolution Bulletin, 2024:1, p. 51-116(2024).

引进这种审理方式。[①] 客观需求推动实践，可受理性问题已经在个别案件中渐露端倪。

在贸仲管理的4号案中，申请人为自然人，被申请人是一家在A国注册成立的公司，被申请人持有一家中国公司大约40%的股权。申请人原本是其原始小股东。之后，被申请人两次增发股份，若干自然人先后购买了这些增发股份，并且由申请人代持。申请人因所持的被申请人股份增加，与大股东之间就被申请人控制权发生争议，申请人因此在贸仲提起仲裁，并启动了紧急仲裁员程序提出以下临时措施请求：(1)禁止被申请人出售其所持中国公司股份；(2)禁止被申请人变更或者促使变更中国公司的管理层；(3)命令被申请人撤回已经作出和发出的、关于变更中国公司管理层的决定和通知。

该案紧急仲裁员认为，申请人的第(2)项和第(3)项临时措施请求事关中国公司的内部治理问题，并不属于申请人与被申请人之间的法律关系，而且中国公司也并非该案当事人，因而这两项请求超过了紧急仲裁员的审理范围，不具备可受理性。在审理过这两项请求后，该案紧急仲裁员继续审理申请人提出的第一项临时措施请求。所以，该案紧急仲裁员事实上采取了“两步法”，先通过审查可受理性将不属于紧急仲裁员程序审理范围的问题进行筛除，再对其认为具备可受理性从而属于审理范围的请求

---

① 有观点认为，仲裁机构在决定受理紧急仲裁员程序申请前所作的初步审查，大体等同国际上的“两步法”。参见尹通：《紧急仲裁员程序在中国：实践与反思》，载《北京仲裁》2023年第4期。

进行实体审查。

(二)实体性审查标准

1. 主要审查标准

“两步法”中的第二步,即对当事人提出的临时措施请求进行实体性审查。通常而言,若请求具备紧急性、胜诉可能性、必要性等,并能通过损害平衡测试,则满足了实体性审查标准,此时紧急仲裁员才能支持当事人的请求。下面结合实例对紧急仲裁员的主要实体性审查标准进行分析。

(1)紧急性

中国很多仲裁机构关于紧急仲裁员程序的规则都规定当事人可在“情况紧急”时申请临时措施。贸仲的《仲裁规则》的用词是“当事人需要紧急性临时救济的”。总之,紧急性是启动紧急仲裁员程序的一项必要前提条件。

在实践中,鉴于当事人在紧急仲裁员程序中所申请的救济本质也属于临时措施,特别是在审理具有涉外因素的案件中,很多紧急仲裁员都注意到根据《示范法》第17A条第1款第1项①的规定,紧急性与不可挽回的损害(irreparable harm)密不可分,而且紧急性还往往意味着当事人所遭受的损害应当是“正在发生或者即刻发生”(current or imminent)。

① 《示范法》第17A条第1款第1项规定:“不下令采取这种措施可能造成损害,这种损害无法通过判给损害赔偿金而充分补偿,而且远远大于准予采取这种措施而可能对其所针对的当事人造成的损害。”

在上仲2019年8月审理的冻结股份一案中，[①]目标公司位于中国香港特别行政区，申请人与被申请人均为中国台湾地区居民。2017年11月，双方签署了一份股权转让协议，根据该协议，被申请人同意将其在目标公司10%的股份转让给申请人，由于目标公司总股份为10,000股，因此，10%的股份对应1000股。为此，申请人向被申请人支付了数百万元人民币的股权转让价款，但是被申请人迟迟不予配合办理股权转让手续。申请人由此于2019年4月向上仲提起仲裁申请。2019年5月，被申请人联合其弟弟免除了申请人的公司董事职位，申请人随即于2019年8月启动紧急仲裁员程序，请求冻结被申请人在目标公司所持股份3000股。在该案中，紧急仲裁员认为，在仲裁程序进行过程中，目标公司的股权结果宜维持现状，否则，如果被申请人转移其股权，申请人即使胜诉也会难以获得真正的救济，由此遭受难以弥补的损失。因此，紧急仲裁员认为申请人的临时措施申请具有紧急性。再结合其他要素来看，该案紧急仲裁员准许了申请人提出的临时措施请求，但是考虑到申请人冻结3000股的要求已经超出了股权转让额度，紧急仲裁员决定将冻结股份限制在1000股。

在贸仲2022年6月审理的"贸仲3号案"中，申请人与被申请人之间存在买卖关系，申请人通过德国某银行开具了以被申请人为受益人、价值大约2000万欧元、具有"见索即付"性质的银行保函。在申请人启动仲裁

① 《上仲动态|上海仲裁委员会首例涉紧急仲裁员程序仲裁案件进入香港高等法院执行程序》，载上海市发展和改革委员会官网，https://fgw.sh.gov.cn/ys-syjf-zc-2.4.1/20240408/313bc81023a64b599889fab67d1f0c42.html。

程序时被申请人已经进入破产清算程序。申请人因此担心,如果被申请人在申请人没有过错的情况下恶意索赔保函项下的金额,则申请人会遭受巨大损失。因此,申请人启动紧急仲裁员程序,要求紧急仲裁员决定被申请人不得向银行索赔银行保函项下的金额,同时还要求出具保函的银行不得支付保函项下的款项。鉴于保函具有“见索即付”的性质,紧急仲裁员认为,确实存在被申请人要求银行支付保函金额的风险,而一旦如此,被申请人大概率会在仲裁程序结束之前取得保函项下的款项;不仅如此,考虑被申请人的财产状况和偿还能力,一旦保函项下的资金被无端划走,则申请人可能会遭受难以弥补的损失。故此,紧急仲裁员认为申请人的请求具有紧急性和必要性。

但是,在“贸仲6号案”中,紧急仲裁员认为当事人提出的临时措施申请并不具有紧急性,同时,结合其他要素分析,紧急仲裁员驳回了申请人提出的临时措施申请。该案背景极其复杂。简言之,位于G地的目标公司持有C国一家公司的部分股份,被申请人及其所代表的群体持有目标公司的股份,而申请人与被申请人以及被申请人所代表的群体签订了一系列协议并支付了一定的价款,以收购被申请人所代表的群体在目标公司的股权。在履行协议的过程中,申请人与案外人及被申请人以及被申请人所代表的群体产生争议,申请人与被申请人、申请人与被申请人所代表的部分群体在贸仲和多地法院持续展开了大量的诉讼和仲裁。

在此背景下,申请人再次依据相关仲裁协议向贸仲提起仲裁程序,并依据《贸仲紧急仲裁员程序规则》启动紧急仲裁员程序,请求禁止被申请人以任何方式处置其在目标公司中的股份及股权权益，禁止被申请人行使表决权和投票权。在考察申请的紧急性要素时，紧急仲裁员注意到，在双方多年的争议过程中，包括该案在内，申请人已经先后4次提出了性质相同的临时措施申请。在其中的一个案件中，申请人曾经申请延期45日审理相关申请；在另一个案件中，申请人曾经提出过类似请求，但是在案件开庭后又撤回了仲裁请求。在该案中，申请人在立案之后，法院进行了财产保全；此外，之前已有法院判决要求被申请人在转让其在目标公司股份之前应当通知申请人，申请人已经获得了一定程度的法律救济。故此，紧急仲裁员认为，申请人并未面临正在发生或者即刻发生的损害；申请人假设了救济措施的紧急性，同时夸大了所遭遇或者面临损害的严重性。鉴于申请人的上述申请不具有紧急性，紧急仲裁员决定驳回其请求。

(2)胜诉可能性

几乎所有紧急仲裁员都注意到《示范法》第17A条第1款第2项[①]关于胜诉可能性的规定，并且将之作为一个重要因素进行讨论和分析。简言之，只有在基础争议中具备胜诉可能性的紧急救济请求才能获得紧急仲裁员的支持。

在“贸仲5号案”中，被申请人为B国的一家专业从事不动产销售和租赁的公司，申请人为一名中国自然人。在该案中，申请人先后两次向被申请人总计出借了100多万美元，每份合同项下的款项出借时间均为3

---

① 《示范法》第17A条第1款第2项规定：“根据索赔请求所依据的案情，请求方当事人相当有可能胜诉。对这种可能性的判定不影响仲裁庭此后作出任何裁定的自由裁量权。”

年。但是,被申请人并未偿还借款。申请人因此依据借款合同中仲裁条款的约定向贸仲提起仲裁,要求被申请人偿还全部借款。在启动仲裁程序不久之后,申请人也启动了紧急仲裁员程序,主要请求是要求判令被申请人披露其名下的全部不动产信息,并且禁止其处分其名下的资产。在审查申请人提出的临时措施申请时,紧急仲裁员对申请人是否具有胜诉机会进行了充分考量。①

而在上仲审理的股份冻结案中,紧急仲裁员确认了《转让股份协议》的效力;并且进一步确认申请人已经支付了数百万元人民币股权转让款,履行了其合同义务。在此基础上,紧急仲裁员认为申请人已初步证明其仲裁请求有合理的胜诉可能性。

事实上,在几乎所有支持或者部分支持申请人临时措施申请的案件中,紧急仲裁员都认为申请人具有相当的、至少是合理的胜诉机会;而在驳回临时措施申请的案件中,紧急仲裁员都认为难以判断申请人具有较大的胜诉机会。比如,在"贸仲6号案"中,紧急仲裁员注意到贸仲及多地法院针对案件核心争议即申请人被申请人之间签署了一系列协议的性质的观点存在内在冲突,因而紧急仲裁员认为难以认定申请人具有合理的胜诉性。故此,再结合其他因素分析,紧急仲裁员最终驳回了申请人的请求。

(3)损害平衡测试(balance of hardship or balance of inconvenience)

《示范法》第17A条第1款第1项还包含了损害平衡测试,若紧急仲

---

① 值得注意的是,该案中,紧急仲裁员经审查认为申请人的仲裁请求不具有紧急性,因而没有支持申请人的紧急性临时救济申请。

裁员确认驳回申请给申请人造成的损失要远远大于(substantially over-weigh)准许申请而给被申请人造成的损害,则可以支持申请人关于临时救济的请求。然而,由于这种平衡测试具有高度的主观性,因此也是紧急仲裁员审理这类案件的难点之一。

在“贸仲2号案”中,作为买方的申请人为一家巴西公司,作为卖方的被申请人为一家瑞士公司,案涉货物为化肥。化肥产自中国并且从中国两个港口装运,而且对应不同的提单。货运目的地是巴西若干港口,而申请人已经支付了一定金额的货款。在货物运输途中,化肥价格出现了一定程度的下降,申请人没有按照合同约定支付剩余款项。被申请人因此既不向申请人交付全部提单,而且还指令船运公司不得释放任何数量的化肥。为了获得化肥,申请人在巴西法院起诉船运公司,要求船运公司释放部分化肥。经过一审和二审,鉴于部分下游公司已经向申请人支付了货款而且农作物急等施肥,巴西法院判决船运公司释放部分货物。与此同时,船运公司根据其与申请人之间合同所含仲裁协议向LCIA提起仲裁,以双方之间存在仲裁协议为由,要求LCIA的仲裁庭裁决申请人不得继续在巴西提起法院诉讼,LCIA的仲裁庭因此发出了禁诉令。之后,申请人又根据其与被申请人之间签署的买卖合同向贸仲提起仲裁。立案后不久,申请人又在组庭之前提起紧急仲裁员程序申请,要求被申请人释放全部提单,也就意味着要求提取全部化肥。

面对上述情况,紧急仲裁员注意到,一方面,申请人确实没有全额支付货款,因此申请人显然无权要求被申请人释放全部货物;另一方面,申请人不仅支付了部分货款,而且船运公司已经根据巴西法院判决释放了少量货物,因此被申请人继续持有全部提单没有意义。同时,紧急仲裁员认为,根据船运公司已经释放的化肥数量释放部分提单,既能令被申请人表现出一定的善意,和缓双方的对立状态,又完全无损被申请人的利益,同时还能给申请人一个"软"警告,提醒他缺乏胜诉的可能,因此,紧急仲裁员仅仅要求被申请人释放了两张提单,这两张提单所对应的化肥数量低于船运公司实际释放的化肥数量。这样最低限度的准许,从实质上讲,与其说申请人的临时措施请求获得了支持,不如说是被驳回。之后的事实回报了紧急仲裁员的良苦用心,被申请人随即释放了紧急仲裁员决定的两张提单;不仅如此,双方不久就达成了和解。

(4)必要性

国内多家仲裁规则要求临时措施应当是"必要的",[①]但对于如何理解临时措施的"必要性",都没有给出具体解释。

在实践中,临时措施的"必要性"经常与"紧急性"密切相关。如在"贸仲3号案"中,紧急仲裁员关于临时措施"必要性"的分析和讨论就基本等同于"紧急性"。然而,在其他一些案件中,"必要性"被赋予了更多的含义。

在"贸仲4号案"中,针对申请人的第一项请求,该案紧急仲裁员认为,由于申请人已经在被申请人注册地法院申请了内容类似的临时措施申请,

① 比如,上国仲2024年版《仲裁规则》第26条第1款中提到,"紧急仲裁员或者仲裁庭应当综合判断采取临时措施的必要性和可行性"。

而且双方已经就相关问题达成一致并经法院批准形成了同意令(Consent Order);同时,即使紧急仲裁员作出决定也仍然要到申请人注册地法院执行,故此,如果申请人认为目前的情况与双方签署同意令时的情况相比已经发生了实质性变化,那么其可以在被申请人注册地法院寻求进一步的法律救济,完全没有必要在贸仲申请性质相同的临时措施,因而申请人的临时措施申请不具有必要性。换言之,在该案语境下,"必要性"是指当事人没有必要在不同机构针对相同争议申请同一性质的临时措施,如此既可避免浪费司法资源,也可避免给被申请人造成双重损害。

而在"贸仲5号案"中,紧急仲裁员注意到,申请人提出了要求被申请人披露其全部不动产信息,并且禁止其处分其名下的资产的请求。就请求的性质而言,并非一种维持现状、临时性的或者说是防御性的措施,而是一种具有进攻性(invasive)甚至惩罚性的措施,这些措施不仅与双方争议性质和金额并不匹配,而且还可能会给被申请人造成更大且不可弥补的损失。故此,申请人的临时措施申请因为缺乏"必要性"被驳回了。也就是说,这里的"必要性"含有"适度"的含义,而且与"损害平衡测试"密切相关。

2. 其他主要问题

(1)紧急仲裁员决定的可执行性

各家仲裁机构都深刻体会到,由于缺乏国内法支持以及司法实践中发布临时措施的决定权属于法院,故此,紧急仲裁员决定能否被法院认可和执行显然存在不确定性。为避免可能的冲突,如前所述,有些仲裁规则规定紧急仲裁员程序仅适用于“国际商事仲裁”。然而,更多的仲裁机构对于紧急仲裁员决定能够得到执行持更积极的态度,并没有将紧急仲裁员程序仅仅限定在“国际商事仲裁”。同时,很多规则如贸仲 2024 年版《仲裁规则》第 23 条第 2 款还强调紧急仲裁员决定对于当事人具有约束力。[①]《贸仲紧急仲裁员程序规则》第 6 条第 1 款还特别规定,紧急仲裁员在作出临时性救济决定时,“应尽合理努力确保作出的决定合法有效”。事实上,现有案例表明,无论出于何种原因,当事人自愿履行紧急仲裁员决定的概率很大,这一点与 ICC 仲裁院紧急仲裁员程序实践情形相符。

在北仲“GKML 案”中,由于前无案例可循,北仲在启动紧急仲裁员程序之前就对执行地中国香港特别行政区法律进行了充分调研(中国香港特别行政区《仲裁条例》第 22A 条[②]和第 22B 条第 1 款[③]),并将该案紧急仲裁员决定在中国香港特别行政区的可执行性作为受理案件的主要考量因素之一。类似的,在上仲审理的冻结股份案件中,由于目标公司同样位于

---

① 贸仲 2024 年版《仲裁规则》第 23 条第 2 款的措辞与贸仲 2015 年版《仲裁规则》第 23 条第 2 款的措辞完全相同。在改版之前,鉴于中国立法尚无突破性修改,有意见认为,应当删除最后一句即“紧急仲裁员决定对双方当事人具有约束力”;但经过讨论,主流意见认为,这一条符合国际潮流,所以就决定维持不变。

② 该条原文是,“… emergency arbitrator means an emergency arbitrator appointed under the arbitration rules (including the arbitration rules of a permanent arbitral institution) agreed to or adopted by the parties to deal with the parties' applications for emergency relief before an arbitral tribunal is constituted”。

③ 该条原文是,“(1) Any emergency relief granted, whether in or outside Hong Kong, by an emergency arbitrator under the relevant arbitration rules is enforceable in the same manner as an order or direction of the Court that has the same effect, but only with the leave of the Court”。

中国香港特别行政区，该案紧急仲裁员同样以冻结股份的临时措施可在香港特别行政区执行作为一个主要理由。事实上，北仲“GKML 案”的决定与上仲冻结股份案的决定是由同一位紧急仲裁员作出的，而且两案中的紧急仲裁员决定都在中国香港特别行政区获得了认可。

而在贸仲进行的紧急仲裁员程序中，尽管对决定的可执行性同样给予高度关注，但是大多数紧急仲裁员并不必然以执行地法律认可和执行紧急仲裁员决定作为作出决定的前提条件。越来越多的紧急仲裁员认为，“应当作出”与“能否执行”是彼此相关但并不必然相连的两个概念。考虑世界很多国家和地区对他国仲裁庭（包括紧急仲裁员）所作临时措施总体持支持态度，以及当事人自愿履行紧急仲裁员决定的可能性很大。因此，特别是在涉外案件中，似不宜过分强调紧急仲裁员的决定在执行地是否会得到认可。

（2）关于要求第三方协助执行的紧急性临时救济

与紧急仲裁员决定的执行问题相关，有个别案件中的当事人要求第三人执行或者协助执行紧急仲裁员决定。对于这类要求，紧急仲裁员通常会以第三方并非当事人一方，不受仲裁协议管辖为由予以拒绝。比如，在“贸仲 3 号案”中，申请人除要求被申请人不得索赔保函项下的金额外，还要求紧急仲裁员指令出具保函的银行不得支付保函项下的款项。对此，紧急仲裁员以出具保函的银行并非案件一方当事人为由驳回了申请人的这项请求。

(3)关于是否提供担保

如前所述,国内几乎全部仲裁机构的仲裁规则都规定,紧急仲裁员有权决定是否要求启动紧急仲裁员程序的一方提供担保。上国仲规定,如果当事人提供了担保,则紧急仲裁员应当在收到担保后的5日内作出决定。换言之,在上国仲,提供担保还能起到进一步促进紧急仲裁员程序启动的作用。

在实践中,各家仲裁机构都要求当事人提供担保的案例占有一定比例,包括前述提及的北仲"GKML案"、上仲股权冻结案,以及"贸仲4号案"。但大多数贸仲紧急仲裁员案件并不要求当事人提供担保。贸仲部分紧急仲裁员认为,要求紧急仲裁员程序中的当事人,特别是外国当事人提供担保会不适当地延长审理期限,削弱紧急仲裁员程序的紧急性特征。

(4)关于紧急仲裁员是否有权就双方达成的一致意见作出紧急仲裁员决定

在贸仲2019年7～8月审理的"贸仲1号案"中,两位申请人都是中国公司,被申请人是一家澳大利亚公司,拥有11个澳大利亚矿区的探矿权。根据双方(包括他们的关联公司)之间签署的一系列协议,两位申请人计划通过所控制的子公司购买被申请人60%的股权。但是,后来两位申请人发现这11处矿产地质资源量与基准资源量差异很大,故两位申请人向贸仲提起仲裁程序,要求被申请人退还几千万澳元的股权转让价款,同时赔偿几百万元人民币的勘测费。在申请人提起仲裁时,被申请人已经被澳大利亚法院判令解散。两位申请人随即又向贸仲提出启动紧急仲裁员程序申请,要求紧急仲裁员决定,在最终裁决作出之前,冻结被申请人的全部清算资产，同时指令被申请人的破产清算人不得就被申请人的资产进行清算和分配。

就在紧急仲裁员程序顺利推进的过程中，双方达成一致意见，并且要求紧急仲裁员按照双方共同确认的紧急性临时救济作出决定。紧急仲裁员对自身的审理权限以及当事人临时救济内容是否违反法律强制性规定进行论证之后，作出紧急仲裁员决定，确认了相关的紧急性临时救济申请的效力。

此外，值得注意的是，ICC 仲裁院紧急仲裁员程序工作组于 2019 年发布的《紧急仲裁员程序报告》中指出，截至 2018 年 4 月，在 ICC 仲裁院管理的 80 个紧急仲裁员程序案件中，有 25 件双方当事人在最终裁决作出前达成了和解，占总数的 31%。而在贸仲已经审理的 6 件紧急仲裁员案件中，有 2 件达成和解：一件是双方在最终裁决作出之前就达成了和解（“贸仲 2 号案”）；另一件是双方在紧急仲裁员程序进行过程中达成了和解（“贸仲 1 号案”）。

五、紧急仲裁员决定在中国执行的最新动态

（一）紧急仲裁员决定在中国执行尚存不确定性

从现阶段法律环境的角度来看，紧急仲裁员决定在中国的可执行性面临双重挑战。第一，与国际上的紧急仲裁员程序所面临的困境类似，中国现行法律中并没有关于紧急仲裁员程序的明确规定，由此，参与紧急仲裁员程序的当事人不能直接依据执行地法律获得法院的强制执行。第二，紧

急仲裁员决定的执行在中国还面临一个特有的挑战,即由于受到法院对临时措施发布权的“单轨制”限制,与支持仲裁庭发布临时措施的司法辖区不同,中国法院在面对申请和认可紧急仲裁临时措施申请时,无法像这些辖区的法院一样,“便利地”通过将紧急仲裁员解释为仲裁庭,进而将紧急仲裁员所作临时措施扩大解读为仲裁庭所作临时措施,从而认可和执行紧急仲裁员所作临时措施。

正是由于缺乏法律依据,在实践中,中国法院尚无执行国内仲裁机构仲裁庭作出的临时措施(包括紧急仲裁员决定)的记录。而且,对于境外(包含港澳台地区)仲裁庭作出的临时措施决定,除去极个别的案例,[①]中国法院基本持消极态度。比如,2014 年,在(2014)沪高受终字第 21 号案件中,针对一起申请执行韩国某仲裁机构仲裁庭所作临时措施的请求,上海市高级人民法院就以缺乏法律依据为由决定不予受理该案。[②]

但也有学者指出,由于中国法律并没有明确禁止仲裁临时措施,也就不存在可能导致相关法律行为无效的“禁止性规定”,因此,从支持仲裁的基本原则和尊重当事人意思自治的角度出发,当事人对于仲裁庭(紧急仲裁员)的授权应当由法院予以承认[③]。

---

① 中国法律对境外海事仲裁持开放态度,明文允许境外海事仲裁当事人在中国海事法院申请仲裁保全。最高人民法院《关于适用〈中华人民共和国海事诉讼特别程序法〉若干问题的解释》第 21 条第 2 款规定:“外国法院已受理相关海事案件或者有关纠纷已经提交仲裁,但涉案财产在中华人民共和国领域内,当事人向财产所在地的海事法院提出海事请求保全申请的,海事法院应当受理。”

② 上海市高级法院民事裁定书,(2014)沪高受终字第 21 号。

③ 参见高杨:《中国法下仲裁保全和临时措施制度之研究:现状、问题及新发展》,载《北京仲裁》2021 年第 2 期。

（二）中国法院的态度松动

近年来，中国司法实践在朝着接受紧急仲裁员程序的方向发展。

如2019年4月，最高人民法院发布了《两地仲裁保全安排》。《两地仲裁保全安排》不仅明确规定，中国内地法律中的财产保全、证据保全和行为保全对应着香港特别行政区法律项下的“强制令以及其他临时措施，以在争议得以裁决之前维持现状或者恢复原状、采取行动防止目前或者即将对仲裁程序发生的危害或者损害，或者不采取可能造成这种危害或者损害的行动、保全资产或者保全对解决争议可能具有相关性和重要性的证据”；而且特别重要的是，中国内地和香港特别行政区仲裁程序中的当事人可以在启动仲裁程序后甚至在启动仲裁程序之前、直接向对方有管辖权的法院提交保全申请。据报道，自《两地仲裁保全安排》发布以来，已经有相当数量的中国香港特别行政区适格仲裁机构①当事人通过直接向中国内地法院申请保全获得了临时救济。②

再如，2022年9月，在（2021）京执复346号案中，北京市高级人民法院又在承认和执行外国紧急仲裁员决定方面进行了有益的尝试。该案中，

---

① 香港特别行政区政府律政司官网于2023年3月31日公布了获确认符合《两地仲裁保全安排》第2条第1款资格的仲裁及争议解决机构及常设办事处的更新名单，包括HKIAC、香港海事仲裁协会、华南（香港）国际仲裁院、一邦国际网上仲调中心、亚非法协香港区域仲裁中心、贸仲香港仲裁中心、ICC仲裁院亚洲事务办公室。载香港特别行政区政府律政司官网，https://www.doj.gov.hk/sc/community_engagement/press/20230331_pr1.html。

② 《两地仲裁保全安排：常见问题》，载HKIAC官网，https://www.hkiac.org/sites/default/files/ck_filebrowser/PDF/arbitration/IMA-FAQs/20240620%20HKIAC%20 - %20PRC-HK%20Interim%20Measure%20Arrangement%20FAQs_Chinese%20%28track%20changes%29%203443 - 8101 - 3270%20v.30.pdf。

申请人向北京市第四中级人民法院申请承认和执行瑞士商会国际仲裁院制作的一份裁决,北京市第四中级人民法院随即向被执行人发出执行通知书及报告财产令。被执行人不久以执行金额不明、同时自己并非连带责任人为由提出执行异议,但该申请被北京市第四中级人民法院驳回。然而,被执行人只认可并且实际支付了部分裁决金额,同时,被执行人一方面向瑞士商会国际仲裁院申请进行补充仲裁,另一方面再次向北京市第四中级人民法院提出执行异议并提供了担保。北京市第四中级人民法院再次驳回了被执行人的执行异议,被执行人因此向北京市高级人民法院申请复议。在北京市高级人民法院审理复议期间,瑞士商会国际仲裁院受理了被执行人提起的新的仲裁申请,及其所启动的紧急仲裁员程序。该案紧急仲裁员不久作出决定,指令申请人在该案最终作出裁决之前,不得继续申请执行原裁决,被执行人随即将这个新情况报告给北京市第四中级人民法院和北京市高级人民法院。这也是中国法院第一次审理外国紧急仲裁员决定。北京市第四中级人民法院随后作出了中止执行的决定。北京市高级人民法院则认为,鉴于瑞士商会国际仲裁院指定的紧急仲裁员已经作出了相关决定,被申请执行人提供了担保,而且北京市第四中级人民法院已经作出中止执行决定,故没有必要继续审理被执行人提出的复议请求。北京市高级人民法院继续表示,由于瑞士新一轮仲裁不能在短期内结束,而且仍然存在执行瑞士商会国际仲裁院原裁决的可能性,所以北京市第四中级人民法院针对被执行第二次执行异议所作执行裁定并无不当,应予维持,故驳回被执行人的复议申请。[①] 在该案中，北京市高级人民法院虽然并未明确认定外国紧急仲裁员决定的效力，但在事实上对瑞士商会国际仲裁院紧急仲裁员所作决定给予了足够重视，至少没有简单地以没有法律依据为由不予审理。显然，这种模糊处理中蕴藏积极因素。

六、关于中国紧急仲裁员程序的展望与建议

中国紧急仲裁员程序起源和发展是中国仲裁接轨国际仲裁的一个缩影：在考察国际经验的同时，需要考虑如何将之与自己现有的法律体系相兼容。不可否认的是，紧急仲裁员程序在事实上显示出了一定的程序价值，并可望在未来立法层面获得足够支撑后发挥更为重要的作用。梳理和综述紧急仲裁员程序在中国的最新实践，一方面，我们看到，尽管存在诸多现实制约，紧急仲裁员程序在中国基本上呈现与国际实践相近的发展态势；另一方面，紧急仲裁员程序的未来发展也有赖学界和业界的继续探索，在探索最佳实践以及完善立法和司法配套两个方面继续前进。

（一）探索紧急仲裁员程序在中国的最佳实践

1. 仲裁机构与紧急仲裁员的通力协作

虽然现阶段中国紧急仲裁员程序的实践刚刚起步，但是基于目前的实践，毋庸置疑，中国仲裁机构的紧急仲裁员程序实践，无论是形式上还是效力上，都与国际实践形成了相当程度的契合，中国仲裁机构也切实地为国

---

① 北京市高级人民法院执行裁定书，(2021)京执复346号。

际仲裁当事人提供了高质量的紧急仲裁员程序服务。在国际上,为进一步规范紧急仲裁员程序实践,ICC 仲裁院制作了供紧急仲裁员参考的自查清单。[①] 这为逐渐形成国际最佳惯例提供了参考。国内也有紧急仲裁员程序管理规范化的尝试,对此,北仲也基于已有经验,发布了《紧急仲裁员自查清单》。

由于中国仲裁具有显著的机构仲裁特征,仲裁机构在管理紧急仲裁员程序方面势必起到相当的作用,特别是在紧急仲裁员程序启动阶段,仲裁机构不仅要指定紧急仲裁员、处理当事人对紧急仲裁员提出的回避申请、解决送达问题、安排缴费、安排庭审包括线上庭审、处理担保等;还要在一定程度上审查管辖问题以及当事人的主体资格问题;有些仲裁机构甚至还特别关注紧急仲裁员决定的可执行性,担心本机构作出的决定不会被执行,甚至被撤销。正是在仲裁机构与紧急仲裁员的通力配合下,每一次紧急仲裁员程序都能谨慎而有序地开展进行,确保了紧急仲裁员决定的质量。

2. 紧急仲裁员需克制过度审查案件的实体争议

作为裁判者,有些紧急仲裁员怀有为当事人解决实体争议或者为解决实体争议指明方向的想法。然而,尽管紧急仲裁员在作出决定之前需要审查申请人实体争议的胜诉可能性,在作出决定时不可避免地会评判双方的实体争议,但是,基于紧急仲裁员程序的特征,紧急仲裁员不宜过度审查案

---

① ICC Emergency Arbitrator Order Checklist, ICC (Nov. 24, 2016), https://iccwbo.org/news-publications/arbitration-adr-rules-and-tools/icc-emergency-arbitrator-order-checklist/.

件的实体争议,而应将主要精力集中在审查当事人提出的临时措施之上。特别是除非必要,紧急仲裁员无须对存有合理争议的事实和证据进行认定。

3. 关于是否采取“两步法”进行紧急仲裁员程序的考虑

采取“两步法”审理当事人提出的紧急性临时措施申请是国际紧急仲裁员程序实践的趋势。这种审理方式显然具有其合理性,在很多案件中,能够帮助紧急仲裁员筛除无须审理的救济请求,甚至驳回申请人的全部申请。但是,如果将这种方式适用于所有紧急仲裁员程序则会显得过于呆板。毕竟,如果在一个紧急仲裁员程序中没有管辖权问题、没有可受理性争议,而临时措施的紧急性又是紧急仲裁员必须审查的问题,则在全部紧急仲裁员程序中一味坚持适用“两步法”则不免有邯郸学步之嫌,且不利于紧急仲裁员程序的高效推进。当然,在适当的案件中,也期待紧急仲裁员在中国紧急仲裁员程序中结合案件实际大胆实践、积累经验。

(二)相关立法和司法配套制度建议

1. 相关立法建议

目前,北京、上海等地正在有序推进国际商事仲裁中心的建立。为此目的,应当制订与国际商事仲裁接轨的仲裁规则,完善适应国际商事仲裁需要的仲裁程序。而紧急仲裁员程序就是近年来国际仲裁最新发展成果之一。因此,期待《仲裁法》修订能对紧急仲裁员程序给予必要关注,也希望立法者能够将国际紧急仲裁员程序的最新发展成果纳入最新的《仲裁法》之中。具体如下:

第一,建议在立法中对紧急仲裁员程序作出规定,或给紧急仲裁员程序留下立法空间。在国际商事仲裁中心的建设过程中,需要注意仲裁立法要与国际接轨。如上所述,有不少国家和地区在其立法中对紧急仲裁员程序作出了规定,许多国际商事仲裁机构也在其仲裁规则中规定了紧急仲裁员程序;而且从目前的国际发展趋势来看,会有越来越多的国家确认紧急仲裁员决定的效力。从中国仲裁机构的紧急仲裁员实践来看,紧急仲裁员有能力对当事人提出的临时救济申请做好审理从而作出适当的决定。一是仲裁机构在指定紧急仲裁员时会注意指定其最熟悉、资深、专业且认真负责的仲裁员来审理;二是紧急仲裁员在作出决定时通常非常审慎,上文所述紧急仲裁员决定的较高驳回率即为力证。简言之,紧急仲裁员程序在商事仲裁实践中具有相当程度的重要性。对于中国建设国际商事仲裁中心具有重要意义。退一步讲,如果认为不宜直接在立法中全面引入紧急仲裁员程序,也可以将紧急仲裁员程序的适用限定在涉外案件中;抑或是可以先给紧急仲裁员程序留下一定的立法空间。①

第二,如果在立法中借鉴紧急仲裁员程序,那么建议在《示范法》第 17 条和有关实践的基础上制定紧急仲裁员程序的审查标准。首先,鉴于《示范法》第 17 条已经针对临时措施的审查标准作出了原则性规定,而且在中国紧急仲裁员程序实践中,绝大部分紧急仲裁员都已经将胜诉可能性以及

---

① 司法部于 2021 年 7 月 30 日公布的《仲裁法修订征求意见稿》增添了“临时措施”一节,并对紧急仲裁员程序作出了规定:“仲裁庭组成前,当事人需要指定紧急仲裁员采取临时措施的,可以依照仲裁规则向仲裁机构申请指定紧急仲裁员。紧急仲裁员的权力保留至仲裁庭组成为止。”

损害平衡测试作为审查标准，因此，可以将胜诉可能性以及损害平衡测试明确规定为临时措施的审查标准；其次，关于在紧急仲裁员程序中是否需要提供担保的问题，考虑紧急仲裁员程序具有急迫性特征，建议无须将提供担保作为准许当事人请求的必要条件，而是视案件具体情况而定。事实上，在国际紧急仲裁员程序实践中，紧急仲裁员很少要求申请人必须提供担保。

2. 健全司法配套制度

如果在立法中借鉴紧急仲裁员程序，或者把临时救济的“单轨制”改为“双轨制”一旦落地，仲裁庭（包括紧急仲裁员）作出的临时措施决定就会需要人民法院的配合执行并且会遭遇案外人的挑战，因而人民法院需要及时制定配套方案。例如，可以参考《两地仲裁保全安排》的实践情况，制定执行紧急仲裁员决定的司法配套制度，针对紧急仲裁员的适格问题、协助执行紧急仲裁员决定的法院、应当提交的文件/信息、送达问题、担保问题、缴费问题等作出具体规定。

（三）结语

中国紧急仲裁员程序的形成源于中国各个仲裁机构引进国际仲裁规则；各个仲裁机构和诸位紧急仲裁员勇于探索，紧急仲裁员程序因此得以稳步发展，积累了宝贵经验。仲裁实践对仲裁立法的推动作用在紧急仲裁员程序这个环节上体现得尤其生动。

然而，必须注意到经过几十年的立法实践，中国法律已经形成了自己的法律术语和逻辑，如在使用“临时措施”这个措辞之前，在立法中广泛使用的法律用语为“仲裁保全”;关于临时措施的审查标准,区别于《示范法》中的表述,“必要性”与“可行性”一类概念更广泛地运用于中国法律法规中;同时,无论是相关法律法规还是人民法院在实际处理与仲裁程序相关的临时措施申请时,都还将提供担保作为准许临时措施的必要条件。总之,在立法实践中,可考虑在适当的适用范围内借鉴临时措施与紧急仲裁员制度,从而更全面地接轨国际仲裁实践,丰富仲裁程序“工具箱”,助力建设国际商事仲裁优选地。

第三章　仲裁程序与破产程序的冲突与协调

在全球经济增长动能不足的大背景下，各类商事纠纷频发，企业面临的破产风险也有所增加。根据公开信息的不完全统计，近年来，中国破产案件数量呈快速增长趋势，2021 年全国范围内公开的破产案件共计 51,446 件，2022 年为 75,589 件，2023 年上半年则为 46,112 件。①

仲裁与破产，作为现代商业纠纷解决与债务清偿的重要机制，各自在维护商业秩序和保障债权人权益方面发挥不可替代的作用。然而，当仲裁涉及破产企业时，情况便变得复杂起来。仲裁以意思自治为基础，破产以概括集中为根本，两种制度的性质、目标、功能不同，因而两种制度项下规范的适用存在一定冲突。例如，实务中仲裁程序与破产程序常常叠加或先后发生于同一主体之上，那么，当仲裁与破产相遇之时，破产法院的集中管辖权是否具有排除仲裁机构或仲裁庭管辖的效力？破产管理人是否具有缔结仲裁协议的适格身份或权利？仲裁裁决的执行是否会影响债权人的

① 参见《独家发布｜中国破产行业大数据报告(第 1 期)》，载微信公众号“破易云”2023 年 7 月 3 日，https://baijiahao.baidu.com/s?id=1770452697408989229。

权益?

为调和这些冲突,有必要对相关问题进行特别的分析讨论。本章旨在探讨仲裁与破产程序的冲突与协调问题,并就破产程序对仲裁协议之影响、涉破产案件仲裁程序的中止与恢复等问题提出完善建议和前景展望。需要说明的是,本章的主要视角在于,从仲裁程序的角度考察在不同情形下如何合理应对破产程序带来的挑战。

一、综述

本部分将首先对仲裁程序与破产程序的各自特点进行比较(第一小节)。当仲裁当事人和破产债务人的身份叠加时,在特定情况下无法同时实现两种制度下的规范目的,就表现为司法实践中的规范适用冲突。我们将前述规范适用冲突的情景类型化(第二小节),继而梳理现行法中有关仲裁程序与破产程序相协调的规范基础(第三小节),从而为理解仲裁与破产程序间的关系提供助益,并为后续深入探讨仲裁与破产程序的协调问题奠基。

(一)仲裁程序与破产程序之比较

仲裁和破产作为两种不同的制度,在制度目的、性质、功能和特点等方面都存在很大差异,主要表现为以下 4 点。

第一,制度基础不同。仲裁以当事人意思自治为基础,强调自愿性和自治性。仲裁程序的启动和进行都基于当事人的合意,诸如是否选择仲裁、向哪个仲裁机构提交仲裁、仲裁庭的组成以及仲裁员的选择等,均是在当事人自愿的基础上协商确定的，充分尊重和保障当事人的意思自治。破产则以法律规定为基础，强调法定性，需要以破产的相关法律规范为遵循。例如，破产清偿具有法定顺序，在破产清算中，不同种类的债权人会按照法律规定的顺序进行清偿，以确保公平性。

第二，管辖原则不同。如上所述，仲裁以意思自治为基础，在此基础上，仲裁管辖以当事人约定为依据。与之不同，破产程序以集中管辖作为原则。依据《企业破产法》第21条之规定，人民法院受理破产申请后，有关债务人[①]的民事诉讼，只能向受理破产申请的人民法院提起。破产程序作为概括执行程序，需要整体解决债务人的债权债务关系，集中管辖则有助于推进破产程序，尽快定分止争。

第三，透明度要求不同。仲裁对外透明度低，具有很强的保密性，其通常以不公开审理为原则。仲裁的保密性使当事人的商业安排和商业计划等不会在解决纠纷的过程中被泄露，也不会有损当事人的商业机会、市场信誉和业务前景，能够充分保护当事人商业秘密、维护当事人声誉。与仲裁不同，破产则有较高的透明度，其作为一种特殊的民事诉讼程序，以公开审理为原则。

第四，制度核心价值不同。破产制度的核心价值系债权的公平受偿：破产程序涉及多方当事人的利益，通过对债务人财产的清算和分配，公平地协调与平衡众多债权人之间的利益。例如，破产受理后，为了避免破产

---

① 除非另有说明，本章中的“债务人”均指代“破产债务人”，下同。

财产的不当流失,债务人将被禁止或限制管理和处分破产财产,与破产财产有关的行为统一由破产管理人负责处理,禁止破产债务人主动向个别债权人进行债务清偿。而仲裁则侧重尊重当事人的意愿和选择,致力提供一种快速、高效、保密以及专业的争议解决机制。

(二)仲裁程序与破产程序产生冲突的常见类型

如上文所述,仲裁程序与破产程序在制度目的与特点等方面存在较大区别。仲裁程序更多着眼解决当事人之间的特定纠纷,强调意思自治,以"灵活性、高效性、保密性"著称;而破产程序则主要聚焦处理企业的破产问题,遵循集中管辖、法院主导、公开透明的原则,关注公共利益,以确保债务的公平偿付,保护各方当事人的利益为目标。①

随着商业环境的日益复杂,二者之间的冲突与协调问题逐渐凸显,成为法律界和实务界共同关注的焦点。核心问题在于,破产债务人和仲裁当事人的身份重叠,但两种制度下倾斜保护的法益价值并不完全相同,甚至存在一定冲突。为了协调制度冲突,最大化实现规范目的,我们在讨论具体问题时需要对仲裁制度和破产制度下的法律价值作整体考量。基于过往的仲裁实践,以仲裁协议的订立、仲裁程序的启动,以及破产申请受理3个时间点的先后顺序为参考标准划分冲突类型,分别探索各阶段不同的规范适用冲突化解方案,最为恰当。具体而言:

第一,成立在先的仲裁协议与启动在后的破产程序。即债权人与债务

① 参见张舒、章超琳、王庚:《2021年关于中国仲裁和争议解决的英文文献综述》,载《北京仲裁》2022年第3期。

人在破产程序启动之前已订立仲裁协议,但尚未提起仲裁,那么在破产程序启动后,此前订立的仲裁协议效力如何?如果在仲裁协议约束下的债权债务关系仍可以通过仲裁程序加以解决,那么是否应当由破产管理人而非破产债务人作为仲裁程序的当事人?

第二,正在进行中的仲裁程序与并存的破产程序。即债权人与债务人已处于仲裁程序,但在仲裁裁决作出前,针对一方当事人提出的破产申请被法院受理。此时,尚在进行中的仲裁程序应如何处理?是否会被迫中止乃至终结,进而被统一归于破产法院管辖从而予以集中解决?

第三,已终结的仲裁程序与启动在后的破产程序。即债权人与债务人在破产程序启动前不仅经历了仲裁程序,而且仲裁裁决业已作出,但仲裁裁决尚未执行。那么,在破产程序启动后,事先已作出的仲裁裁决相关的司法审查程序是否会被归于破产法院由其集中管辖?仲裁裁决在执行过程中又会遇到哪些问题?

(三)仲裁程序与破产程序相协调的规范基础

就仲裁程序与破产程序的冲突与协调问题而言,《仲裁法》与《企业破产法》及其司法解释中存在一些相关规定。下文将逐一进行分析与介绍。

1.《仲裁法》

就仲裁解决破产争议的发展来看,早期的传统观点认为破产相关的争议不可交付仲裁处理。[①] 其主要考虑了破产涉及身份、公共政策等相关问

① 参见赵威主编:《国际仲裁法理论与实务》,中国政法大学出版社1995年版,第26页。

题,因此需要法院通过破产程序统一进行规制。此后,随着世界各国经济依存性的加强和世界经济一体化进程的推进,商事仲裁作为高效的争议解决机制受到越来越多的青睐,其受案范围也逐渐向外进行了扩张。因此,仲裁得以作为破产争议的解决方式介入破产程序,实际上是商事仲裁不断发展下受案范围扩张的产物。

中国仲裁立法未涉及"破产程序"这一特殊情境,但从《仲裁法》的相关规定来看,破产程序中的相关争议可通过仲裁程序进行处理。具体而言,《仲裁法》第2条从正面规定了仲裁法调整的范围:"平等主体的公民、法人和其他组织之间发生的合同纠纷和其他财产权益纠纷,可以仲裁。"该法第3条从反面排除了婚姻、收养、监护、扶养、继承纠纷,以及依法应当由行政机关处理的行政争议的可仲裁性。简言之,《仲裁法》虽然目前没有明确规定破产争议的可仲裁性,但亦未明确排除。

2.《企业破产法》

中国法对仲裁程序与破产程序关系问题的关注与回应,在法律规范上最早应始于2007年起施行的《企业破产法》第20条。《企业破产法》第20条规定:"人民法院受理破产申请后,已经开始而尚未终结的有关债务人的民事诉讼或者仲裁应当中止;在管理人接管债务人的财产后,该诉讼或者仲裁继续进行。"该条款首次关注并提出仲裁程序与破产程序的协调方式,即法院受理破产申请后,正在进行中的仲裁程序应当"中止",直到破产管理人接管债务人财产后仲裁程序才继续。由此体现,中国破产程序并不完全排斥仲裁,可以将相关破产争议事项交由仲裁解决。

此外,《企业破产法》第25条还规定:“管理人[①]履行下列职责:(一)接管债务人的财产、印章和账簿、文书等资料;(二)调查债务人财产状况,制作财产状况报告;(三)决定债务人的内部管理事务;(四)决定债务人的日常开支和其他必要开支;(五)在第一次债权人会议召开之前,决定继续或者停止债务人的营业;(六)管理和处分债务人的财产;(七)代表债务人参加诉讼、仲裁或者其他法律程序;(八)提议召开债权人会议;(九)人民法院认为管理人应当履行的其他职责。”可见,代表债务人参加仲裁程序属于破产管理人的职责之一,这也为破产程序和仲裁程序的并行提供了可能。

3.《企业破产法》司法解释

2019年3月,最高人民法院出台的《关于适用〈中华人民共和国企业破产法〉若干问题的规定(三)》(法释〔2019〕3号,已被修改,以下简称《破产法司法解释(三)》),对两大程序冲突时出现的问题作出了进一步回应。

《破产法司法解释(三)》第7条规定:“已经生效法律文书确定的债权,管理人应当予以确认。管理人认为债权人据以申报债权的生效法律文书确定的债权错误,或者有证据证明债权人与债务人恶意通过诉讼、仲裁或者公证机关赋予强制执行力公证文书的形式虚构债权债务的,应当依法通过审判监督程序向作出该判决、裁定、调解书的人民法院或者上一级人民法院申请撤销生效法律文书,或者向受理破产申请的人民法院申请撤销或者不予执行仲裁裁决、不予执行公证债权文书后,重新确定债权。”该条

① 除非另有说明,本章所引的破产法律规范中的“管理人”均指代“破产管理人”。

款明确规定生效的仲裁裁决具有债权确认的效力;同时,赋予破产管理人实质审查裁决书是否存在虚构债权债务情形的权利,若破产管理人发现存在该等情形,应当向法院申请撤销仲裁裁决,进入执行阶段的,申请不予执行。

《破产法司法解释(三)》第8条规定:“债务人、债权人对债权表记载的债权有异议的,应当说明理由和法律依据。经管理人解释或调整后,异议人仍然不服的,或者管理人不予解释或调整的,异议人应当在债权人会议核查结束后十五日内向人民法院提起债权确认的诉讼。当事人之间在破产申请受理前订立有仲裁条款或仲裁协议的,应当向选定的仲裁机构申请确认债权债务关系。”第8条体现了司法机关长期以来支持仲裁的价值取向,肯定了在破产衍生案件相对高发的债权确认纠纷中,债权人与债务人在破产申请受理前订立的仲裁协议所具有的拘束力,且该等仲裁协议的效力并不会因债务人进入破产程序而自动失效。

二、国内仲裁与破产程序协调衔接的典型问题

从根本上来说,仲裁与破产不同的制度目的与特点均由其不同的价值取向所致,即由仲裁的私人自治属性与破产集体清偿的公益目标所致。[①]虽然现行有关法律法规为处理仲裁与破产的冲突与协调问题提供了一定的规范指引,但需要承认的是,现有规范难以一劳永逸地解决两种程序冲

① 参见刘冰:《论仲裁程序与破产程序之冲突与协调》,载《法学杂志》2018年第3期。

突所引发的问题。

基于此，本部分拟在规范基础上，结合司法实践，探讨如何处理和应对仲裁程序与破产程序相交叉引发的冲突，包括破产程序对仲裁协议的影响、破产程序对正在进行中的仲裁程序的推进的影响、仲裁的保全和仲裁裁决在破产程序中的认定这些典型法律问题。

（一）破产程序对仲裁协议之影响

就破产程序对仲裁协议的影响这一问题，在《破产法司法解释（三）》出台之前，法律或司法解释均未作明文规定。如上文所述，在《破产法司法解释（三）》出台后，这一问题在一定程度上有了较明确的法律规定，即第8条对破产衍生案件相对高发的债权确认纠纷中的既有仲裁协议效力进行了确认。按时间节点进一步予以区分，破产程序对仲裁协议在下述方面具有影响：破产程序开始前已签订的仲裁协议之效力、破产管理人是否具有对既有仲裁协议的挑拣履行权和破产管理人能否对外签订新的仲裁协议。其中，后两者均属于破产管理人对仲裁协议的处置权限问题。

以该规定为基础，围绕破产程序对仲裁协议的影响问题，在实践中出现了众多案例。

1. 既有仲裁协议的效力与适用

（1）一般情况下仲裁协议继续有效

《破产法司法解释（三）》第8条的规定肯定了当事人在破产前订立的仲裁协议所具有的拘束力，且仲裁协议的效力并不会因债务人进入破产程序而自动失效。这一点在法院案例和仲裁实践中均得以体现，即对于进入破产程序前签订的仲裁协议,若本身不具有法定无效事由,且相关事项符合可仲裁性,不影响破产程序的公共性,那么在债务人进入破产程序后,仍应当认定该仲裁约定有效。

案例1:"陕西国德电气制造有限公司与上海国际商业机器工程技术有限公司申请撤销仲裁裁决案"

在申请人陕西国德电气制造有限公司(以下简称国德电气公司)与被申请人上海国际商业机器工程技术有限公司申请撤销仲裁裁决案件中,申请人国德电气公司提出撤销仲裁裁决申请的核心理由之一为:法院受理申请人破产重整申请使仲裁协议失效,贸仲在法院受理申请人破产重整申请后受理仲裁申请违反法定程序。

对此,北京市第四中级人民法院审查后认为,《企业破产法》关于破产案件集中管辖的规定,针对的对象是民事诉讼程序,而非仲裁程序;案件当事人约定的仲裁条款有效,一方依据仲裁条款申请仲裁,合法有据。①

案例2:"申请人中国A公司与被申请人中国B公司技术开发合同争议案"②

该案争议焦点之一在于,申请人与被申请人在法院裁定受理被申请人破产清算之前所订立的合同引发的纠纷,是否应通过仲裁程序予以处理,即法院裁定受理被申请人破产清算是否影响此前仲裁协议的效力。

申请人认为,人民法院裁定受理被申请人破产清算不影响申请人和被

---

① 参见北京市第四中级人民法院民事裁定书,(2018)京04民特479号。

② 除非另有说明,本章提及的仲裁案例均为贸仲受理的案例,由贸仲消密后提供。

申请人此前达成的仲裁协议的效力,被申请人拒不履行案涉合同约定的义务,构成严重违约,故依据与被申请人之间的仲裁条款提起仲裁。被申请人破产管理人则持相反观点,请求终止仲裁程序,将申请人与被申请人的合同纠纷按照破产程序解决,理由包括:被申请人已经进入破产清算程序,未履行完毕的合同由破产管理人决定是否继续履行;破产管理人在2个月内未通知申请人继续履行合同,案涉合同视为解除,未履行完毕的义务终止履行,已经履行的,申请人有权向M市中级人民法院提起诉讼,要求赔偿损失。

该案仲裁庭认为,贸仲受理申请人中国A公司与被申请人中国B公司技术开发合同争议后,M市中级人民法院裁定受理被申请人破产清算。被申请人破产申请被受理后,依据《企业破产法》的相关规定,申请人向被申请人破产管理人申报债权、主张损害赔偿请求权的前提条件是明确申请人与被申请人之间的债权债务关系。当事人之间就案涉合同发生的债权债务关系争议,明显属于案涉合同第8.3条(仲裁条款)约定的仲裁范围之内。即便申请人提起仲裁之后被申请人被法院裁定进入破产程序,也不妨碍当事人的相关债权债务争议通过仲裁程序加以审理与认定。换言之,仲裁庭支持了该案申请人的主张。

案例3:"申请人中国M省A政府部门与被申请人中国B投资公司投资协议争议案"

在该案中,被申请人破产管理人认为,被申请人进入破产程序使仲裁协议失效,因而按照《企业破产法》之有关规定,针对债务人的诉讼应归属于破产管辖法院审理,仲裁庭无权继续审理案涉合同争议。

对此,仲裁庭认为,在被申请人破产管理人进入案件仲裁程序之前,申请人已经提起该案仲裁请求,案件立案受理通知、组庭通知、申请人仲裁申请书等仲裁文件的送达,曾因被申请人法定地址处无人接收的自身原因而遭延误。仲裁委员会仲裁院后以公证方式送达的仲裁文件材料均为合法有效送达;同时,没有任何证据显示,在申请人提起仲裁请求后到仲裁委员会决定受理该仲裁请求,甚至直至仲裁庭首次开庭之前,被申请人曾以任何可以被债权人和公众知悉的方式,告知其已经进入破产清算程序。中国司法审判实践要求,人民法院受理破产申请后,已经开始而尚未终结的有关债务人的民事诉讼,在破产管理人接管债务人财产和诉讼事务后继续进行。参照这一司法实践要求,仲裁庭认为,案涉合同约定的仲裁条款和仲裁委员会的仲裁管辖权,合法有效;同时,该案仲裁亦无任何需要终止审理的法定情形。

上述典型案例反映出司法实践中支持仲裁的积极态度,即人民法院和仲裁机构均倾向认定在破产前签订的仲裁协议效力一般不会受到企业进入破产程序的影响。《企业破产法》第 21 条规定,“人民法院受理破产申请后,有关债务人的民事诉讼,只能向受理破产申请的人民法院提起”。但是,该条款被认为仅系针对民事诉讼管辖的特殊规定,不能据此否认仲裁协议的效力。该观点在《破产法司法解释(三)》第 8 条中也有所体现,即“债务人、债权人对债权表记载的债权有异议的,应当说明理由和法律依据。经管理人解释或调整后,异议人仍然不服的,或者管理人不予解释或调整的,异议人应当在债权人会议核查结束后十五日内……当事人之间在破产申请受理前订立有仲裁条款或仲裁协议的,应当向选定的仲裁机构申请确认债权债务关系”。该条款正面肯定了破产申请受理前订立的仲裁条款不会因企业进入破产程序而无效。

(2)特定争议因不具可仲裁性无法提交仲裁解决

可仲裁性(arbitrability),主要是指“可以在各国公共政策范围所允许范围内通过仲裁解决的争议的界限”,[①]即争议是否可以通过仲裁程序处理。一般来说,涉及公共秩序与公共利益的事项因不属于私人有权处分的权益,将排除适用仲裁的可能。此外,可仲裁性范围的设置还受到仲裁制度在一国的社会地位与适用情况,以及民众、法院对仲裁的信任程度等因素的影响。[②] 如前文所述,《仲裁法》对可仲裁性的限制较少,主要体现在《仲裁法》第2条的正面规定和第3条的反面排除中,可仲裁事项的范围较广泛,未有涉及破产事项可仲裁性的原则性规定。结合有关学理探讨和司法实践,我们认为可以采取如下判断标准。

第一,与破产程序本身相关的决定不具有可仲裁性。

普遍认为,关于破产程序本身的决定不具有可仲裁性,包括破产的宣告、破产管理人的指定、破产程序的终止等。[③] 例如,中国《企业破产法》第

① 赵秀文:《国际商事仲裁及其适用法律研究》,北京大学出版社2002年版,第56页。

② 参见沈伟:《我国仲裁司法审查制度的规范分析——缘起、演进、机理和缺陷》,载《法学论坛》2019年第1期。

③ See Bork, R., *Arbitration in Insolvency*, European Insolvency and Restructuring Journal, p. 6-7 (2023), https://eirjournal.com/article/view/14826. 张敏:《破产程序中争议的可仲裁性问题研究》,载《广西大学学报(哲学社会科学版)》2021年第5期。

22条第1款规定,管理人由人民法院指定。该法第107条第1款规定,“人民法院依照本法规定宣告债务人破产”。

这一通行做法背后的理据在于,破产程序要实现的目标广泛,包括但不限于企业终结、资本重整、债务清偿、经济稳定等。这些目标通常具有较明显的公共政策性,因此破产程序不是当事人可以随意约定的事项,与破产程序本身相关的决定也就无从交由仲裁裁断。

第二,纯粹破产事项不具有可仲裁性。

破产作为针对全体债权人利益而进行的概括执行程序,具有对一般债务清偿程序的排斥性,除设立担保物权的债权以及法定优先权外,严格排除为保护个别债权人的利益而由债务人财产所负担的个别清偿。因此,破产程序启动后,对全体债权人公平清偿的实体与程序的相关事项为纯粹破产事项。

与此同时,尽管破产法囊括了一些实体民事权利义务事项的规定,但在破产程序中并没有设置解决当事人之间实体民商事争议的相应程序,此类争议往往依托破产程序之外的诉讼或仲裁程序予以解决,该类实体法律关系争议事项即为非纯粹破产事项。①

纯粹破产事项又被称为破产固有事项或典型的破产争议,主要包括:

① 参见范志勇:《论仲裁与破产程序的调适》,载《西南政法大学学报》2022年第2期。

(1)破产撤销权(《企业破产法》第 31 条、第 32 条、第 34 条);[①](2)破产抵销权(《企业破产法》第 40 条);[②](3)无效行为(《企业破产法》第 33 条);[③](4)共益债权相关纠纷。前述事项不具有可仲裁性的原因主要在于:

一是有关争议具有公共性。虽然未有明文规定,但诸如对破产撤销权、破产抵销权、共益债权等的审查认定无疑涉及破产制度中的核心权能,也涉及破产法的一些特有规则。同时,上述争议兼涉破产企业利益与债权人利益,具有公共性,故而法院管辖具有独占性,不能通过仲裁程序解决。[④]

二是有关争议主体不适格。上述第(1)项至第(3)项事项(破产撤销权、破产抵销权、无效行为),由破产管理人独立行使,是破产管理人以自己名义而非以破产企业诉讼代表人的身份提起的诉讼,破产企业无权在破产

① 《企业破产法》第 31 条规定:"人民法院受理破产申请前一年内,涉及债务人财产的下列行为,管理人有权请求人民法院予以撤销:(一)无偿转让财产的;(二)以明显不合理的价格进行交易的;(三)对没有财产担保的债务提供财产担保的;(四)对未到期的债务提前清偿的;(五)放弃债权的。"该法第 32 条规定:"人民法院受理破产申请前六个月内,债务人有本法第二条第一款规定的情形,仍对个别债权人进行清偿的,管理人有权请求人民法院予以撤销。但是,个别清偿使债务人财产受益的除外。"该法第 34 条规定:"因本法第三十一条、第三十二条或者第三十三条规定的行为而取得的债务人的财产,管理人有权追回。"

② 《企业破产法》第 40 条规定:"债权人在破产申请受理前对债务人负有债务的,可以向管理人主张抵销。但是,有下列情形之一的,不得抵销:(一)债务人的债务人在破产申请受理后取得他人对债务人的债权的;(二)债权人已知债务人有不能清偿到期债务或者破产申请的事实,对债务人负担债务的;但是,债权人因为法律规定或者有破产申请一年前所发生的原因而负担债务的除外;(三)债务人的债务人已知债务人有不能清偿到期债务或者破产申请的事实,对债务人取得债权的;但是,债务人的债务人因为法律规定或者有破产申请一年前所发生的原因而取得债权的除外。"

③ 《企业破产法》第 33 条规定:"涉及债务人财产的下列行为无效:(一)为逃避债务而隐匿、转移财产的;(二)虚构债务或者承认不真实的债务的。"

④ 参见李沣桦:《美国破产争议可仲裁性界定的新发展——从 Mintze 案对传统破产争议可仲裁性认定的突破说起》,载《北京仲裁》2011 年第 2 期。

前就这些争议签订仲裁协议。据此,由于破产管理人并非破产企业所签订合同的当事人,即便撤销权、抵销权涉及的基础合同或同一权利关系中有仲裁条款或仲裁协议,仲裁协议在撤销等事项上也无法约束破产企业和破产管理人。[①] 换言之,这些以破产管理人名义提起的纠纷均不具有可仲裁性。至于共益债权问题,表面上债权人针对的是债务人,但实质上该问题直接关系破产清偿顺位,此非局限于仲裁协议当事人之间的争议,因此具有公共性而不具有可仲裁性。[②]

从司法实践中看,目前的法院裁定也倾向支持这一观点,即纯粹破产事项不具有可仲裁性。因此,需要分辨相关事项是纯粹破产事项,还是普通的民商事债权债务纠纷等非纯粹破产事项。以最典型的破产撤销权纠纷为例,在"上海澜心实业有限公司破产管理人与王某晶破产撤销权纠纷案"[③]和"上海欢兽实业有限公司破产管理人与北京盈科(上海)律师事务所请求撤销个别清偿行为纠纷案"[④]中,上海市高级人民法院均从争议性质、主体和法律规定三个方面论述了破产撤销权纠纷不具有可仲裁性。具体而言,从争议性质来看,破产管理人所提撤销权争议处理的是破产企业对债权人的清偿行为本身是否符合破产撤销权行使条件而应予撤销,并非该清偿行为形成的原因关系或基础法律关系。从主体看,撤销权纠纷是破

---

① 参见金春:《"一带一路"背景下国际商事仲裁与破产法的协调——兼议〈企业破产法司法解释(三)〉》,载《人民司法》2019年第13期。

② 参见俞巍:《意思自治与概括集中:企业破产法涉仲裁问题辨析》,载中国法院网,https://www.chinacourt.org/article/detail/2024/02/id/7792220.shtml。

③ 参见上海市高级人民法院民事裁定书,(2020)沪民终627号。

④ 参见上海市高级人民法院民事裁定书,(2021)沪民辖终49号。

产管理人以自己名义而非以破产企业诉讼代表人身份提起的诉讼,破产管理人并非基础法律关系合同的当事人,不受仲裁条款约束。从法律规定来看,《企业破产法》第32条规定了破产管理人行使破产撤销权的路径为请求人民法院对个别清偿行为予以撤销,并未规定仲裁机构可以处理此类争议。

此外,需要注意的是,根据《破产法司法解释(三)》第8条规定,“债务人、债权人对债权表记载的债权有异议的”,可以依据破产受理前签订的仲裁条款提起仲裁,并未对该债权是否涉及纯粹破产事项作出特殊规定。但如前所述,由破产法院集中管辖审理涉及纯粹破产事项的债权债务纠纷,具有合理性和必要性,也符合目前的司法实践要求,因而有必要对《破产法司法解释(三)》第8条项下可以向仲裁机构确认的债权债务关系类型进行目的性限缩解释,即不包括涉及纯粹破产事项的债权债务纠纷。

2. 破产管理人对仲裁协议的处置权限

(1)破产管理人对既有仲裁协议的挑拣履行权

进入破产程序后,破产管理人全面接手破产企业,控制破产程序的进程和清算财产。为保证全体债权人能够公平受偿,中国《企业破产法》专门设置了债权申报审查、债权人会议核查、债权人异议等程序,以实现破产程序的高效与公平运行。作为破产程序中旨在增进破产财产价值与公平分配破产财产的重要角色,破产管理人在债务人破产程序启动后原则上将接管债务人的一切财产与事务。根据《企业破产法》第18条的规定,破产管理人对未履行完毕的合同有挑拣履行权。[①] 由此产生的问题是,破产管理人对既有仲裁协议能否行使挑拣履行权。进言之,仲裁协议能否被归入该条项下“未履行完毕的合同”的范畴。

有观点认为,从法条的文义解释、目的解释出发,《企业破产法》第18条所规定的未履行完毕的合同应当理解为包括仲裁协议,因此破产管理人有权按照待履行合同规则解除仲裁协议,除非特别法另有规定。[②] 在此基础上,该观点同时认为,《企业破产法》第25条关于“管理人代表债务人参加仲裁程序”的规定,不足以表明破产管理人必须接受并履行仲裁协议。

但上述观点忽视了仲裁协议的独立性。《仲裁法》第19条确立了仲裁协议的独立性原则,[③]这是广受认可的一项基本法律原则,如最高人民法院在指导案例196号[④]中所述,这意味着“仲裁协议与主合同是可分的,互相独立,它们的存在与效力,以及适用于它们的准据法都是可分的”。在“重庆佰富实业有限公司(以下简称佰富公司)与重庆宏帆实业有限公司合同纠纷案”中,佰富公司曾提出,仲裁条款属于未履行完毕的独立合同,

---

① 《企业破产法》第18条规定:“人民法院受理破产申请后,管理人对破产申请受理前成立而债务人和对方当事人均未履行完毕的合同有权决定解除或者继续履行,并通知对方当事人。管理人自破产申请受理之日起二个月内未通知对方当事人,或者自收到对方当事人催告之日起三十日内未答复的,视为解除合同。管理人决定继续履行合同的,对方当事人应当履行;但是,对方当事人有权要求管理人提供担保。管理人不提供担保的,视为解除合同。”

② 参见俞巍:《意思自治与概括集中:企业破产法涉仲裁问题辨析》,载中国法院网,https://www.chinacourt.org/article/detail/2024/02/id/7792220.shtml;范志勇:《论仲裁与破产程序的调适》,载《西南政法大学学报》2022年第2期。

③ 《仲裁法》第19条第1款规定:“仲裁协议独立存在,合同的变更、解除、终止或者无效,不影响仲裁协议的效力。”

④ 参见最高人民法院民事裁定书,(2019)最高法民特1号。

在破产申请受理后破产管理人对该合同有选择解除权。破产管理人向法院提起诉讼及诉讼中的行为均表明破产管理人已选择解除仲裁条款。对此,重庆市高级人民法院指出,“仲裁条款属于合同中独立存在的有关解决争议方法的条款,佰富公司起诉的行为不能表明该条款已经解除,佰富公司也无权单方解除该条款”。①

当前,司法实践中尚未就破产管理人对既有仲裁协议能否自由行使挑拣履行权形成统一意见,引发分歧的核心问题如上所述,即仲裁协议能否被归入该条项下的“未履行完毕的合同”,从而适用《企业破产法》第18条的规定。一方面,从法律解释的角度,仲裁协议服务于破产法特殊的立法主旨与价值目标,②存在一定的归入可能性;另一方面,仲裁协议的独立性又在强调着仲裁协议与其所依托的合同在效力方面的隔离性。因此,我们认为,该问题还值得更多的关注与讨论。

除对《企业破产法》第18条本身的理解与适用的探讨外,还可从破产管理人职责的角度去考虑这一问题。具体而言,破产管理人在接管债务人财产和事务后,其首要任务是公平、高效地管理和处置破产财产,需综合考虑破产财产的状况、债权人的整体利益以及破产程序的公正性。结合破产管理人的这一履职要求,由于仲裁具有高效、灵活及专业性等优点,在存在

---

① 参见重庆市高级人民法院民事裁定书,(2019)渝民终644号。

② 破产立法规范破产管理人挑拣履行权的核心目的是赋予破产管理人对双方均未履行完毕的义务以控制权和确定权,从而实现破产财产价值和债权人利益的最大化,而破产管理人选择履行或解除双方均未履行的仲裁协议的权利,是破产管理人对破产财产的管理处分权的一项重要内容。参见范志勇:《论仲裁与破产程序的调适》,载《西南政法大学学报》2022年第2期。

在先的仲裁协议,且仲裁有利于破产财产价值最大化以及全体债权人利益的情形下,破产管理人应当优先以该方式解决相关争议。

(2)破产管理人能否对外签订新的仲裁协议

在破产程序中破产管理人管理破产企业的业务和财务后,签订新的仲裁协议一般出于两种可能:为维持企业生产经营状态,和/或为更好地处置破产财产而与债权人签订仲裁协议。此时,对仲裁协议效力的认定因涉及破产与仲裁的交叉而更趋复杂,也因此,关于破产管理人在破产程序中新签订的仲裁协议之效力这一问题,理论界与实务界尚未完全达成一致意见。

具体而言,《企业破产法》第21条规定:"人民法院受理破产申请后,有关债务人的民事诉讼,只能向受理破产申请的人民法院提起。"故有观点认为,根据该条规定,破产程序中有关债务人的债务争议不能通过仲裁解决。然而,司法实践中存在法院支持破产管理人可以就一般争议订立仲裁协议的案例。

在"中油新兴能源产业集团有限公司因与甘肃建新实业集团有限公司、中国国储能源化工集团股份有限公司、内蒙古蓝海矿泉水有限责任公司股权转让纠纷案"①中,甘肃省高级人民法院认为,《企业破产法》第21条规定的目的是"妥善解决管辖权争议,以及合理协调法院之间的审判资源,从而更好地保护债权人权利。""对于破产案件实行集中管辖针对的是

① 参见甘肃省高级人民法院民事裁定书,(2017)甘民辖终69号。

人民法院内部分工,并未排除仲裁这一纠纷解决方式。仲裁与诉讼作为两种解决民事争议的方式,均能产生法律上的确定力和执行力。因此,在人民法院受理企业破产申请后,当事人就该企业权利义务产生争议的,仍有权选择通过仲裁或者诉讼方式解决纠纷”。

除法院案例外,在仲裁实践中也存在仲裁庭认可破产管理人可就一般争议订立仲裁协议的案例。在贸仲受理的“申请人中国A(香港)公司与被申请人中国B医疗用品有限公司手术衣买卖合同争议案”中,被申请人主张,案涉合同属于在被申请人破产程序开始以后,在重整期间新发生的事实引发的纠纷。依据最高人民法院《全国法院民商事审判工作会议纪要》(以下简称《九民纪要》)第110条第3款的规定,申请人应当向破产管理人申报债权,而不应通过仲裁方式解决争议。

该案仲裁庭认为,案件双方应通过仲裁方式解决争议,理由在于,《企业破产法》第21条仅规定了法院受理破产申请后民事诉讼应集中管辖,并未规定双方选定仲裁方式解决争议时应如何处理。依据《企业破产法》第4条、《民事诉讼法》第124条第1款第2项以及原《合同法》第57条的规定,案件双方在案涉合同中约定了仲裁条款,该条款内容合法有效,故争议应通过仲裁予以解决。换言之,该案仲裁庭并未因案涉仲裁协议签订于破产申请受理后就否定仲裁协议的效力。

结合既有法律规定和上述案例,我们倾向认为,尽管基于破产清理债务的公共性、概括性、强制性,破产企业在进入破产程序后,选择仲裁的自由必然受到较多限制,但现行法律并不完全禁止破产管理人将有关纠纷诉诸仲裁,其仍然能够就具有可仲裁性的一般债权债务纠纷订立仲裁协议,并将有关争议提交仲裁主管。

(二)仲裁程序的中止与恢复

在探讨了破产程序对仲裁协议的影响之后,本书将转向讨论另一个与破产程序紧密相关的仲裁法律问题——仲裁程序的中止与恢复。这一问题涉及当破产程序启动时,已经进行中的仲裁程序应当如何处理,以及在何种条件下仲裁程序可以恢复进行。这不仅关系破产程序和仲裁程序的顺利进行,也直接影响债权人和债务人的利益保护。

1.“自动中止”规则

破产法的目标之一就是保护债务人财产的价值不会因破产程序各方当事人的行动而减少,从而以有利于公正、有序的方式管理相关环节。破产程序是一种集体程序,这就要求保护所有债权人的权益不因其中任何一方的单独行动而受影响。因此,许多国家的破产法都提供保护债务人财产价值的机制,不仅防止债权人在破产程序中通过法律途径启动强制执行其权利的诉讼等司法程序,而且中止已经开始的有关债务人的诉讼等司法程序。这种破产程序中特有的保护机制即“中止机制”(stay of proceedings)。[①]

美国《破产法典》第362条确定了“自动中止”(automatic stay)规则。[②]

① 参见乔博娟:《论破产重整中担保权暂停与恢复行使的适用规则》,载《法律适用》2020年第20期。

② See 11 U. S. Code § 362.

当事人提出破产申请后，"自动中止"规则自动生效，且具有对世效力。[①]依据美国《破产法典》第363条第1款第1项的规定，当涉及破产申请前债权人的所有索债行为，以及在破产程序开始前债权人针对债务人已启动或本可启动的司法、行政或其他诉讼或程序中止时，仲裁程序也须自动中止。[②] 当然，程序的中止仍须满足必备的判断要件，首先需要判断特定程序是否针对债务人启动，因为"自动中止"规则对由债务人主动提起的程序并无影响。即便某一程序在应予中止的范围内，当事人也可以根据美国《破产法典》第362条第4款的规定请求破产法院解除中止。[③]

关于启动破产程序对仲裁程序的中止与继续的影响，其他一些国家在立法上规定了效果上与美国《破产法典》大抵相同的规则。例如，英国1986年《破产法》第285条规定，一旦破产申请开始或破产裁判作出，法院可以中止对债务人财产有不利影响的诉讼、执行或其他法律程序。[④] 此处的"其他法律程序"自然包括了仲裁程序。

自动中止制度的作用在于，通过停止几乎一切针对债务人的司法、行政及其他程序，实现两大核心目标：第一，让所有债权都受到公平对待，避免受个别执行程序所存弊端的影响；第二，停止所有催收滋扰，让债务人获

---

① 参见[美]查尔斯·J.泰步：《美国破产法新论》，韩长印、何欢、王之洲译，中国政法大学出版社2017年版，第267~269页。

② See 11 U.S. Code § 363(a)(1).

③ See 11 U.S. Code § 362.

④ Art. 258.1 of Insolvency Act 1986 provides: "At any time when proceedings on a bankrupt petition are pending or an individual has been adjudged bankrupt the court may stay any action, execution or other legal process against the property or person of the debtor or, as the case may be, of the bankrupt."

得喘息和谈判空间。①

中国《企业破产法》第20条参考了“自动中止”规则,规定“人民法院受理破产申请后,已经开始而尚未终结的有关债务人的民事诉讼或者仲裁应当中止;在管理人接管债务人的财产后,该诉讼或者仲裁继续进行”。与此同时,尽管该条确立了一个框架性原则,但在实际运用中,程序中止与恢复的时间节点等具体实施问题仍值得进一步讨论。接下来,本节将结合贸仲案例,就《企业破产法》第20条项下仲裁程序的中止与恢复中的具体认定问题进行分析。

2. 中止与恢复在实践中的具体认定

就仲裁程序的中止与恢复规则在实践中的适用问题,本部分选取部分典型仲裁案例进行具体展现与说明。

(1)案例1:“申请人中国A风电公司与被申请人中国B电力公司工程施工合同争议案”

该案的核心争议之一为,仲裁案件受理前,被申请人已进入破产程序,此时仲裁程序是否应当中止。

被申请人提出,仲裁委员会受理该案之前,P市中级人民法院已于2019年12月31日裁定受理被申请人破产清算,并于2020年1月3日指定被申请人清算组担任破产管理人。截至2024年7月,仲裁委员会受理案件后,破产管理人仍在与被申请人办理财产交接,尚未交接完毕。故依

① 参见陈夏红:《从康美药业重整看大规模侵权的破产法应对》,载《中国法律评论》2022年第1期。

据《企业破产法》第20条的规定请求中止审理，待债务人财产交接完毕后恢复审理。申请人认为，《企业破产法》第20条中的“接管债务人的财产”并非广义及全面意义上的接管全部财产，而是只要破产管理人存在接管财产的行为或者接管了被申请人主要财产后就符合继续审理案件的条件。从破产管理人提交的《告知函》中可知，破产管理人已经与被申请人办理了财产交接，故其已不再适用《企业破产法》第20条申请中止审理的规定。

就该案是否应当中止审理，仲裁庭经分析后认为，破产管理人在破产程序中对破产财产的接管可能因行使撤销权、取回权等而处于持续状态，因此，《企业破产法》第20条中破产管理人“接管债务人的财产”不应理解为破产管理人“接管完毕债务人的财产”。根据被申请人提交的证据，O市中级人民法院于2020年1月3日指定被申请人清算组担任破产管理人，并依据破产管理人聘请的会计师事务所出具的破产受理专项审计报告及破产管理人的请求，于2020年12月23日宣告被申请人破产，可以推定，破产管理人与被申请人已经完成了主要财产的交接工作，破产管理人可以行使管理和处分权。据此，仲裁程序无须中止。

(2)案例2:“申请人中国A公司与被申请人中国B公司委托装饰和经营管理合同争议案”

该案的核心争议之一为，仲裁案件受理后，申请人进入破产程序，此时仲裁程序是否应当中止。

被申请人主张根据《企业破产法》第20条之规定，仲裁庭应对该案作出程序中止的决定。申请人提出，根据《企业破产法》第20条的规定，在破产管理人接管债务人的财产后,有关诉讼或者仲裁继续进行;且该案系申请人为破产企业(申请人)对外追索债权,有利于推动实现破产重整程序,保证各债权人利益,不应中止。

该案仲裁庭注意到:其一,申请人于2021年12月20日向仲裁委员会提交书面仲裁申请,中国M市人民法院于2022年6月2日指定破产管理人,后于2022年12月16日批准破产企业重整计划,终止破产企业重整程序,即该案申请人于法院受理破产申请之前已提出具有实际给付内容的仲裁请求,且目前破产企业已进入重整计划执行期间;其二,被申请人出示的证据记载,"破产管理人决定由中国A公司(申请人)破产重整前聘请的律师继续代理……"。

基于上述事实,该案仲裁庭认为,考虑申请人于法院受理破产申请之前已提出仲裁申请,法院指定的破产管理人已决定由破产企业已委托的代理人继续参与仲裁审理,根据《企业破产法》第20条的规定,"……在管理人接管债务人的财产后,该诉讼或者仲裁继续进行",故该案仲裁程序无须中止,应继续进行。

(3)小结

上文的两个案例分别属于仲裁机构受理案件前和仲裁机构受理案件后,一方当事人进入破产程序的情形。可以看出,在有关中止或继续的认定中,应围绕"破产程序中的全体债权人利益"与"已经实施的仲裁程序行为的拘束力"进行合理的取舍与协调。[①]

---

① 参见金春:《破产法视角下的仲裁:实体与程序》,载《当代法学》2018年第5期。

判断《企业破产法》第20条规定的仲裁程序可以继续或恢复进行的一项核心要件即为“管理人接管债务人的财产”。结合实践观察，仲裁机构受理案件过程中，一方当事人进入破产程序的，已启动的仲裁程序多会中止，待仲裁机构联系破产管理人确认程序性事项后继续进行。仲裁庭往往会以规范文义为基础，结合破产管理人的工作实践与破产立法其他条文，对恢复或继续进行仲裁程序的判断标准（“破产管理人接管债务人的财产”）进行合理化、系统化解释。

“管理人接管债务人的财产后”既不能理解为破产管理人开始接管债务人财产，也不能理解为破产管理人接管完全部债务人财产。结合《企业破产法》第17条①的规定，破产管理人的忠实勤勉义务要求破产管理人在接受指定后，应尽快接管债务人财产、熟悉了解债务人的情况，主动通知恢复诉讼或仲裁程序。为了避免程序拖延，法院和仲裁机构应当在破产管理人已掌握相关证据材料后推断其已接管财产，及时恢复并推进诉讼或仲裁程序。在实践中，较合适的中止时长多为指定破产管理人后的1个月左右。② 而在前面引述的第二个案例中，法院指定的破产管理人已决定由破产企业已委托的诉讼代理人继续参与仲裁审理。在此基础上，以《企业破产法》第20条的规定为依据，为推进程序高效进行，仲裁庭未中止程序，也

① 《企业破产法》第17条规定，“人民法院受理破产申请后，债务人的债务人或者财产持有人应当向管理人清偿债务或者交付财产”，而破产管理人受领债务人对外债权或财产交付的前提是破产管理人已接管债务人财产，这说明法院应当同时受理破产申请、法院指定破产管理人、破产管理人接管破产财产这3大事项，即使不是在同一时点完成，时间间隔也不宜相距过大。

② 参见张善斌主编：《破产法实务操作105问》，武汉大学出版社2020年版，第82~91页。

符合《企业破产法》第20条规范的精神。

综上,对于仲裁程序是否应中止以及何时恢复仲裁程序的问题,需要在考虑具体个案中仲裁程序与破产程序的进展、管理人的接管进度、是否会与破产法规则相冲突等情况的基础上进行综合判断。

(三)仲裁的保全和仲裁裁决在破产程序中的认定

继中止与恢复仲裁程序的问题之后,仲裁的保全措施以及仲裁裁决在破产程序中的认定成为接下来需要重点关注的议题。仲裁保全的目的在于确保仲裁裁决能够得到有效执行,保障当事人的合法权益。然而,在破产程序中,采取与解除保全措施需要更加谨慎,以避免对破产财产的不当影响和对债权人集体利益的损害。同时,仲裁裁决的认定在破产程序中也尤为关键,直接关系债权的确认、破产财产的分配以及债权人利益的实现。

1. 仲裁的保全

《企业破产法》第19条规定:"人民法院受理破产申请后,有关债务人财产的保全措施应当解除,执行程序应当中止。"最高人民法院《关于适用〈中华人民共和国企业破产法〉若干问题的规定(二)》(以下简称《破产法司法解释(二)》)第7条规定:"对债务人财产已采取保全措施的相关单位,在知悉人民法院已裁定受理有关债务人的破产申请后,应当依照企业破产法第十九条的规定及时解除对债务人财产的保全措施。"

如前文所述,中止机制是破产程序启动后,为了防止对债务人的资产、权利、义务、负债启动法律诉讼或其他个别行动,或者为中止此种诉讼、行动而采取的措施。从《民事诉讼法》的有关规定来看，对债务人财产实行保全措施和执行程序，其目的在于保证判决的执行，即为了保证个别清偿的实现。这与破产法所要实现的概括式公平清偿目的不符。[①] 因此，中国《企业破产法》第19条作出了破产程序启动后解除保全措施、中止执行程序等规定，这属于中止机制的具体表现之一。解除保全措施，意味着对债务人财产施加的查封、扣押、冻结等决定失去效力，该财产的法律属性恢复到保全措施实施以前的状态。破产管理人有权接管该财产并将其纳入债务人财产的范围。从司法实践情况来看，仲裁案件中进行的保全亦需要遵循前述规定。

关于解除保全措施的时间节点，现行破产法确定为“人民法院受理破产申请后”。[②] 据此，保全措施的解除是人民法院受理破产申请的当然效力之一，一旦人民法院受理了破产申请，附加于债务人财产之上的保全措施即应当解除。这将有助于破产管理人全面接管债务人财产，保障全体债权人的合法利益。

在进行解除保全措施的实务操作时，尽管有上述当然效力作为保障，但由于存在不同的申请解除主体、不同的作出裁定解除的主体，故而在实务中保全措施的解除也存在不同的具体情形：

(1)破产管理人可以向作出财产保全措施的法院申请解除保全措施。

① 最高人民法院民事审判第二庭编著：《最高人民法院关于企业破产法司法解释理解与适用：破产法解释(一)·破产法解释(二)》，人民法院出版社2013年版，第150页。

② 参见《企业破产法》第19条。

例如,四川省绵阳高新技术产业开发区人民法院作出的(2016)川0792执640号之四号执行裁定书载明:"现四川省大竹县人民法院已裁定受理四川竹凌房地产开发集团有限公司破产重整申请,破产管理人函请我院解除对该宗土地使用权的查封……裁定如下:解除达州市中级人民法院于2015年10月9日,对四川竹凌房地产开发集团有限公司位于绵阳高新区永兴镇永发路299号土地使用权一宗的查封。"

(2)裁定受理破产申请的法院通知作出财产保全措施的法院解除保全措施。例如,安徽省安庆市中级人民法院作出的(2015)宜执保字第00005号解除保全裁定书载明,"本院接到惠州市中级人民法院《关于协助解除保全措施的函》[(2016)粤13破1－28号],内容是惠州怡海房地产开发有限公司于2016年1月6日向惠州市中级人民法院申请破产重整,2016年10月14日,该院依法作出(2016)粤13民破5号《民事裁定书》,裁定受理惠州怡海房地产开发有限公司破产重整申请";根据《企业破产法》第19条的规定,裁定"解除对被执行人美利集团香港有限公司持有的惠州怡海房地产开发有限公司100%股权的冻结"。

(3)裁定受理破产申请的法院可径行裁定解除其他法院作出的保全措施。在司法解释制定过程中,全国人民代表大会常务委员会法制工作委员会就保全措施的解除向最高人民法院复函指出,有关债务人财产的保全措施当然解除,由破产管理人接管债务人的所有财产;相关法院或者行政机关未依据上述规定解除保全的,受理破产案件的法院可以径行作出解除对债务人财产的所有保全措施的裁定。[①] 在破产实务中,也曾有破产申请受理法院向作出保全措施的法院发通知要求解除保全措施,但相关法院基于作出的是轮候查封的执行裁定以及需由申请人申请解除等理由而不采取相关措施,受理破产申请的法院直接裁定解除其保全措施的案例。[②]

2. 仲裁裁决的撤销与执行

(1)仲裁裁决与破产程序中的债权确认与异议

考虑破产程序集中管辖和统一清偿的特点,企业破产后,获得生效仲裁裁决的债权人不得直接依仲裁裁决申请强制执行,而是应当在破产程序中申报债权。例如,在贸仲受理的"申请人中国A公司与被申请人中国B公司委托装饰和经营管理合同争议案"中,仲裁庭支持被申请人的部分仲裁请求,裁定申请人向被申请人支付违约金人民币4,000,000元,同时在"仲裁庭意见"部分强调,仲裁庭仅对被申请人的该项债权数额进行确认,被申请人可通过破产程序依法申报债权;在贸仲受理的"申请人中国A汽车公司与被申请人中国B车材公司破产债权确认争议案"中,仲裁庭在裁决项中明确提出,申请人对被申请人享有的垫付职工款等债权,应按照《企业破产法》及相关司法解释的规定,通过被申请人的破产程序获得清偿。

对于在破产程序中,已经过仲裁裁决确认的债权,是否还需进行审查的问题,学界曾有不同观点。对此,《破产法司法解释(三)》第7条在《企

① 最高人民法院民事审判第二庭编著:《最高人民法院关于企业破产法司法解释理解与适用:破产法解释(一)·破产法解释(二)》,人民法院出版社2013年版,第173页。

② 参见湖北省丹江口市人民法院执行裁定书,(2018)鄂0381执保79号。

业破产法》第57条和第58条[①]的基础上,进一步规定:“已经生效法律文书确定的债权,管理人应当予以确认。管理人认为债权人据以申报债权的生效法律文书确定的债权错误,或者有证据证明债权人与债务人恶意通过诉讼、仲裁或者公证机关赋予强制执行力公证文书的形式虚构债权债务的,应当依法通过审判监督程序向作出该判决、裁定、调解书的人民法院或者上一级人民法院申请撤销生效法律文书,或者向受理破产申请的人民法院申请撤销或者不予执行仲裁裁决、不予执行公证债权文书后,重新确定债权。”

上述规定对于在破产程序中,法院如何对待仲裁裁决中确定的债权已有明确指引。一方面,在正常情况下,在破产程序中各方应尊重仲裁裁决作为生效法律文书既判力,当债权人依据仲裁裁决来申报债权时,破产管理人即应当确认。这是一项原则,也是债权审查的常规做法。至于何时生效的仲裁裁决可用于申报债权,我们认为,既可以是法院受理破产前已生效的裁决,也可以是破产程序中产生并生效的裁决。另一方面,如果发现仲裁裁决确定的债权存在错误或有证据证明相关当事人虚构债权的,救济途径应为,由破产管理人向受理破产申请的人民法院申请撤销或者不予执行仲裁裁决。

① 《企业破产法》第57条规定:“管理人收到债权申报材料后,应当登记造册,对申报的债权进行审查,并编制债权表。债权表和债权申报材料由管理人保存,供利害关系人查阅。”第58条规定:“依照本法第五十七条规定编制的债权表,应当提交第一次债权人会议核查。债务人、债权人对债权表记载的债权无异议的,由人民法院裁定确认。债务人、债权人对债权表记载的债权有异议的,可以向受理破产申请的人民法院提起诉讼。”

关于上述第二点，发现仲裁裁决确定的债权存在错误或有证据证明相关当事人虚构债权后如何救济，还值得进一步延伸探讨。

首先，此种情形下依据上述规定寻求救济的主体，已明确是破产管理人。进入破产程序后，将由破产管理人负责对生效法律文书确定的债权进行审查。因此，此时将破产管理人作为寻求救济的主体也是较合适的做法。

其次，发现仲裁裁决确定的债权存在错误或存在虚构债权后，破产管理人不能直接进行调整或否认。尽管有观点基于部分地方法院出具的审理指南认为，破产管理人能够直接调整仲裁裁决，[①]但这些指南也只说明仅在生效法律文书确认的破产企业权利与企业破产法的规定不符时，破产管理人方可对破产企业权利予以调整，若裁判确有错误，仍应当通过司法救济途径解决。目前在司法实务中，法院也通常认为破产管理人无权直接对存在错误的仲裁裁决进行调整。例如，佛山市中级人民法院在"何某艺与佛山市三水长顺燃料有限公司破产债权确认纠纷案"中认为，生效仲裁裁决具有既判力，破产管理人不能自行调整仲裁裁决所确认的债权，有异

---

① 例如，《上海市高级人民法院破产审判工作规范指引(试行)》(2018年)规定："生效法律文书所确认的债权。经人民法院生效裁判文书、仲裁机构裁决书、公证机关依法赋予强制执行效力的公证债权文书确定的债权，管理人应当予以确认。但所确认的债权与《企业破产法》的规定不符的，管理人可以依法予以调整。管理人认为生效法律文书确有错误，或者涉嫌虚假债权而依法启动相应程序的，相关债权可以暂缓认定。"《江苏省高级人民法院破产案件审理指南》(2017年修订)中规定："生效法律文书的确认。经生效判决书、裁定书、调解书，仲裁机构、劳动仲裁机关生效裁决书，公证机关依法赋予强制执行效力的公证债权文书确定的权利，管理人应当予以确认，但生效法律文书确认的权利与企业破产法的规定不符的，管理人可以依法对生效法律文书确认的权利予以调整。生效法律文书确有错误，管理人依法启动救济程序的，相应权利可以暂缓认定。"

议时应依法申请撤销或者不予执行仲裁裁决。[①]

最后,破产管理人应通过申请撤销或者不予执行仲裁裁决寻求救济,而非提起债权确认之诉。如上海市高级人民法院在“上海捷品信息科技有限公司与林某破产债权确认纠纷案”[②]中认为,关于破产管理人认为生效法律文书确定的债权错误的救济途径,《破产法司法解释(三)》第7条第2款也有明确的规定。对生效的诉讼法律文书应通过审判监督程序予以解决,仲裁法律文书则通过申请撤销或者不予执行仲裁裁决寻求救济,而非通过破产衍生诉讼的债权确认之诉,对债权人与债务人之间的实体争议重新进行审理。在“陈某显与佛山市禅城区石湾高级装饰砖厂等破产债权确认纠纷案”[③]中,该案原告方对被告方依据仲裁裁决申报的债权提出异议并提起了债权确认诉讼,但广东省佛山市中级人民法院以相应事项属于撤销仲裁裁决案件的审理内容为由,拒绝对其进行审查。

(2)仲裁裁决司法审查的管辖权归属

仲裁法和破产法有不同的管辖规则。从仲裁法的角度,根据《仲裁法》第58条的规定,申请撤销仲裁裁决的管辖法院是仲裁委员会所在地的中级人民法院。根据最高人民法院《关于适用〈中华人民共和国仲裁法〉若干问题的解释》(以下简称《仲裁法司法解释》)第29条的规定,申请不予执行仲裁裁决的管辖法院与申请执行生效仲裁文书的管辖法院相一致,

① 参见佛山市中级人民法院民事判决书,(2015)佛中法民二初字第267号。
② 参见上海市高级人民法院民事裁定书,(2020)沪民终709号。
③ 参见佛山市中级人民法院民事裁定书,(2015)佛中法民二初字第63号。

均为被执行人住所地的中级人民法院或者被执行财产所在地的中级人民法院。从破产法的角度,根据《破产法司法解释(三)》的规定,破产管理人应向受理破产申请的法院提出撤销或者不予执行破产程序中仲裁裁决的申请。但是,受理破产申请的法院多为基层法院,且受理破产案件的法院可能也不是仲裁机构所在地、被执行人住所地或被执行财产所在地。由此,就破产程序中针对撤销及不予执行仲裁裁决的司法审查,依据《仲裁法》和《企业破产法》的规定可能产生级别管辖、地域管辖的不一致。

对于上述不一致规定的处理,实践中也存在不同的观点和做法:

一种观点认为,在破产程序中,仲裁裁决的司法审查管辖权属于受理破产申请的法院。理由在于:第一,《破产法司法解释(三)》第7条规定受理破产案件的人民法院对仲裁裁决进行司法审查是基于《企业破产法》第21条的规定,而《企业破产法》第21条是关于破产衍生诉讼专属管辖的规定,其相对《仲裁法》的相关规定属于特别条款,在破产程序中应当优先适用。第二,《企业破产法》第21条的立法目的在于,通过对破产企业的相关案件进行集中管辖来实现对企业所涉债权债务情况的全面掌握,从而便于法院依法分配破产财产,有利于提高司法效率、公平保护各债权人利益。司法实务中也有与该观点相应的实践。例如,在"安徽圣阳光伏电力开发有限公司(以下简称安徽圣阳公司)与江苏爱多能源科技股份有限公司(以下简称爱多能源公司)申请撤销仲裁裁决案"中,仲裁当事人安徽圣阳公司认为上仲作出的(2020)沪仲案字第0083号裁决存在可撤销情形,向上海市第一中级人民法院申请撤销仲裁裁决,仲裁另一方当事人爱多能源公司认为其破产申请已于安徽圣阳公司提出撤裁申请前,由无锡市中级人民法院受理,故主张该案应移送至无锡市中级人民法院审理。上海市第一中级人民法院认为,根据《企业破产法》第21条的规定,由无锡市中级人民法院集中管辖爱多能源公司相关案件,有利于法院全面掌握破产企业的债权债务情况,提升司法效率,故裁定移送至无锡市中级人民法院管辖。[①]相较而言,目前这一观点在实务中被采纳的比例总体更高。

另一种观点认为,申请撤销和不予执行仲裁裁决案件的管辖问题应优先适用《仲裁法》的相关规定。理由在于:第一,破产案件的集中管辖规定并非排除专属管辖的适用,仲裁案件的司法审查与海事纠纷、专利纠纷、证券虚假陈述纠纷等类似,都属于专业化程度较高的案件,在《仲裁法》第58条有明确的专属管辖规定的情况下,应遵循该条款规定,由相应法院管辖。第二,民事诉讼与仲裁系不同的纠纷解决机制,《企业破产法》关于破产案件的集中管辖规定是针对民事诉讼而言的,对仲裁案件及其司法审查的管辖应优先适用《仲裁法》的相关规定。第三,如果由受理破产申请的法院享有仲裁司法审查权,可能产生破产案件审理的地方保护主义等问题,不利于仲裁司法审查案件裁量标准的统一。这一观点在司法实践中也有所体现。例如,在“亿阳集团股份有限公司、纳斯特投资管理有限公司(以下简称纳斯特投资)申请撤销仲裁裁决案”中,仲裁当事人亿阳集团主张其

① 类似的裁判观点,参见广西壮族自治区河池市中级人民法院民事裁定书,(2022)桂12民辖终55号;广东省高级人民法院民事裁定书,(2020)粤民辖终85号;贵州省高级人民法院民事裁定书,(2020)黔民辖终15号;等等。

破产申请已由哈尔滨市中级人民法院受理，仲裁另一方当事人纳斯特投资就广仲作出的仲裁裁决，向广州市中级人民法院提起的申请撤销仲裁裁决应移送至哈尔滨市中级人民法院管辖。对此，广东省高级人民法院认为，虽然原则上对申请破产的债务人所涉民事诉讼实行集中管辖，但依据《破产法司法解释（二）》第47条第3款的规定可知，破产案件集中管辖并未排除关于专门管辖等民事诉讼特别规定的适用；因此，在上级法院未指定管辖的情况下，应由仲裁委员会所在地的中级人民法院受理当事人申请撤销仲裁裁决的案件，故裁定驳回亿阳集团的管辖权异议。[①]

就仲裁视角下的专属管辖与破产视角下的集中管辖产生的仲裁司法审查管辖权冲突问题，我们认为，一方面，中国现行法律框架下的"移送管辖"或"指定管辖"可以作为当下解决上文所涉管辖权冲突的权宜之计，即根据《破产法司法解释（二）》第47条的规定，由于破产衍生诉讼集中管辖不排除《民事诉讼法》中移送管辖和指定管辖的规定，对于专业性较强的特定类型的案件，受理破产案件的法院可以根据《民事诉讼法》的规定将其交由上级法院指定管辖。但是，鉴于仲裁司法审查属于具有监督指导职能的非讼程序，故在级别上，司法管辖层级不宜降低，即使是移送管辖或者指定管辖，也应当尽量由中级人民法院管辖。[②] 另一方面，从长远角度，规范分歧之间的协调还是应当通过体系化和制度化的路径予以解决，未来设

---

① 参见广东省高级人民法院民事裁定书，(2019)粤民辖终324号。

② 参见俞巍：《意思自治与概括集中：企业破产法涉仲裁问题辨析》，载中国法院网，https://www.chinacourt.org/article/detail/2024/02/id/7792220.shtml。

立专门性质的破产法院或不失为一条可行路径。①

(3)仲裁裁决撤销与不予执行的情形及后续处理

在人民法院依法受理破产管理人的申请后,尚未作出裁定的期间内,原生效仲裁裁决所确认的债权应作为“待定债权”,暂缓认定。对破产管理人的申请,法院经审查后可能作出驳回申请和撤销或不予执行仲裁裁决两种裁定。对于前者,破产管理人应根据原生效仲裁裁决认定债权;对于后者,情况则更复杂。接下来,我们将从撤销与不予执行仲裁裁决的情形及后续处理两个维度展开探讨。

关于撤销与不予执行仲裁裁决的情形,根据《仲裁法》第58条的规定,申请撤销仲裁裁决的7种情形分别为:①没有仲裁协议的;②裁决的事项不属于仲裁协议的范围或者仲裁委员会无权仲裁的;③仲裁庭的组成或者仲裁的程序违反法定程序的;④裁决所根据的证据是伪造的;⑤对方当事人隐瞒了足以影响公正裁决的证据的;⑥仲裁员在仲裁该案时有索贿受贿,徇私舞弊,枉法裁决行为的;⑦仲裁裁决违背社会公共利益的。根据2023年《民事诉讼法》第288条的规定,申请不予执行仲裁裁决的7种情形与之基本一致。

从上述规定来看,国内仲裁司法审查以程序性问题为主、实体性问题为辅,基本不涉及事实认定错误、法律适用错误等问题。尽管《破产法司法解释(三)》第7条第2款所采用的“确定的债权错误”的表述从文义来理

---

① 参见丁燕、孟燕:《仲裁裁决既判力视角下破产管理人对破产债权的认定》,载《河南财经政法大学学报》2020年第4期。

解含义较宽泛,不排除理解为包含裁决的实体内容的错误,但结合多年来仲裁司法审查的原则与实践经验,我们认为,在进行相关审查时,应当仍然以《仲裁法》第 58 条和 2023 年《民事诉讼法》第 248 条的规定的法定事由为基本遵循,不应不当扩张。

在后续处理层面,法院经过司法审查后作出的撤销或不予执行仲裁裁决之裁定,仅产生否定原生效仲裁裁决的法律后果,并不当然否认债权人债权的实际存在。在此基础上,我们认为,仲裁裁决被撤销或不予执行后,相关债权可通过以下基本程序和步骤进行确认:首先,如符合重新仲裁情形的,可通过《仲裁法》第 61 条规定的重新仲裁情形进行修正。其次,如不符合前述情形,在破产程序中仍可通过债权人申报、破产管理人审核、债权人会议核查和人民法院裁定认可的环节加以确认;若在该环节中,双方当事人仍对债权存在异议,则要启动债权确认之诉来对债权加以认定。

三、仲裁或破产程序含涉外因素情况下的特殊问题

当仲裁地与破产程序所在地并不相同时,不同法域在关于破产与仲裁关系的规定上的冲突会加剧这一问题的处理难度,而其中又牵涉准据法的选择、破产法规范的域外效力、对外国破产法院决定的承认等问题。下文将主要聚焦讨论两方面的特殊问题,即境外破产程序对中国仲裁程序的影响以及中国破产程序对境外仲裁程序的影响。

(一)境外破产程序对中国仲裁程序的影响

1. 对当事人行为能力的影响

破产的启动通常伴随着债务人处分财产、参与程序的能力被部分或完全剥夺的情形,[①]而仲裁程序的顺利启动,需要当事人具备缔结仲裁协议、参与仲裁的能力。在跨国破产与国际仲裁出现冲突的情境下,仲裁庭须找到正确的适用法并对境外破产程序是否会影响特定主体开展仲裁活动作出判断,而其中又涉及多个复杂的法律问题。

以经典的"伊莱克特里姆诉维文迪案"(Elektrim v. Vivendi)为例,该案中,波兰公司伊莱克特里姆(Elektrim SA)被宣告破产,在此之前,该公司作为当事人的两个仲裁案件已经分别在ICC仲裁院(仲裁地为瑞士)、LCIA启动。瑞士仲裁庭和瑞士法院即认为,根据瑞士的《国际私法法》,仲裁当事人是否有当事人能力取决于其是否具备权利能力,这一实体问题应依据波兰法(《破产企业属人法》)决定。《波兰破产和重组法》第142条规定,"任何由破产者签订的仲裁条款自宣告破产之日起失去法律效力,任何正在进行的仲裁程序应予以终止"。法院据此认为,企业一旦破产,就失去了当事人能力,有关纠纷不具备主观可仲裁性,仲裁庭不再对该案享有管辖权。[②] 英国商事法庭和上诉法院则依据《欧盟破产条例》第15条认

---

① 参见范晓宇:《论破产对国际商事仲裁裁决承认与执行的影响——以〈纽约公约〉第5条的适用为视角》,载《国际经济法学刊》2022年第3期。

② See Vivendi S. A. v. Deutesche Telekom AG, No. 4A_428. 2008 (First Civ. Law Ct., Mar. 31, 2009).

为,根据该条款,与破产实体的权利或资产相关的待决诉讼/仲裁应受到诉讼地/仲裁地国家法律的管辖,而在英国法下境外破产程序的启动不会影响仲裁协议效力及仲裁庭的管辖权。①

与英国法院直接适用仲裁地法判断仲裁协议效力不同,在瑞士法院的分析中,涉及多组概念,首先是当事人能力及权利能力。大陆法系国家往往区分下列概念:(1)权利能力与行为能力,前者是指民事主体享有民事权利、承担民事义务的资格,后者指民事主体以自己的行为参与民事法律关系,取得民事权利,履行民事义务和承担民事责任的能力。(2)当事人能力与诉讼能力,前者一般被称为诉讼中的"权利能力",是指在诉讼中成为当事人的能力,根据《德国民事诉讼法》的规定,有权利能力者,即有当事人能力;②后者一般被称为诉讼中的"行为能力",是指当事人自己或者通过诉讼代理人进行诉讼、实施诉讼行为、受领诉讼行为的能力。③ (3)诉讼实施权,即在具体案件中以自己的名义作为原告或者被告对以诉的形式主张的权利实施诉讼的权利。④ 而普通法系国家则更侧重于行为能力,不强调权利能力,也没有单独的诉讼实施权概念,统一用当事人能力

---

① See Elektrim v. Vivendi Universal SA [2008] EWHC 2155 (Comm); Syska & Anor v. Vivendi Universal SA & Ors [2009] EWCA Civ 677 (Court of Appeal).

② 参见[德]罗森贝克、[德]施瓦布、[德]戈特瓦尔德:《德国民事诉讼法》(上册),李大雪译,中国法制出版社2007年版,第264页。

③ 参见[德]罗森贝克、[德]施瓦布、[德]戈特瓦尔德:《德国民事诉讼法》(上册),李大雪译,中国法制出版社2007年版,第275页。

④ 参见[德]罗森贝克、[德]施瓦布、[德]戈特瓦尔德:《德国民事诉讼法》(上册),李大雪译,中国法制出版社2007年版,第287页。

(capacity)概括。[①]

在该案中,瑞士法院主要讨论了大陆法系语境下的权利能力与当事人能力,并依据《波兰破产和重组法》否认了当事人的当事人能力。

此外,瑞士法院还提及了主观可仲裁性。在国际仲裁领域,可仲裁性可分为:(1)主观可仲裁性(subjective arbitrability),主要涉及特定主体是否有权诉诸仲裁;(2)客观可仲裁性(objective arbitrability),即某一争议能否通过仲裁方式予以解决。[②] 主观可仲裁性常用于讨论国家或国有企业是否有资格缔结仲裁协议、参与仲裁程序。

论及主观可仲裁性与当事人能力的关系时,部分学者倾向将主观可仲裁性与当事人参与仲裁的能力等同。[③] 但也有观点认为,应区分当事人能力与主观可仲裁性,因为前者一般适用属人法,后者适用仲裁地法。[④] 在主张对二者进行区分的观点中,有学者认为,对于特定主体参与仲裁的限制属于当事人能力这一实体问题,不应直接适用仲裁地法,[⑤]有观点则认

---

① See Simon Vorburger, *International Arbitration and Cross-Border Insolvency: Comparative Perspectives*, Kluwer Law International, p. 146 - 147 (2014).

② See Emmanuel Gaillard & John Savage, *Fouchard Gaillard Goldman on International Commercial Arbitration*, Kluwer Law International, p. 312 - 314 (1999).

③ 参见赵秀文:《国际商事仲裁及其适用法律研究》,北京大学出版社2002年版,第61~64页;卢晓燕:《跨国破产对域外国际商事仲裁的效力》,载《国际商务研究》2021年第3期。

④ See Emmanuel Gaillard & John Savage, *Fouchard Gaillard Goldman on International Commercial Arbitration*, Kluwer Law International, p. 312 - 314 (1999).

⑤ See Gary B. Born, *International Commercial Arbitration*, 3rd edition, Kluwer Law International, p. 774 (2021); Deyan Draguiev, *The Effect of Insolvency on Pending International Arbitration: What Is and What Should Not Be*, 32 Journal of International Arbitration 511 (2015).

为该问题属于主观可仲裁性问题,应适用仲裁地法。[①]

对破产债务人参与仲裁的限制究竟落入当事人能力还是主观可仲裁性的范畴,目前尚无法形成定论。对于在中国开展的仲裁程序来说,首先,中国法律并未否认破产债务人的主观可仲裁性,从可仲裁性角度不会对程序开展施加阻碍;其次,依据我国《涉外民事关系法律适用法》第14条的规定,法人及其分支机构的民事权利能力、民事行为能力、组织机构、股东权利义务等事项,应适用登记地或主营业地法律。据此,当境外破产程序启动后,仲裁庭须考虑外国法律关于当事人各项能力的规定。

但是,通常情况下,法律并不直接否认破产债务人的当事人能力及权利能力。事实上,前述《波兰破产和重组法》第142条解决的是仲裁协议效力问题,并非解决当事人能力问题,由此瑞士法院的分析本身存在漏洞,也因此受到诟病。在此后的另一起ICC仲裁院的案件中,仲裁地同为瑞士,申请人为中国企业,被申请人葡萄牙企业进入破产程序。这一起案件中,瑞士最高法院同样认为,当事人能力以其享有权利能力为前提,公司是否具有权利能力由公司注册地法律管辖,但是,与前案不同的是,尽管葡萄牙也有与《波兰破产和重组法》第142条相似的规定,但瑞士最高法院认为,该条款仅涉及仲裁协议效力,并未否认破产债务人权利能力及成为仲裁当

① See Emmanuel Gaillard & John Savage, *Fouchard Gaillard Goldman on International Commercial Arbitration*, Kluwer Law International, p. 312 – 314 (1999).

事人的能力。①

目前,直接否定破产债务人参与仲裁的资格或破产债务人的主观可仲裁性的规定较罕见,大部分法律还是通过授权破产管理人代表破产主体参与仲裁程序,以尊重当事人选择仲裁作为争议解决机制的意思自治。②

如前所述,依据《涉外民事关系法律适用法》第14条的规定,仲裁庭须对破产企业登记地或主营业地法关于当事人各项能力的规定加以考虑。在大陆法系国家,进入破产程序的当事人往往会被剥夺诉讼实施权,该权利转让给破产管理人。③ 除非债务人自行管理重整,此时破产债务人仍有诉讼实施权,只是要受破产管理人监督。④ 普通法系国家不强调"权利能力""诉讼实施权"等概念,直接剥夺了破产债务人自行参与仲裁程序的能力(capacity)。下文以美国、新加坡、英国为例,重点围绕普通法系的有关规定展开论述。

美国法采纳信托原理,破产程序启动后破产财产即成为独立法人实体,此时破产管理人即是破产财团的托管人,代表破产财团的利益,而债权

---

① See Nathalie Voser & Anya George, *Insolvency and arbitration: Swiss Supreme Court revisits its Vivendi vs. Elektrim decision*, Kluwer Arbitration Blog (Dec. 5, 2012), https://arbitrationblog.kluwerarbitration.com/2012/12/05/insolvency-and-arbitration-swiss-supreme-court-revisits-its-vivendi-vs-elektrim-decision/.

② See Stefan M. Kröll, Loukas A. Mistelis, María Pilar Perales Viscasillas & Vikki M. Rogers, *International Arbitration and International Commercial Law: Synergy, Convergence and Evolution*, Kluwer Law International, p. 343 – 345 (2011).

③ See Simon Vorburger, *International Arbitration and Cross-Border Insolvency: Comparative Perspectives*, Kluwer Law International, p. 146 (2014).

④ See Simon Vorburger, *International Arbitration and Cross-Border Insolvency: Comparative Perspectives*, Kluwer Law International, p. 148 (2014).

人则是破产财团的受益人。[①] 根据《美国破产法典》第323条的规定，破产程序中的托管人(trustee)是破产实体的代表人，有权起诉或应诉(the trustee in a case under this title has capacity to sue and be sued)。根据该法典第325条的规定，在案件进行过程中，托管人职位的空缺不会导致任何进行中的诉讼或程序有所减少，并且继任托管人应当在该诉讼或程序中被替换为当事人。由此，当指定托管人后，托管人即取代债务人，此时，破产债务人通常不被允许继续以其自身名义参加仲裁。但是，在债务人自行担任托管人并管理重整的情况下，破产债务人系破产财团的代表人。[②] 此时，担任托管人的破产债务人，亦称经管债务人(debtor in possession)，依据《美国破产法典》第1107条的规定，经管债务人享有第11章规定的托管人的所有职责和权利，但对债务人的调查及提交调查报告的职责除外。此时，破产债务人参与仲裁的能力未受影响。[③]

在新加坡，如果已经指定了破产管理人(insolvency administrator)，如清算人(liquidator)，或司法破产管理人(judicial manager)，将由破产管理人代表债务人进行仲裁，不过仍以债务人的名义提出诉求或进行抗辩。[④] 同样地，在没有指定破产管理人而是由债务人作为经管债务人的情况下，

---

① 参见张旭东：《债权人选任管理人与中国破产法的演进》，载《中国政法大学学报》2021年第4期。

② 参见冀宗儒、钮杨：《破产管理人民事诉讼地位错位之分析》，载《河北法学》2016年第4期。

③ See Simon Vorburger, *International Arbitration and Cross-Border Insolvency: Comparative Perspectives*, Kluwer Law International, p. 148 (2014).

④ See Insolvency, Restructuring and Dissolution Act 2018 (No. 40 of 2018) section 144 (1)(e) and section 99 (4)(e).

公司及其董事仍享有管理权,仲裁以债务人的名义在公司董事的控制下展开。

在英国,在企业破产的情况下,破产管理人或清算人将接管公司及其业务,破产管理人或清算人有权以公司(债务人)的名义提起仲裁程序,或在针对其提出的仲裁程序中进行抗辩。① 而在个人破产的情况下,破产者的财产原则上归破产财产托管人所有,破产财产托管人以自己名义接管破产时正在进行的法律程序。②

综上,尽管破产程序并不会使当事人失去主观可仲裁性(成为仲裁程序中的当事人),但除债务人自行重整的情形外,其余案件皆须由破产管理人以破产管理人自身或公司名义参与仲裁程序。

至此,转入讨论外国破产管理人以何种身份参与中国仲裁程序。结合司法实践情况,我们认为,对该问题,应首先以破产企业属人法中的相关规定为依据。例如,在贸仲受理的一起案件中,申请人和被申请人 B 公司的注册地分别在意大利和德国,在案件审理过程中,因 B 公司破产,故案件被申请人是否应由 B 公司变更为 B 公司的破产管理人自然人 b 成为案件争议焦点之一。该案仲裁庭认为此问题属于当事人的仲裁主体资格之范畴,故应适用当事人的属人法,即德国法。进一步地,仲裁庭结合德国《破产法》第 80 条第 1 款、德国《民事诉讼法》第 116 条的规定,认为依据德国法,

① See Insolvency Act 1986 (1986 c 45) schedule 1, para 5 and schedule 4, paras 3 – 4.

② See Trustee of the property of Vickery (a bankrupt) v. Modern Security Systems [1998] 1 BCLC 428; Heath v. Tang and another [1993] 4 All ER 694; Bannai v. Erez (Trustee in Bankruptcy of Eli Reifman) [2013] EWHC 4287 (Comm).

破产程序启动后，破产管理人是仲裁程序的当然当事人，从而认定B公司的破产管理人自然人b为该案适格的被申请人。

那么，外国破产管理人以仲裁代表人身份参与仲裁是否需要满足一定的条件或办理一定的手续？对此，一般认为，即便外国破产管理人并未向法院申请承认外国判决、裁定，亦不妨碍其取得仲裁代表资格。参照《全国法院涉外商事海事审判工作座谈会会议纪要》第6条的规定①，外国企业登记地国法院指定司法破产管理人、清算破产管理人、破产管理人的，该破产管理人可以代表该公司参加诉讼，应当提交登记地国法院作出的判决、裁定及其公证认证手续等相关文件证明其诉讼代表资格，但破产管理人取得诉讼代表资格不以外国法院判决、裁定经中国法院承认为前提。同样地，在仲裁程序中，如破产管理人提供了前述文件，即可允许其以仲裁代表人身份参与仲裁。

2. 对仲裁程序中止与恢复的影响

根据中国《企业破产法》第20条的规定，人民法院受理破产申请后，已经开始而尚未终结的有关债务人的仲裁程序应当中止，然而该条款未规定外国破产程序对中国仲裁程序的影响。而与此同时，一些国家对企业破产后所涉仲裁程序的中止与恢复作出了规定，且各国规定不尽相同，前述规

① 《全国法院涉外商事海事审判工作座谈会会议纪要》第6条规定："在中华人民共和国领域外登记设立的公司因出现公司僵局、解散、重整、破产等原因，已经由登记地国法院指定司法管理人、清算管理人、破产管理人的，该管理人可以代表该公司参加诉讼。管理人应当提交登记地国法院作出的判决、裁定及其公证认证手续等相关文件证明其诉讼代表资格。人民法院应当对上述证据组织质证，另一方当事人仅以登记地国法院作出的判决、裁定未经我国法院承认为由，否认管理人诉讼代表资格的，人民法院不予支持。"

定是否具有域外效力,中国的仲裁庭、法院须如何对待前述规定同样是无法回避的问题。下文将先以美国、新加坡、英国为例,厘清这些国家法律有关一方当事人破产后,仲裁程序如何推进的规定,并讨论前述规定效力的地域范围;同时,进一步结合中国仲裁实践,分析中国的仲裁程序如何对外国破产程序作出反馈。

(1)境外破产法的规定

新加坡共和国《破产、重组和解散法》分别在第5、第7、第8部分规定了债务重整(scheme of arrangement)、司法管理(judicial management)、清盘(winding up)3类破产程序。针对上述3类程序,新加坡法律均规定了法定暂停(statutory moratoria)制度,即破产程序启动后,针对破产债务人的法律程序,未开始的暂缓开始,正在进行中的暂停,但在经新加坡高等法院允许且符合新加坡高等法院规定的条件的情况下,前述程序可以推进。[①] 一般认为,针对破产债务人、仲裁地在新加坡的仲裁程序属于应依法被暂停的法律程序。但是,前述条款所规定的法定暂停仅适用于破产主体为被申请人的情形,破产程序启动后,破产债务人仍可以仲裁申请人的身份参与仲裁程序。

据此,破产程序启动后,以破产债务人为被申请人的仲裁程序应中止。但此时仲裁程序中的双方当事人可以向新加坡高等法院申请继续推进仲裁程序,新加坡高等法院在决定是否准予程序推进时,主要考虑以下因素:

① See Insolvency, Restructuring and Dissolution Act 2018 (No. 40 of 2018) Section 64 (1)(c) and (8)(c); Section 95 (1)(c) and (4)(c); and Section 170(2).

申请提出的时间、申请人诉求的性质（如申请人是否希望通过该程序获得其在破产程序下无法获得的利益，是否有损公平受偿原则等）、多数债权人的意见、破产债务人是否存在任何不当行为等。[①]

美国《破产法典》第362条第1款第1项规定，在美国提交破产申请即会使针对破产债务人及其财产的大多数民事法律程序自动中止（automatic stay），此处的法律程序包含仲裁程序，[②]尚未开始的仲裁程序不得启动，已开始的应中止。但是，自动中止制度通常不适用于由托管人或经管债务人作为申请人提起的仲裁程序，[③]除非该仲裁程序是为了取得对破产财产的占有或控制破产财产。[④] 根据美国《破产法典》第105条第1款的规定，破产法院有权“作出任何必要或适当的命令、程序或判决，以执行该法典的规定”，由此，如应中止的仲裁程序未中止，美国破产法院有权责令停止仲裁程序，无论仲裁地是否在美国境内。[⑤]

根据美国《破产法典》第362条第4款的规定，利益相关方可以向法院申请解除自动中止，在符合该款条件的情况下，破产法院通常会批准解除针对仲裁程序的自动中止要求。但依据《美国法典》第28篇第157条第2款的规定，破产法院对涉及核心程序（core proceeding）的破产争议具有管

---

① See Korea Asset Management Corp v. Daewoo Singapore Pte Ltd [2004] 1 SLR(R) 671.

② See In re US Lines Inc 197 F 3d 631, 640 (2d Cir 1999); Marquis Yachts v. Allied Marine Grp, Inc (N) No CIV 09 - 1770 JRT/FLN, 2010 WL 1380137, at 6 (D Minn Mar 31 2010).

③ See 4Kids Entm't Inc v. Upper Deck Co 797 F Supp 2d 236, 241 (SDNY 2011); Marquis Yachts v. Allied Marine Grp, Inc (N) No CIV 09 - 1770 JRT/FLN, 2010 WL 1380137, at 6 (D Minn Mar 31 2010).

④ See 11 U. S. C., section 362(a)(3).

⑤ See In re Springer-Penguin Inc 74 BR 879 (Bankr SDNY 1987).

辖权,由此当仲裁条款涉及核心程序时,破产法院可行使自由裁量权驳回当事人的解除自动中止仲裁程序的申请。根据前款规定,《美国破产法典》中的核心程序包括与破产财团管理有关的事项,命令移交破产财团的财产,终止、废止或修改自动中止决定的动议,特定债务免责的决定等。

在英国,根据《破产法》,如法院针对破产公司作出清盘令(winding-up order)、[①]破产公司进入接管(administration)阶段、[②]法院针对个人作出破产令(bankruptcy order)[③]等法律规定的情形发生,除非经法院允许或在公司接管的情况下经接管人同意,否则尚未开始的法律程序不得启动,已开始的中止进行。前述法律程序包含仲裁程序,[④]但同样地,破产主体为仲裁申请人的情况除外。

与美国、新加坡相同,当仲裁程序自动中止后,当事人可向英国法院申请解除该限制,在接管的情形下,当事人还可向接管人提出申请[⑤]。法院将综合多种因素,考虑仲裁程序的继续进行是否有助于清算、重整等程序目的的实现。例如,如果仲裁申请人的请求为金钱给付请求,则可能因为有损公平受偿而不被支持;[⑥]相反,如是非金钱请求,则较容易得到支持。[⑦]

---

① See Insolvency Act 1986 Section 130 (2).

② See Insolvency Act 1986 (1986 c 45) Schedule B1 para. 43.

③ See Insolvency Act 1986 (1986 c 45) Section 285 (2)(3).

④ See Bristol Airport plc and another v. Powdrill and others [1990] 2 All ER 493.

⑤ See Insolvency Act 1986 (1986 c 45) Schedule B1 para. 43 (6).

⑥ See AES Barry Ltd v. TXU Europe Energy Trading [2004] EWHC 1757 (Ch).

⑦ See Magical Marking Ltd and another v. Phillips and others [2008] EWHC 1640 (Pat); Flightline Ltd v. Edwards [2003] EWCA Civ 63.

综上,前述域外法下,当破产程序启动后,破产债务人作为被申请人的仲裁程序须中止,具体中止的时点可能因程序不同而存在差异。当事人皆可申请恢复仲裁程序,法院在决定是否予以恢复时,应综合考虑多种因素,审慎评估恢复仲裁对破产程序的影响,具体的判断标准在不同国家有所差异。

(2)境外破产法规的域外效力

一般而言,破产法的域外效力涉及承认中国法院启动的破产程序对债务人位于境外财产的效力,和承认外国法院启动的破产程序对其位于中国境内财产的效力两方面。无论何种情形,破产法域外效力的实现均需债务人财产所在地法院的承认和协助。[①] 由此,在谈论破产法的域外效力时,须同时考察外国法律规则本身及中国的立法、司法立场。

例如,新加坡破产法关于法定暂停的规定原则上没有域外效力,因此,新加坡破产程序的启动一般不会对中国的仲裁程序产生影响。但仍有一些例外情形,如在债务重整的情况下,当债务人根据新加坡共和国《破产、重组和解散法》第 64 条的规定申请暂停仲裁程序,且案件的仲裁申请人受新加坡法院的管辖,此时,新加坡法院有权中止域外仲裁程序。

同理,在英国法下,前述规则本身不具有域外效力,[②]原则上不会对在

---

① 参见石静霞:《中美跨境破产合作实例分析:纽约南区破产法院承认与协助“洛娃重整案”》,载《中国应用法学》2020 年第 5 期。

② See Harms Offshore AH “Taurus” GmbH and Co. KG v. Bloom [2009] EWCA Civ 632; Re Oriental Inland Steam Co. (1874) LR 9 Ch App 557.

中国进行的仲裁程序产生影响。贸仲案例中亦体现了此方面的实践。[①] 但是,如英国法院对另一方当事人有管辖权,则根据1981年《高级法院法案》第37条的规定,如果正在进行的外国法律程序将对英格兰和威尔士的破产程序产生负面影响,则英国法院有权颁布禁令,禁止当事人继续参与外国仲裁程序。[②]

而根据美国《破产法典》第541条的规定,破产财团包括破产主体在各地的财产,不局限于美国境内,由此自动中止制度也应具有域外效力。[③] 不过尽管形式上美国破产法规范具有域外效力,但事实上除非外国当事人和美国有足够的联系以至于使其受美国属人管辖权的约束,否则美国《破产法典》的自动中止制度很难在境外真正得以实施。

例如,在"福托克罗姆诉柯巴脂案"(Fotochrome Inc v. Copal Co,以下简称"Fotochrome案")中,当于日本进行的仲裁程序启动后,美国公司福托克罗姆(Fotochrome Inc,以下简称Fotochrome)在纽约提出破产申请,法官签发禁止所有针对Fotochrome法律程序的命令。但是,日本仲裁庭认为,美国法院的命令对其不产生影响,并作出了有利于日本公司柯巴脂(Copal Co,以下简称Copal)的仲裁裁决。Copal在美国的破产程序中提交债权证明,最终美国联邦第二巡回上诉法院认为,当且仅当美国法院对

---

① 申请人中国A管路公司于2020年11月提起仲裁,开庭后发现被申请人英国公司已于申请人提起仲裁前申请破产。随后,贸仲及时向被申请人英国公司的破产管理人有效送达所有仲裁文件,重新进行了组庭和开庭,但并未中止程序,直至2023年仲裁庭作出裁决。

② See Harms Offshore AH "Taurus" GmbH and Co. KG v. Bloom [2009] EWCA Civ 632; Excalibur Ventures LLC v. Texas Keystone Inc [2011] EWHC 1624 (Comm).

③ See In re Ampal-American Israel Corp 562 BR 601, 612 n12 (Bankr SDNY 2017).

Copal 有属人管辖权(personam jurisdiction)时,才有权中止国际仲裁,Copal 亦不受美国法院的属人管辖,因其与美国不存在最少联系,故美国法院的中止命令没有域外效力。

由此,尽管从形式上来看,美国的自动中止制度具有域外效力,但美国的破产程序究竟是否会产生中止中国仲裁程序的效果,最终仍取决于中国仲裁庭是否愿意遵从该国的破产制度;而对于不具有域外效力的外国破产法规范,如该国破产程序中的判决、裁定等,倘若其在中国获得承认,那么依旧可能对中国的仲裁程序产生影响。由此,外国破产程序的域外效力,最终仍取决于中国的立法、司法立场。

在立法层面,中国并未采用贸法会的《跨境破产示范法》作为法律依据,目前中国处理跨境破产的法律依据是《企业破产法》第 5 条。根据该条规定,对于外国法院作出的发生法律效力的破产案件的判决、裁定,人民法院须依照国际条约,或者互惠原则,当且仅当不违反中国法律的基本原则,不损害国家主权、安全和社会公共利益,不损害中华人民共和国领域内债权人的合法权益时,才可裁定承认和执行。这一规定在一定程度上限制了外国破产程序在中国的普遍效力。

但有观点提出,仲裁庭须充分考虑其所作出的裁决是否会在破产程序所在地法院被拒绝承认或执行,[①]因为仲裁庭有一种道义上的义务,应尽

---

① See William Lu, *Arbitration and Insolvency Proceedings: the Chinese Law Perspective*, 23 Asian Dispute Review 18, p. 24(2021).

可能保证其仲裁裁决可以得到承认与执行。[①] 而由于破产程序所在地极有可能是裁决的主要执行地，所以仲裁庭不得忽视该国破产法的规范。但也有观点认为，仲裁庭在法律上并无义务去遵守潜在执行地的破产法规范，其首要任务是保证裁决不会被裁决地法院撤销。特别在有些情形下，仲裁申请人会请求仲裁庭无视破产程序所在地的强制性法律规范，即使该裁决可能无法在该地获得执行，但仍可在其他地方获得执行。[②]

综上，从仲裁庭视角出发，在决定如何处理域外破产程序时，须考虑：第一，在仲裁地法院被撤销的风险；第二，在执行地法院被拒绝承认、执行的风险。

对于第一点，为了保证其裁决不会在裁决地被撤销，如果破产令已经被仲裁地法院认可，仲裁庭还是倾向受破产法条款的约束。[③] 目前，暂未发现中国参与缔结的有关国际条约。法院在承认外国破产法院的决定时，主要依据互惠原则。如在(2022)京01破申786号案中，法院认为，根据《德国破产法》第343条的规定，应承认外国破产程序的启动，由此中国破产程序在德国可以获得认可，同时，现亦无证据证明德国存在拒绝承认中国破产程序或破产相关法律文书的情形，可以认定中国与德国之间存在互惠关系。而目前美国、新加坡、英国、澳大利亚等国都已将《跨境破产示范

---

① See Deyan Draguiev, *The Effect of Insolvency on Pending International Arbitration: What Is and What Should Not Be*, 32 Journal of International Arbitration 511 (2015), p. 533.

② See Douglas S. Jones, *Insolvency and Arbitration: An Arbitral Tribunal's Perspective*, 78 Arbitration: The International Journal of Arbitration, Mediation and Dispute Management 123 (2012), p. 138.

③ See Douglas S. Jones, *Insolvency and Arbitration: An Arbitral Tribunal's Perspective*, 78 Arbitration: The International Journal of Arbitration, Mediation and Dispute Management 123 (2012), p. 126.

法》转化为国内法的事实,也会促进互惠原则的运用。

对于第二点,违反自动中止规定推进的仲裁程序中产生的裁决,其效力可能受到挑战。如在美国,如果仲裁过程违反了自动中止规定,由此作出的裁决可能被认定无效,被撤销或拒绝执行。① 但是,考虑到美国破产法院决定的域外效力受限,如中国仲裁程序中的当事人并未落入美国破产法院的属人管辖范围内,则由此作出的仲裁裁决不会受到挑战。如在前述"Fotochrome 案"中,对于日本仲裁庭作出的裁决,美国联邦第二巡回上诉法院认为,由于该案日本当事人并不受美国的属人管辖,美国法院的中止命令没有域外效力,最终法院支持了案涉仲裁裁决的效力。②

(二)中国破产程序对境外仲裁程序的影响

如前文所述,破产法的域外效力同样涉及中国法院启动的破产程序对债务人位于境外的财产的效力。

同理,虽然根据中国《企业破产法》第 5 条第 1 款的规定,依据本法开始的破产程序,对债务人在中华人民共和国领域外的财产发生效力。但是该条款并不能产生自动中止其他国家所进行的法律程序的效果。中国的破产程序效力是否及于他国,同样取决于能否得到他国法院的支持和协助,能否得到仲裁庭的认可。而中国《企业破产法》第 5 条第 2 款规定,承

---

① See Acands Inc v. Travelers Cas & Sur Co 435 F 3d 252, 260 (3d Cir 2006); In re Johnson 548 BR 770, 798 (Bankr SD Ohio 2016); Victrix SS Co SA v. Salen Dry Cargo AB 825 F 2d 709, 713 (2d Cir 1987).

② See Fotochrome Inc v. Copal Co 517 F 2d 512, 516 – 17 (2d Cir 1975).

认外国法院破产决定仍然以互惠为条件,这会对他国法院为中国提供司法协助带来阻碍。在中国与该国不存在司法协助条约的情况下,外国法院、仲裁庭将会依其本国法律的规定来决定是否中止仲裁,而国际商事仲裁当事人通常会选择在有利于仲裁的国家进行仲裁。[①]

但值得注意的是,美国、新加坡等国的国内法都已经吸收了《跨境破产示范法》中关于域外破产程序承认的规定,而后者对外国破产程序的承认,与中国法不同,并不以互惠为前提。

贸法会于 1997 年制定的《跨境破产示范法》,旨在解决跨国破产下各国法律冲突及各方当事人利益冲突。其中第 20 条第 1 款规定,“一旦承认了作为一项外国主要程序的外国程序,即:(a)停止开启或停止继续进行涉及债务人资产、权利、债务或责任的个人诉讼或个人程序”。据此,当一国程序被确认为主要程序之后,所有针对债务人的个人程序(包括仲裁程序)[②]也中止。而《跨境破产示范法》第 17 条规定,一项外国程序如果符合下列条件,应得到承认:(1)该外国程序是第 2 条(a)项含义内的程序,即在某一外国遵照与破产有关的法律而实施的集体司法程序或行政程序,包括临时程序,在这一程序中,为达到重组或清算目的,债务人的资产和事务由某一外国法院控制或监督;(2)申请承认的外国代表是第 2 条(d)项含义内的个人或机构,即在外国程序中被授权管理债务人资产或事务的重组

① 参见卢晓燕:《跨国破产对域外国际商事仲裁的效力》,载《国际商务研究》2021 年第 3 期。

② See UNCITRAL Model Law on Cross-Border Insolvency with Guide to Enactment and Interpretation, para. 180.

或清算,或被授权担任该外国程序代表的个人或机构,包括临时指定的个人或机构;(3)该申请符合第15条第2款的诸项要求,即应提交相应的证明材料;(4)该申请已提交第4条所述的各国规定的有管辖权的法院。此外,根据第17条第2款的规定,如果该外国程序发生在债务人主要利益中心的所在国,则属于外国主要程序。

《美国破产法案》第15章吸收了《跨境破产示范法》的内容,根据该法案,外国代表人可向美国法院提出承认外国程序的正式书面申请。[①] 但根据美国《联邦破产程序规则》,在作出承认外国程序的申请之前,利益相关方应至少提前21日被给予庭审通知。由此,提出承认外国破产程序申请并不直接触发其他法律程序的自动中止,但法院予以承认后,自动中止的效力即发生。[②] 但是,在外国代表人提起承认申请至法院作出承认裁定期间,破产法院可视情况给予临时救济,如中止针对债务人在美财产的执行等。[③]

一个典型的例子是,2019年9月9日,洛娃科技在中国破产程序中任命的重整破产管理人向美国纽约南区破产法院申请承认北京市朝阳区人民法院作出的重整程序。由于洛娃科技曾在海外发行债券、进行并购,因此其在境外也有债务、资产,该案中即有4位债券持有人,在纽约州最高法院针对债务人及其关联公司提起诉讼,破产管理人同时向法院申请中止债权人在纽约州法院的两起诉讼,以协助洛娃科技开展重整程序。2019年

---

① See 11 U. S. C. Section 1515.

② 参见石静霞:《中美跨境破产合作实例分析:纽约南区破产法院承认与协助"洛娃重整案"》,载《中国应用法学》2020年第5期。

③ See 11 U. S. C. Section 1519.

10月8日,维尔斯(Wiles)法官签发正式裁定,承认中国重整程序为外国主要程序。且在签发正式裁定之前,法官通过电话庭审率先签发了一份短期的临时救济裁定,中止了洛娃科技在纽约州作为被告的诉讼。[①]

同样地,新加坡最初在其《公司法》中增加附录10,吸纳《跨境破产示范法》,有关内容被延续至2020年的《破产、重整与解散法》附录3;英国也在《跨国破产条例》(Cross-border Insolvency Regulation)中吸收了《跨境破产示范法》的内容。此外,日本、加拿大、澳大利亚等国家都已将《跨境破产示范法》转化为国内法,此举措有助于中国破产程序在其国内获得认可。

而随着《跨境破产示范法》在世界范围内得到越来越多的认可,有观点指出,中国也应吸收《跨境破产示范法》中的基本原则,为跨国破产规则的国际趋同作出贡献。[②] 而如果中国今后吸收《跨境破产示范法》对外国破产程序承认的规则,会提升外国破产程序在中国得到认可的可能性,亦会对中国仲裁程序的推进产生积极影响。

四、仲裁与破产程序协调并行的完善建议与前景展望

(一)完善建议

在当前经济周期下,破产与仲裁的冲突案件数量增多,但有关法律规

---

① 参见石静霞:《中美跨境破产合作实例分析:纽约南区破产法院承认与协助"洛娃重整案"》,载《中国应用法学》2020年第5期。

② See Shuai Guo & Jieche Su, *Chinese Cross-border Insolvency Laws: Recent Developments and International Implications*, 32 International Insolvency Review 41 (2023), p. 53.

定较概括。为此,有必要探讨并总结如何在仲裁实务中合理应对类似情况。基于上文展开的论述,就当下从仲裁视角,如何通过完善体制机制,促进仲裁程序与破产程序的协调并行,我们认为可从下述两层面展开。

一方面,在仲裁案件的程序推进层面。当濒临破产或已处在破产程序之中的企业面临仲裁、正处于仲裁的过程之中或面临裁决的承认与执行时,就要求仲裁机构必须处理好仲裁程序与破产程序之间的关系。否则,裁决债权人及破产债务人的其他债权人的权益将无法得到保障。首先,就正在进行的仲裁程序本身的处理,一方仲裁当事人的破产申请被受理后,当事人或者法院应当立即告知仲裁机构;仲裁机构或仲裁庭知悉破产事宜后,一般应当中止仲裁程序,待破产管理人接管债务人的财产后,仲裁程序应当恢复,并由破产管理人代表债务人继续参加仲裁。在实践中,前述做法也是以贸仲为代表的仲裁机构在正在进行的仲裁程序中遇到一方当事人破产时所采取的处理方式,由此,能够有效保障破产管理人参与仲裁的权利。其次,当仲裁或破产程序含涉外因素时,两者的衔接还可能涉及有关准据法的确定等更复杂的问题。此时,若无明确的法律规定,则有必要综合考虑当事人之间的约定、所涉问题的类型与相应的实践做法,以及外国法的查明等因素,并对其加以总结和凝聚共识。以外国破产管理人以何种身份参与中国仲裁程序为例,应以破产企业属人法中的规定作为首要认定依据。再次,就与仲裁程序相关联的保全程序而言,仲裁机构应做好沟通和衔接工作,及时通知执行保全措施的相关法院解除保全,并由执行保全措施的相关法院将保全财产移交破产管理人或者破产案件受理法院。最后,仲裁机构还可在了解破产程序的重要环节的基础上,考虑构建不同情形下涉破产案件的仲裁案件管理规则,及时开展案件管理、组庭及开庭服务活动,提高涉破产仲裁案件处理的效率,推动仲裁程序与破产程序的程序协调。

另一方面,在仲裁案件的实体处理层面。《九民纪要》第110条指出,"债权人已经对债务人提起的给付之诉,破产申请受理后,人民法院应当继续审理,但是在判定相关当事人实体权利义务时,应当注意与企业破产法及其司法解释的规定相协调"。参照该规定,在破产管理人接管债务人财产后,仲裁庭仍可以按照仲裁申请人原先的给付请求进行依法裁决,但是要注意尊重和遵守破产法的特殊规则,避免作出与破产法规则相冲突的裁决。例如,对债务利息、按日计算的违约金进入破产程序后的部分,以及主张惩罚性赔偿的部分,不应予以支持。① 如涉及解除合同这一与破产管理

---

① 这一点在贸仲的多个案例中已有丰富实践体现。例如,在"申请人中国A公司与申请人中国B公司发行协议争议案"中,仲裁庭认为,尽管《企业破产法》第46条的规定并未明确违约金是否属于应停止计算的"利息",但为及时确认债权数额,逾期付款违约金的截止时间也应当参照上述规定。因此,自2020年12月8日(E市中级人民法院受理被申请人的破产重整申请之日)起,被申请人不再给付申请人相应的逾期付款违约金,对于申请人要求被申请人支付违约金至实际给付逾期未付款项之日的主张,仲裁庭不予支持;在"申请人中国A投资公司与第一被申请人自然人B、第二被申请人自然人C、第三被申请人中国D电子科技公司股东协议争议案"中,仲裁庭对于违约金计算的截止日期作出如下判断:第三被申请人为证明其主体情况而提交的中国E市第三中级人民法院(2022)破207号民事裁定书和(2022)破207号决定书证明,中国E市第三中级人民法院已于2022年7月28日受理了对第三被申请人的破产清算案。《企业破产法》第46条规定:"未到期的债权,在破产申请受理时视为到期。附利息的债权自破产申请受理时起停止计息。"最高人民法院《关于审理企业破产案件若干问题的规定》规定,破产清算时,债权以实际损失为计算原则。违约金不作为破产债权。据此,第三被申请人向申请人支付的违约金的计算日期应截至2022年7月27日;在"申请人中国A商业管理公司与被申请人中国B广告公司广告位有偿使用合同争议案"中,就利息起算的截止日期,被申请人主张其破产清算一案已于2022年4月29日被L省N市某区人民法院受理,利息计算应截至被申请人2022年4月29日破产受理的前一日。仲裁庭认为,根据《企业破产法》第46条的规定,自2022年4月29日起,申请人所欠利息不应再继续计算,即利息计算应截至2022年4月28日。

人挑拣履行权可能有所冲突的仲裁请求，还应该在听取破产管理人的意见后再作出相应处理。[①] 此外，在仲裁裁决的内容上，相较普通债权债务纠纷，涉破产案件的裁决在说理部分有必要更加充分，毕竟，相关仲裁裁决将成为债权人在破产程序中申报债权的重要依据，接受来自破产管理人的必要审查。

通过对上述程序和实体两方面内容的完善，可以从技术层面为促进仲裁程序与破产程序的协调提供更全面和细致的法律视角。但不容忽视的是，仲裁与破产之间的制度差异，归根结底是由两个领域所遵循的价值立场不同造成的，因此，在价值层面也有必要作出一定的努力。无论是破产法强调的利益平衡理念，还是仲裁法所秉持的意思自治原则，都在当下的司法实践中发挥着重要的引领作用。从仲裁的角度而言，仲裁的意思自治有其优势和必要性，但鉴于破产程序肩负平衡各方当事人利益的公共职能，在处理涉破产仲裁案件的相关问题时，需要注意一些额外的特殊考虑因素，既需要考虑破产与仲裁两者之间不同的法律价值如何权衡，又需要考虑相应的处理规则能否自洽。例如，在仲裁审理中，应当对破产的一些特殊规则予以考虑并回应，及时指引当事人结合破产程序，按破产程序中可以执行的方式主张其请求与抗辩，从而进一步提升涉破产仲裁案件的处理质量。

① 参见俞巍：《意思自治与概括集中：企业破产法涉仲裁问题辨析》，载中国法院网，https://www.chinacourt.org/article/detail/2024/02/id/7792220.shtml。

(二)前景展望

破产程序是集中处理公共利益的纠纷解决机制,侧重公共利益和社会本位;仲裁程序是自主高效化解双方之间纠纷的解决机制,强调意思自治个人本位。当仲裁与破产相遇,尽管存在制度和立场上的差异,我们认为,通过合理的协调,两者仍然可以实现并行与协同。

随着市场经济的深入发展、法律制度的不断完善以及改革的持续推进,商事仲裁作为一种高效、便捷的纠纷解决方式,受到了越来越多商事主体的青睐。立足国内司法实务,放眼国际经验与实践,仲裁对于解决涉破产企业争议亦存在众多优势,包括但不限于保密性、专业性、中立性、高效性及在《纽约公约》下裁决执行的便利性等。以贸仲为代表的仲裁机构,重视有关涉破产仲裁案件的实践,在程序的协调与管理、实体争议的处理与解决等问题上均提供了经验。

未来,相信随着破产与仲裁相协调的制度供给愈加丰富,仲裁机构规则不断完善,通过仲裁处理涉破产企业争议的前景将会进一步明朗,仲裁与破产的信息共享与协作机制将进一步健全,为破产程序的顺利进行和债权人权益的保护提供更加可靠的保障。

第四章　中国能源行业争议解决法律实务研究

能源是现代工业和经济发展的基础,其涉及面广,涵盖油、气、煤、电、新能源等不同领域。随着经济的发展,中国已经成为世界最大的能源生产国和消费国。目前,中国能源生产总量约占世界的1/5,消费总量约占世界的1/4,而人均能源消费仅为经济合作与发展组织国家平均水平的2/3左右。[①] 据国家统计局发布的2023年国民经济和社会发展统计公报显示,2023年中国能源消费总量为57.2亿吨标准煤,比上年增长5.7%。[②] 国家能源局印发的《2024年能源工作指导意见》中,[③]2024年全国能源生产总量要达到49.8亿吨左右标准煤,与消费总量相比存在较大缺口。在上述背景下,无论是能源的国内投资交易活动还是国际投资交易活动都会非常

---

① 参见中共国家能源局党组:《加快建设新型能源体系 提高能源资源安全保障能力》,载《中国电力报》2024年第1版。

② 参见《中华人民共和国2023年国民经济和社会发展统计公报》,载国家统计局官网,https://www.stats.gov.cn/sj/zxfb/202402/t20240228_1947915.html。

③ 参见《国家能源局关于印发〈2024年能源工作指导意见〉的通知》,载中国政府网,https://www.gov.cn/zhengce/zhengceku/202403/content_6941170.htm。

活跃,也非常重要,关系人民生活的幸福和国家能源安全。

能源投资交易往往涉及较复杂的交易结构和多国主体,受经济周期、市场波动、环境保护和地缘政治影响较大。因此,在上述背景下,能源经济活动为能源争议解决带来诸多新问题和新挑战。本章试图通过对中国能源行业基本投资交易情况进行梳理,对部分典型能源法律问题展开研究,思考和探索仲裁在能源争议解决中的价值和前景。

一、中国能源行业的投资交易及纠纷综述

随着中国人口的增长和现代化的发展,能源消费需求将刚性增长。因此,中国能源行业的投资交易活动亦将主动适应、满足供需侧的增长要求。根据经济活动的规律,随着投资交易活动的发展和活跃,相关争议的数量必然会相伴增长,能源类争议也将成为仲裁等争议解决机构的主要案件类型之一。因此,为了更好地把握能源领域的争议解决办法,有必要对中国能源行业的发展状况、投资交易、现有法律以及纠纷情况进行分析研究。

(一)中国能源行业的发展概况

1. 能源行业的发展现状

中国能源行业历经多年发展,形成了煤、油、气、电、核、新能源和可再生能源多轮驱动的能源体系。习近平总书记在2014年提出的“四个革命、一个合作”能源安全新战略,为中国新时代能源发展进一步指明了方向。国家着力推进能源消费革命、能源供给革命、能源技术革命、能源体制革命,全方位加强国际合作,能源领域取得瞩目的成就并呈现良好发展态势。

一是能源生产持续增长。中国一次能源生产总量实现连续 7 年稳步增长(见图 4－1)。2016 年中国一次能源生产总量约为 34.6 亿吨标准煤,到 2023 年已达约 48.3 亿吨标准煤,①增长率高达 39.6%。可再生能源保持高速发展的良好态势。截至 2023 年年底,全国可再生能源发电总装机达 15.16 亿千瓦,占全国发电总装机的 51.9%,在全球可再生能源发电总装机中的比重接近 40%;2023 年全国可再生能源新增装机 3.05 亿千瓦,占全国新增发电装机的 82.7%,占全球新增装机的一半,超过世界其他国家的总和。②

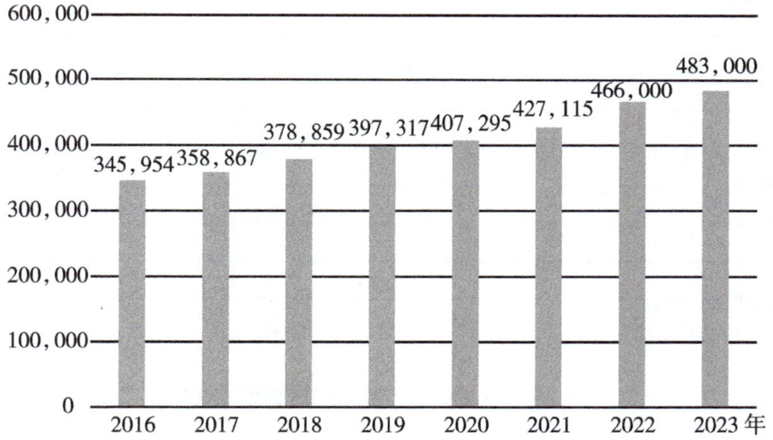

图 4－1　我国能源生产总量(万吨标准煤)

数据来源:国家统计局。

① 参见中华人民共和国国家统计局编:《中国统计年鉴》,中国统计出版社 2016～2023 年版。

② 参见《国家能源局组织召开 2024 年 1 月份全国可再生能源开发建设形势分析会》,载国家能源局网,https://www.nea.gov.cn/2024－02/07/c_1310763838.htm。

二是能源消费结构持续优化。中国能源消费总量上扬,消费结构得到显著改善。随着能源消费绿色低碳转型进程的加快,核电、风能、水能、太阳能、生物质能、地热能等非化石能源占能源消费总量的比重稳步提升,煤炭消费比重从2012年的68.5%下降到2023年的55.3%(见图4-2),清洁能源消费比重从2012年的14.5%上升到2023年的26.4%(见图4-3)。①

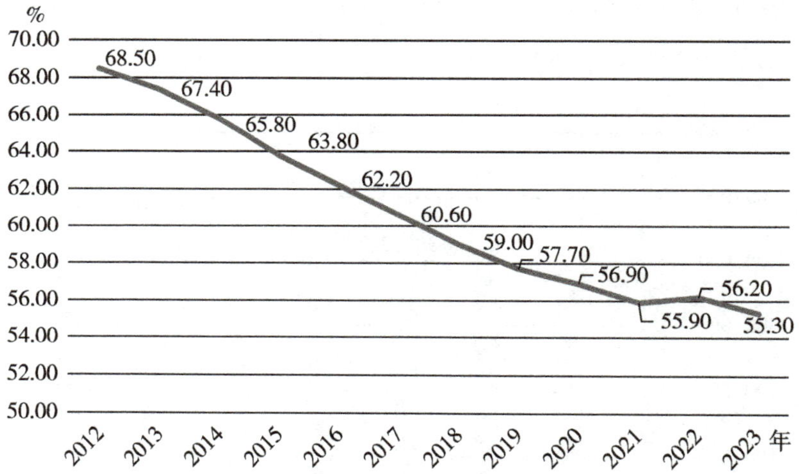

图4-2 煤炭消费占能源消费总量的比重

数据来源:国家统计局。

---

① 数据来源:国家统计局数据,载国家统计局官网,https://data.stats.gov.cn/easyquery.htm?cn=C01;《中华人民共和国2023年国民经济和社会发展统计公报》,载国家统计局官网,https://www.stats.gov.cn/sj/zxfb/202402/t20240228_1947915.html。

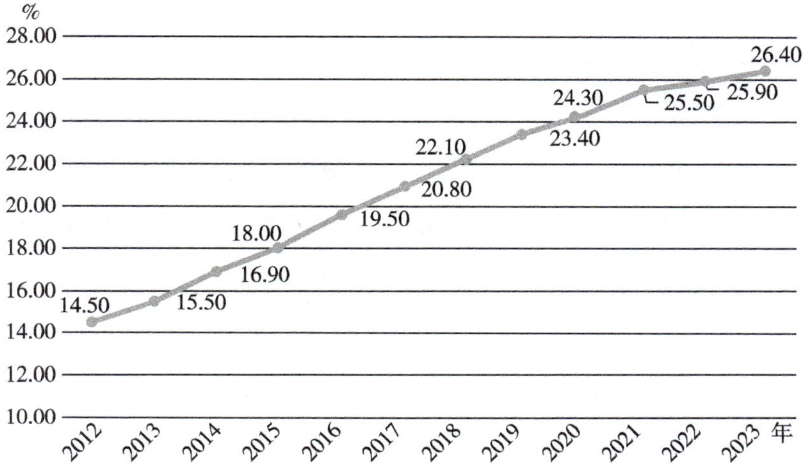

图4－3　清洁能源消费占能源消费总量的比重

数据来源:国家统计局。

三是能源技术创新取得显著进展。在太阳能光伏领域,通过提高电池效率、提高自动化和规模化生产等手段降低成本,使光伏发电更加经济可行。在风力发电技术领域,中国已具备生产大型风电设备的能力,同时海上风电产业已进入规模化开发阶段。在储能技术领域,中国已成为全球最大的锂离子电池生产国。在智能电网领域,智能电网的建设和升级提高了电力系统的灵活性和可靠性,有效整合了可再生能源。此外,中国在碳捕捉、利用和封存(CCUS)技术、氢能、燃料电池以及核能等领域持续进行技术创新,以支持清洁能源的转型,对推动国内能源产业的升级和全球能源转型具有重要意义。

四是能源体制改革进一步深化。在电力市场方面,推进电力体制分离改革和售电侧改革,建立电力交易中心,提高电力交易市场化程度。在油气市场方面,通过放开上游勘探开发限制、组建独立运营的油气管网公司、全面开放油气勘查探采市场、完善油气进出口管理体制以及搭建油气交易平台等措施,推动油气市场的多元化和市场化发展。在煤炭市场方面,通过减少过剩产能、推进煤炭清洁高效利用、完善市场化定价机制、加强行业监管和提升安全生产标准等措施,促进煤炭行业向高端化、智能化、绿色化转型。

五是国际能源合作进一步加强。截至 2023 年 11 月,中国已与 40 个发展中国家签署 48 份气候变化南南合作谅解备忘录。① 通过"一带一路"机制等平台,先后与 90 多个国家和地区建立政府间能源合作机制,②与 30 多个能源类国际组织和多边机制建立合作关系,参与双多边能源合作机制近百项,签署了百余份能源合作文件,与众多国家和地区在能源贸易、投资、产能、装备、技术、标准等领域开展双边能源合作规划。③

六是能源安全及多元化供给体系构建。随着全球能源市场波动加剧和地缘政治风险上升,中国高度重视能源安全问题,坚持把保障国家能源安全放在首位,持续保持"电力稳定可靠、油气底线可保、煤炭压舱兜底、新能源高质量跃升"的良好态势。积极构建并完善煤、油、气、核、可再生能源

---

① 参见《中国积极推动应对气变南南合作受到各方高度评价》,载中国政府网,https://www.gov.cn/yaowen/liebiao/202312/content_6919265.htm。

② 参见国家能源局:《我国已与 90 多个国家、地区和国际组织建立能源合作机制》,载央视网,https://energy.cctv.cn/2023/05/26/ARTIcdAd3IrOeDQejbnlrPXG230525.shtml。

③ 参见《"一带一路"能源国际合作报告(2023)》,载微信公众号"中能传媒研究院"2023 年 9 月 21 日,https://mp.weixin.qq.com/s/hlXz_vdjMUdW5axp5T8ajg。

多轮驱动的能源供应体系，减少对单一能源的依赖。

2. 能源行业的发展趋势

2023 年年底召开的《联合国气候变化框架公约》第 28 次缔约方大会（COP28）达成的“阿联酋共识”，呼吁各国采取多项行动，以达成《巴黎协定》所设定的将 21 世纪全球升温幅度限制在1.5℃以内的总体目标。根据国际可再生能源署发布的《2023 年世界能源转型展望》，[①]要实现上述目标，在未来 7 年内全球要增加 7.2 太瓦可再生能源发电能力，而目前的数据显示，可再生能源发电能力升级速度远远不够。因此，清洁、低碳、智能化的新能源应用必然是能源行业发展的主要方向。

在清洁化方面，以煤炭为代表的传统能源在中国能源消费结构中占据主要地位，在中国能源供应体系中发挥“稳定器”的作用，促进煤炭清洁高效可持续开发利用是煤炭革命的主旨。在低碳化方面，2020 年中国提出了碳达峰、碳中和的“双碳”目标，即“二氧化碳排放力争于 2030 年前达到峰值，努力争取 2060 年前实现碳中和”。作为实现“双碳”目标的核心政策工具之一，中国于 2021 年正式启动全国碳排放权交易市场，截至 2023 年年底，碳市场累计成交量达到 4.4 亿吨，成交额约 249 亿元。[②] 2024 年 1 月，自 2017 年暂停的全国温室气体自愿减排交易市场（CCER 市场）重启，与碳市场相互衔接、相互配合。在智能化方面，2023 年国家能源局印发了

① *World Energy Transitions Outlook* 2023，IRENA（Feb. 27，2024），https://www.irena.org/Digital-Report/World-Energy-Transitions-Outlook-2023.

② 参见《全国碳排放权交易市场表现平稳向好》，载国务院新闻办公室官网，http://www.scio.gov.cn/live/2024/33350/fbyd/202402/t20240227_834655.html。

《关于加快推进能源数字化智能化发展的若干意见》,文件指出,推动数字技术与实体经济深度融合,赋能传统产业数字化智能化转型升级,是把握新一轮科技革命和产业变革新机遇的战略选择,要求以数字化智能化技术加速发电清洁低碳转型、支撑新型电力系统建设、带动煤炭安全高效生产、助力油气绿色低碳开发利用、加快能源消费环节节能提效,以新模式新业态促进数字能源生态构建。

3. 能源行业发展面临的问题

中国是最大的能源进口国,地缘政治变化导致的全球能源供应短缺和价格波动是中国能源安全最大的挑战。另外,基于能源安全和气候变化的考虑,在传统能源的发展基础上,新能源是未来中国能源发展的重点,贯穿能源发展的各个环节,但是新能源生产的稳定性不足、消费场景的空间距离较大等问题,会带来储能与消纳的矛盾。而能源行业发展面临的问题与能源行业的投资、交易以及纠纷的产生有着密切的关联。

(二)能源投资交易发展概况

能源涵盖的领域广泛,可以根据不同标准作出不同分类,本章为研究方便,根据碳排放权主要的购买方和出售方对能源生产行业进行区分,将能源行业主要区分为传统能源行业(包括煤炭、石油、天然气、电力行业)和可再生能源行业(包括清洁能源的风能、太阳能及其他可再生能源)。二者在投资开发阶段和生产经营阶段的投资交易模式呈现出不同的特点,如与传统能源行业相比较,可再生能源行业的投资交易模式更加灵活,更加关注技术创新与模式创新等。在生产之外,能源行业还包括下游服务商如电网类输电配电企业、能源设备供应商、节能项目服务商等各类主体。近年来,随着能源管理要求的提升,碳交易权、绿证等促进能源使用低碳化转型的交易市场也成为能源行业的重要组成部分。以下从能源领域的投资交易模式、低碳转型的市场交易机制和能源投资交易发展趋势三个方面进行阐述。

1. 能源领域的投资交易模式

(1)传统能源领域交易模式

传统能源领域尤其是石油、天然气方面,一般需要巨额的前期投资,且投资周期长,回报时间也较长。投资风险一方面涉及价格波动,价格波动通常由资源枯竭和技术更新换代等因素引起;另一方面受政策和法规等因素(如环保法规、能源政策、政治因素等)影响较大。由于传统能源通常受到政府的严格监管,政府可通过调整政策、调整定价等手段影响能源价格和分配,导致该行业从投资到贸易阶段均存在较高不稳定性。在中国,传统能源行业往往呈现较高的垂直整合程度,即同一家公司可能同时拥有勘探、生产、运输和销售等多个环节的业务。能达到该等整合程度的企业,往往为大型国有企业,这也在一定程度上限制了市场的开放程度和竞争格局。

基于传统能源行业的特点,交易各方往往更注重稳定性、风险分担等因素,交易文本呈现长期性、风险共担性特征,常见的交易模式如表4-1、表4-2所示:

表4-1 传统能源行业投资开发阶段的常见模式

交易模式	主要内容		
	主体	操作方式	特点
联合经营模式	企业之间	通过合资协议约定,按照各方的风险承担能力和投资能力,确定各方的投资比例、收益分配、风险分担和经营管理等事项	各方权利义务,以协议约定为准
EPC模式[1]	企业之间(发包方与总承包人)	设计、采购、施工一体的总承包模式,适用于规模较大且包含大量基础设施建设的项目,建成后向发包方交付建设成果	(1)固定总价模式 (2)总承包人不拥有工程所有权,专注于项目的建设和交付,不涉及投资或运营
BOT模式[2]	政府(或国有企业)与企业之间	通常用于基础设施和公共设施的建设,企业负责投资建设,并通过运营收费回收投资,运营期满后将设施移交给政府或原业主	此模式涉及项目的投资、建设、运营以及所有权的转移
PSC模式[3]	资源国政府(或国有企业)与外国企业之间	此模式已成为国际石油合作中的主流模式,即资源国拥有矿产资源的所有权,而外国企业通过承担前期勘探、开发和生产作业的投资工作与资源国政府或石油公司进行合作	(1)资源国将开采风险转嫁给外国企业; (2)分成比例是核心内容,此模式允许外国企业利用生产出的产品(如原油、天然气等)进行成本回收和获得产品分成

〔1〕EPC模式即工程总承包模式(Engineering Procurement Construction,EPC)。
〔2〕BOT模式即建设—经营—转让模式(Build-Operate-Transfer, BOT)。
〔3〕PSC模式即产品分成合同(Product Sharing Contract, PSC)。

表 4－2 传统能源行业生产经营阶段的常见模式

交易模式	主要内容		
	主体	操作方式	特点
LTA 模式[1]	企业之间或企业和政府之间（能源供应商和购买方之间）	此模式通常涉及某种形式的持续关系，合同期限可能从几年到几十年不等，供应商承诺在合同期内按照约定条件向购买方供应特定数量的能源	(1)通常用于确保长期稳定的能源供应； (2)通常涉及一些形式的价格或服务保证，保护一方免受市场波动的影响
ESCO 模式[2]	企业之间（能源企业和节能服务公司之间）	节能服务公司通过与能源企业签订节能服务合同，为客户提供包括能源审计、项目设计、项目融资、设备采购、工程施工、设备安装调试、人员培训、节能量确认和保证等一整套的节能服务	(1)节能服务公司从能源企业进行节能改造后获得的节能效益中收回投资和取得利润； (2)能源企业用未来的节能收益获得目前的节能服务
ESG 模式[3]	企业和政府之间	企业承诺并履行在能源开发和运营过程中的环境保护和社会责任	有助于企业可持续发展，获得投资和长期竞争优势

〔1〕LTA 模式即长期协议模式（Long-Term-Agreement，LTA）。
〔2〕ESCO 模式即节能服务公司模式（Energy Service Company，ESCO）。
〔3〕ESG 模式即环境、社会和治理（Environmental、Social & Governance，ESG）。

(2)可再生能源领域交易模式

可再生能源的投资模式主要趋向于技术密集型，注重研发和创新，且随着技术进步和成本下降，经济性逐渐提高。但由于资源相对分散，项目规模可能相对较小，分布广泛，且更加分散，因而驱动了更多信息技术在资源配置上的运用和发展,带动了如能源互联网平台交易等新兴业务。目前,中国可再生能源领域的交易模式除沿用传统能源领域的交易模式外,还有如下交易模式较常见,如表4－3、表4－4所示。

表4－3 可再生能源行业投资开发阶段的常见模式

交易模式	主要内容		
	主体	操作方式	特点
EPC＋融资模式	企业之间(业主与总承包商之间)	与EPC模式相比,增加了总承包商参与融资的模式	融资与承包联动,发挥总承包商的竞争优势。但在实践中总承包商往往会要求业主提供回购担保,相关风险仍由业主承担
BOO模式[1]	企业之间(业主与投资方之间)	业主将新能源项目交由第三方专业机构负责,由第三方机构负责建设并运营该项目,并对项目结果负责。以污染治理项目为例,将过去的"谁污染、谁治理"变为"谁专业、谁治理"	(1)基于第三方治理模式建立的一种创新商业模式;(2)业主获得固定收益,投资方承担开发风险并获取超额收益
存量资产并购模式	企业之间(投资方和标的企业之间)	针对已投产的新能源项目或企业实施收购,收购方一般为国有大型企业	通常需要对已投产项目进行尽调,以识别风险和收益

续表

交易模式	主要内容		
	主体	操作方式	特点
预收购模式	企业之间（业主与投资方之间）	针对未建成的新能源项目，投资方在投资时与业主签订预收购协议，待项目建成并实际营运之后再完成收购程序	通常需要业主、EPC总承包方与投资方签订三方投资合作协议作为增信方式

〔1〕BOO模式即建设—拥有—经营模式（Building-Owning-Operation，BOO），包括BOOM模式即建设—拥有—运行—维护模式（Building-Owning-Operation-Maintaining，BOOM）。

表4-4 可再生能源行业生产经营阶段的常见模式

交易模式	主要内容		
	主体	操作方式	特点
直接购电模式	企业之间（电力生产商与电力购买方之间）	电力生产商直接将电力出售给电网公司或大型用电企业，购电协议（PPA）是常见的合同形式	电力购买方一般是国家电网，通过承诺建设完成后预期上网的方式，鼓励企业投资并建设新能源项目
分布式能源交易	企业与用户之间（能源商和终端使用者之间）	能源生产者（如家庭或企业拥有的太阳能光伏板）可以直接将电力出售给邻近的用户，通常通过微电网或智能电网实现供电	通过技术手段优化电力资源配置，较大提升能源使用效率
能源平台交易	企业与交易平台之间（能源项目开发商、交易平台、用户）	能源生产者和消费者通过交易平台或虚拟电厂直接进行交易，平台提供撮合、计量和结算服务	通过信息技术集成数据进行撮合和结算，如能大规模推广可实现能源的高效配置

续表

交易模式	主要内容		
	主体	操作方式	特点
租赁储能模式	企业之间	新能源企业通过共享租赁的方式获得储能设施的使用权,无须各自建设和拥有储能设施	有助于形成统一的储能电站技术标准,但存在出租率不足以及运行衔接复杂等问题

2. 低碳转型的市场交易机制

伴随清洁能源的快速发展,以绿色电力证书、碳交易市场、国家核证自愿减排(China Certified Emission Reduction, CCER)交易为代表的低碳转型交易机制逐渐完备。绿电交易作为绿色电力市场核心机制之一,通过市场化交易手段将可再生能源发电企业直接与需求侧用户连接起来。而碳交易以及作为碳交易市场重要补充的CCER交易,本质上是对企业节能减排的鼓励措施,有助于推动能源企业向低碳转型发展。下面以绿色电力证书、碳交易市场和CCER交易这3种目前最活跃的低碳转型交易机制为例阐述低碳转型的市场交易机制。

(1)绿色电力证书。绿色电力证书(绿证)是国家对发电企业每兆瓦时可再生能源上网电量颁发的具有唯一代码标识的电子凭证,是可再生能源发电量的确认和属性证明,也是消费绿色电力的唯一凭证。绿证证明了一定量的电力是由可再生能源转换产生,而新能源项目开发商则可以通过出售绿证来获得收益。参与的市场主体包括风电及光伏发电企业、电力用户和售电公司、电网企业等。

(2)碳交易市场。碳交易市场通过为碳排放定价,提供了减排的经济激励。企业实际排放量如果低于其配额，可以出售多余的配额；如果排放量超过配额，则需要购买额外的配额或使用碳信用折抵。

(3)CCER交易。CCER交易主要是指对可再生能源、林业碳汇、甲烷利用等项目的温室气体减排效果进行量化核证，并在国家温室气体自愿减排交易注册登记系统中登记温室气体减排量。CCER市场即全国温室气体自愿减排交易市场，从2012年开始运行至2017年3月暂停，并于2024年1月重启。

3. 能源投资交易发展趋势

如前文所述，能源涵盖范围广泛，不同能源领域具有不同的技术特征，因此，能源投资交易的方式呈现多元化和专业化的发展趋势，尤其是随着新能源技术的发展，能源行业的参与主体也更加市场化和多元化。此外，基于环保政策的差异、经济发展的不平衡、资源禀赋的不同等因素，能源投资交易会受到更多国家政策的约束，并且更为国际化。具体而言：

一是市场化程度加深。随着新能源在能源行业占比的逐步提升和政策的支持，能源行业整体的市场化程度不断加深，各类能源企业得以通过投资合作、分布式能源交易、合同能源管理等方式参与能源市场化配置。

二是技术创新加快。技术的进步，尤其是新能源技术如风能、太阳能的快速发展，推动了交易模式的创新。

三是投资主体多元化。能源企业交易模式的参与主体日益多元化，除传统的能源企业外，股权投资基金、能源管理服务商、储能设备租赁商、能源设备生产商、大型工业建设公司等都在积极参与能源行业的投资和并购活动。

四是更容易受到政策和监管环境变化的影响。各国政府对能源行业的政策和监管环境不断作出调整,直接影响了能源企业的交易模式和战略决策。例如,可再生能源的补贴政策、碳排放的限制和交易制度等,都对企业的经营和交易行为提出了新的要求和挑战。

五是国际合作与交易增多。由于不同地域的资源禀赋和能源需求不同,能源企业之间的国际合作和交易也越来越频繁,跨国投资和并购案例不断增加,这不仅促进了技术的国际交流,也推动了全球能源市场的一体化。此外,国家的能源安全与国际政治经济形势紧密相关,国际能源投资交易也不得不考虑地缘政治的影响。

(三)能源立法概况

根据国家能源战略,到2060年中国将力争实现碳中和目标,全面建立绿色低碳循环发展的经济体系和清洁低碳安全高效的能源体系。[①] 中共中央、国务院于2023年12月27日印发《关于全面推进美丽中国建设的意见》,围绕绿色低碳发展、碳排放达峰、生态环境治理等提出发展至2027年和2035年的主要目标,其中多项工作涉及能源安全与生态治理,这些目标或者意见将贯穿今后中国能源法治建设的始终。

中国目前已形成以法律为核心、多种配套法规规章政策为补充的能源法律体系框架,在一定程度上将能源利用与管理纳入了法治化的轨道上

① 中共中央、国务院《关于完整准确全面贯彻新发展理念做好碳达峰碳中和工作的意见》,载中国政府网,https://www.gov.cn/zhengce/2021-10/24/content_5644613.htm。

来,在促进能源利用优化与保护生态环境方面发挥着基础性的作用。

1. 能源基本法立法概况

目前,中国尚未出台能源领域的基本法——能源法。能源法于2005年年底首次启动起草工作,起草牵头部门分别在2007年、2020年向全社会公开征求意见,两次征求意见稿已间隔13年。此后,能源法被纳入国务院2022年度、2023年度立法计划。2024年4月全国人大常委会进行了能源法的第一次审议,立法方面取得突破性进展。

除能源法外,国家能源局也将《电力法》《可再生能源法》《煤炭法》《国家石油储备条例》《核电管理条例(送审稿)》《石油天然气管道保护法》《电力监管条例》的制修订工作纳入了2023年度工作计划之中,并拟研究起草能源监管条例。这一系列的立法、修法动作,有望改善中国能源领域相关立法较陈旧、重点领域立法尚未完善等问题,为能源领域稳健发展提供更充足的法律制度供给和法律资源支持。

2. 能源部门法立法概况

现行能源部门法可以被分为以下两类:第一,以能源类型为基础的能源部门法。一般而言,能源由传统能源和新能源组成。现行诸多法律规范针对特定类型的能源展开。第二,非以能源类型为基础的能源部门法。

(1)以能源类型为基础的能源部门法

① 传统能源领域法律规范制定概况

在煤炭领域,现行法律规范制定主要包括《煤炭法》《煤矿安全监察条例》《乡镇煤矿管理条例》等。《煤炭法》颁布于1996年,先后经过4次小幅修改,2020年7月发布的《煤炭法(草案)》征求意见稿,新增了安全生产、清洁高效利用、生态修复、市场体系建设、价格机制相关法律规定,删除了鼓励和扶持煤矿发展等与时代发展不符的条款,目前该草案尚未通过审议。

在石油、天然气领域,现行法律规范主要包括《矿产资源法》《石油天然气管道保护法》《城镇燃气管理条例》《对外合作开采陆上石油资源条例》《对外合作开采海洋石油资源条例》等,涉及资源开发管理、管道安全保护、对外合作开采等方面内容。2019年1月,国家能源局提出积极做好石油天然气法的立法研究和起草工作,但行业内对石油天然气法的制定必要性存在分歧,国家能源局印发的《2024年能源工作指导意见》中亦未体现相关立法安排。

在传统电力领域,中国形成了较完善的法律体系,现行法律规范主要包括《电力法》《电力监管条例》《电力供应与使用条例》《电力安全事故应急处置和调查处理条例》《电网调度管理条例》《电力供应与使用条例》《电网运行规则(试行)》等,各地地方性法规在电力行业发展中也起到重要作用。但随着电力体制改革和市场化发展,现行立法逐渐暴露如法律规范缺失、上下位法律矛盾等问题,亟须进一步的完善和发展。国家能源局在《2024年能源工作指导意见》中提出了加快修订《电力法》的目标。

②新能源领域法律规范制定概况

《可再生能源法》是中国新能源领域的核心法律,旨在促进可再生能源的开发利用，提高能源效率，保障能源安全，优化能源结构，为新能源领域的发展提供了基本遵循。此外，新能源领域相关立法还包括《清洁生产促进法》《节约能源法》《循环经济促进法》等与新能源发展密切相关的法律法规。

聚焦细分领域，光伏产业法律规范有《光伏电站开发建设管理办法》等，中国也将进一步制定分布式光伏发电项目管理办法。新型电力中风电产业立法有《风电开发建设管理暂行办法》《风电场改造升级和退役管理办法》等，水电产业法律规范有《水法》《水电工程质量监督管理规定》等，核电产业法律规范有《核安全法》《核电厂核事故应急管理条例》等。氢能产业出台了《氢能产业标准体系建设指南（2023 版）》，生物质能则散见于各政策中。

中国新能源领域法律体系逐步发展，目前尚存在规定较原则化导致操作性不强、管理体制分散降低执行效率、制度设计与市场实际运作之间存在差距、技术发展迅速而立法更新滞后等不足，有待进一步完善。

（2）非以能源类型为基础的能源部门法

随着经济社会的发展，国家不仅对不同类型的能源予以立法调整，还尝试从其他角度制定能源部门法。例如，无论是传统能源还是新能源，许多能源的使用都会产生二氧化碳，因而有必要对碳排放进行规范。碳交易领域的法律规范即典型的非以能源类型为基础的能源部门法。

全国碳排放权交易市场于 2021 年 7 月正式启动上线交易，至 2023 年年底两年半时间，已覆盖的年二氧化碳排放量为 51 亿吨，成为全球覆盖温室气体排放量最大的碳市场。[①] 生态环境部于2020年12月制定《碳排放权交易管理办法(试行)》,并于2021年5月发布配套的《碳排放权登记管理规则(试行)》《碳排放权交易管理规则(试行)》《碳排放权结算管理规则(试行)》等规范性文件,《碳排放权交易管理暂行条例》于2022年被列入制定计划,目前已于2024年1月正式颁布。《碳排放权交易管理暂行条例》从六个方面构建了碳排放权交易管理的基本制度框架,涉及交易主体、交易产品和交易方式、配额分配、配额清缴等内容。

3. 小结

早期的能源法律规范,伴随当时较为传统的能源安全理念,重点解决的是能源的平衡问题,参与主体相对简单,权利与义务规定相对直接。随着市场经济的不断发展和开放程度的不断加深,能源安全的外延不断扩大,加快推进能源立法工作,健全能源高质量发展的制度体系,增强立法的系统性、整体性,以法治手段保障能源安全和促进能源转型,成为综合能源安全观视角下的必由之路。通过制定法律规范与政策措施,明确能源发展方向、促进能源技术创新、优化能源产业结构、鼓励能源国际合作、完善能源法制体系,引导能源领域向着更加可持续、安全和高效的方向发展,确保国家能源供应的稳定性和安全性,同时推动能源结构的优化和效率的提升,推动能源革命。值得注意的是,2021年10月国务院印发的《2030年前碳达峰行动方案》明确了"碳达峰十大行动",并进行了详细具体的部署。

① 参见《全国碳排放权交易市场建设取得四方面成效》,载中国政府网,https://www.gov.cn/xinwen/jdzc/202402/content_6934269.htm。

中共中央政治局2024年4月30日的会议指出,要扎实推进绿色低碳发展。认真实施《空气质量持续改善行动计划》,加强煤炭清洁高效利用和可再生能源消纳利用,持续有力开展“碳达峰十大行动”,加快废旧物资循环利用体系建设。可见,无论是能源发展,还是能源法律规范制定,“低碳”概念都将是核心概念。

值得注意的是,现有能源法律体系框架虽然能够发挥基础性的作用,但是随着新能源的发展,低碳概念在能源立法中的贯彻,油、气、煤、电、新能源等领域的法律将面临被重新审视和修改的情况,再加之统领各大能源领域法律规范的能源法缺位,难免在一定时期内会产生立法不足、单行法之间无法协调等落后于能源投资交易发展实践的问题。以诉讼为代表的纠纷解决机制强调以现行法律作为裁决依据,法无明文规定将很难指导法院审判。而仲裁员中有一批在行业一线从事经营管理和法律服务的专家,比如,能源企业的总法律顾问、能源监管部门和行业协会的法律负责人、为企业投资并购提供法律服务的合伙人、曾参与立法的资深教授法官等,他们不仅具备较高的法律素养,同时也具备对经济生活更加全面的认知和丰富的实操经验,作出的裁决会更符合行业惯例和企业管理实践。因此,在目前的立法状况和背景下,仲裁机构在能源领域的争议解决中将会发挥越来越重要的作用。

（四）能源行业纠纷概况

伴随消费增长、全球能源转型和地缘政治波动,中国能源行业纠纷从案件数量到争议金额均呈现增长趋势,新型能源争议案件不断涌现。此外,中国能源企业的海外纠纷也呈现增多趋势。仲裁在解决此类能源争议中具有显著优势,因此,仲裁机构需要跟踪了解,进而为仲裁用户提供更为专业的争议解决服务。

1. 仲裁机构案件情况数据分析

根据ICSID发布的2023年案件统计数据显示,在2023年新增的57起案件中,23%的案件涉及对石油、天然气和采矿业的投资,12%的案件涉及电力和其他能源,另外在10%涉及建筑和9%涉及运输的案件中,能源企业也有较大占比。[①] 在新发案件中,ICSID仲裁的能源案件占比最大,2020～2023年,各年均超过了1/3;LCIA和ICC仲裁院次之,在10%～20%;贸仲和北京仲裁委员会/北京国际仲裁中心接近10%。[②] 有统计显示,贸仲在2018～2022年共受理1263件能源争议案件,争议金额达人民币132.78亿元,呈现数量及标的额持续走高、国际性日趋明显、涉及新能源领域的案件不断增加等特点。[③] 2023年度,贸仲受理的能源类案件中,除煤炭、石油、天然气等传统能源类型外,风、电、太阳能、核、热等新能源争议数量也在持续增长,特别是随着碳达峰碳中和目标的设立,逐渐出现了碳排放权交易纠纷等新型案件。

能源领域交易往往涉及多国主体,交易过程复杂且需投入大量资金,

---

① See *ICSID Releases* 2023 *Caseload Statistics*, ICSID (Feb. 01, 2024), https://icsid.worldbank.org/news-and-events/news-releases/icsid-releases-2023-caseload-statistics.

② 均根据各仲裁机构网站官方数据或报告整理。

③ 参见《能源争议解决论坛在京成功举办》,载中国国际经济贸易仲裁委员会官网,https://www.ccpit.org/a/20230222/20230222tzvc.html。

一旦产生纠纷将面临复杂局面。2023 年轰动全球的前两大并购案均发生在能源领域，2023 年 10 月美国两大石油巨头先后宣布"历史级别并购"，分别由埃克森美孚以 595 亿美元收购先锋自然资源、雪佛龙以 530 亿美元收购石油生产商赫斯公司。然而在 2024 年 2 月雪佛龙披露，上述收购案可能无法按期完成，主要因涉及圭亚那项目优先购买权，而圭亚那项目牵涉中国海油的权益，中国海油已于 2024 年 3 月 15 日提起仲裁申请。①

2. 能源纠纷类型

能源纠纷包括传统能源与新能源纠纷、不可再生能源和可再生能源纠纷等分类，不同类型的纠纷呈现不同特点。传统能源、不可再生能源的上游企业主要从事原材料的开采，下游企业涉及从生产到最终用户的所有环节，如精炼、加工、分销等；新能源、可再生能源的上游企业通常参与研发，而下游企业主要向最终用户销售和分销。围绕上述环节，根据主体的不同进行区分，能源纠纷的常见类型包括：国家（包括国有实体）与私主体之间的纠纷，以及私主体之间的纠纷。根据权利来源的法律依据不同，又可进一步区分为基于合同的纠纷、基于条约的争端和依据国内法律的非合同类纠纷。基于合同的纠纷往往在合同条款中设有仲裁条款，基于条约的争端和国内法律的非合同类纠纷则适用条约规定和国内法律规定。特别需要说明的是，随着新能源的发展，如下涉及新能源领域的民商事纠纷亦带有能源纠纷的典型特征。

---

① 参见林子：《中国海油回应 600 亿美元收购案变动：已提起仲裁申请》，载新京报网 2024 年 3 月 21 日，https://www.bjnews.com.cn/detail/1711014524129477.html。

EPC(Engineering Procurement Construction)总承包合同纠纷。在新能源项目中,越来越多采用EPC总承包模式。EPC总承包合同具有综合性质,属于一种无名合同,内容涵盖工程设计、采购、施工,甚至融资等法律关系,合同的最终目的是承包人向发包人交付满足使用功能、具备使用条件的工程项目。因此,EPC总承包合同的性质主要为建设工程合同。新能源发电项目属于关系社会公共利益、公共安全的项目工程,依法属于强制招标工程,若未依法履行招投标程序,则EPC总承包合同存在被认定为无效的风险。同时,EPC合同中采购产品的支出占比较大且具有专业技术特征,质量保证周期、产品更换条件和产品售后服务等均不同于一般商品,相关产品质量很可能影响项目后续的运营能力和变现能力并引发纠纷,容易产生产品质量纠纷。此外一个重要的新情况是,由于该传统交易模式往往和融资结合在一起,因此可能呈现金融投资纠纷的特征。

发电量损失索赔纠纷。在新能源项目建设中,光伏、风电等新能源产业主要通过项目建设实现并网发电,但在实践中可能因工程质量、建设工期等引发发电量损失索赔争议。发电收益损失的主体是业主,索赔理由包括因对方违约导致可得利益的损失、因工程质量导致发电量低于预期的损失、因逾期完工导致发电量损失以及无法获取补贴的损失等。在新能源项目并购过程中,光伏、风电等新能源产业的投资方收益来源主要是并购完成后电站发电所得,为了避免因电站项目存在瑕疵或自然原因导致发电量不及预期,收购方往往会要求对方作出担保或承诺兜底,赋予收购方在特定情形下终止收购或要求对方回购的权利。

预收购模式下的纠纷。以光伏、风电项目为代表的部分新能源项目，在核准或备案后并网前不得擅自变更投资主体，因此光伏、风电项目的投资方往往采用预收购模式，即签订预收购合同，约定于项目并网后进行项目股权收购。禁止倒卖新能源项目核准或备案文件或前期支持性文件，是中国新能源项目的一项重要政策。而在新能源项目投产前擅自变更投资主体的行为，通常被认为涉嫌变相倒卖路条。除预收购模式外，新能源领域中的合作开发模式和融资租赁模式因涉及投资主体变化，应及时履行备案或报批手续，否则擅自变更主体将可能面临被取消批文、取消补贴等处罚。风电项目此前采取核准制，2022 年 5 月国家发展改革委、国家能源局联合印发的《关于促进新时代新能源高质量发展实施方案的通知》明确提出推动风电项目由核准制调整为备案制。就光伏项目而言，其虽然采用备案制，但由于预收购协议一般仅约定股权收购的前提条件与基本要求，转让方如违反预收购合同，也仅承担预收购合同项下的违约责任，故收购方无法直接要求股权转让或对股权收益等可得利益主张赔偿。

新能源融资租赁纠纷。融资租赁方式是新能源项目获取融资的一种重要方式。在融资租赁过程中，承租人通常以电站并网后的电费收益作为支付租金及其他费用的资金来源，一旦项目无法取得预期的电费收益，则双方很容易就融资租赁合同的履行产生争议。由于光伏、风电项目具有特殊性，光伏组件、风机本身并不能产生收益，只有建设完成光伏、风电电站后才能取得发电收益，发生争议时通常会对租赁物究竟是组件、风机还是电站以及电站是否完成交付等存在不同认识，以至影响裁判机构对于融资租赁关系的认定。

碳排放权交易纠纷。“碳排放权交易纠纷”于2021年被最高人民法院正式列为民事二级案由“合同纠纷”项下的三级案由。碳排放配额是碳排放权交易市场的交易产品,具有财产属性,可以作为商品在市场上进行交换,持有人可以通过碳排放配额交易获取相应的资金收益。福建省高级人民法院在2021年一起执行案件中以碳排放配额作为企业财产予以执行,执行法院依法冻结被执行公司未使用的碳排放配额10,000单位,并通知被执行公司将被冻结的碳排放配额挂网至福建海峡股权交易中心进行交易,成交款项转入法院账户。该案成为全国首例碳排放权执行案引起社会关注,并被最高人民法院列入11个“司法积极稳妥推进碳达峰碳中和的典型案例”。在最高人民法院公布的其他典型案例中,还包括认定碳排放配额交易平台及交易主体的法律责任、鼓励温室气体自愿减排交易等案例,涵盖了目前碳排放权交易的纠纷点。

3. 能源纠纷的主要成因

能源争议产生的原因与其他民商事争议大致相似,但基于能源稀缺性等因素而具有能源领域特有成因。能源争议的成因复杂多样,涉及经济、政策、技术、环境等多个层面,而争议的发生时间通常与市场变化、政策调整和国际形势紧密相关,在经济波动期、政策调整期、能源转型期、地缘政治紧张期较易引发能源争议。

从国内市场来看,能源纠纷多由能源政策和技术变化引起。这些能源纠纷多集中在私法领域,主要涉及合同的履行和解除、违约与赔偿责任、投融资纠纷、产品质量纠纷、建设工程纠纷、货物所有权归属纠纷、节能效益与节能量核定、能源价格调整争议、市场竞争和反垄断问题、知识产权争议、数据安全与隐私等。因能源政策和技术不断变化,能源争议的表现形式也随之变化,比如,违反ESG(Environmental, Social and Governance,即环境、社会和公司治理)信息披露的赔偿纠纷以及伴随碳权市场的建立,碳排放权交易产生的碳排放配额的分配、交易规则、市场监管等问题的纠纷。

从国际市场来看,能源纠纷的产生还与不同国家和地区之间的市场变化、政策调整和国际形势紧密相关,主要表现为:第一,在能源供应与价格竞争方面,化石能源的地缘政治博弈常常导致国际能源价格的剧烈变化,易在供需交易过程中产生纠纷;第二,在能源安全与运输通道安全方面,各国政府关注能源进口运输安全,尤其是海上战略通道的安全,如霍尔木兹海峡、苏伊士运河等,这些通道的安全问题可能导致能源运输过程中产生纠纷;第三,在新能源技术发展与可再生能源推广方面,随着对气候变化的关注和《巴黎协定》的签署,涉及新能源和可再生能源的技术标准、市场准入、投资政策等方面成为新的纠纷点;第四,在环境政策与气候变化方面,不同国家在减少温室气体排放、环境保护政策上的立场差异,可能导致在国际能源开发和利用上引发争议;第五,在能源投资与基础设施建设方面,跨国能源项目如管道建设、电站建设等,涉及巨额投资和复杂合同,在投资回报、合同履行等环节可能产生纠纷;第六,因国际形势变动(如国际武装冲突)导致能源政策和优先事项需被重新评估,国际能源贸易格局发生变动,继而引发争议。在全球能源治理中,如何通过多边机制和公共外交手段解决能源纠纷,提高能源治理效率和能力,也成为国际社会关注的焦点。

4. 小结

如前所述,由于能源投资交易类型多、法律关系复杂,特别是涉及新能源类型的纠纷,法律关系复杂的同时,新问题较多,利益关系不易理顺,争议问题的出现往往早于法律的发展,或者需要法律进行重新认知和解读。简言之,能源争议呈现类型多、法律关系复杂、新问题多等特点。

目前,能源行业的争议解决,以诉讼方式解决的较多。最近几年,国务院国资委也在积极推进央企之间的谈判调解解决办法。但实际上,考虑能源争议的上述特点,许多能源争议较适合以仲裁方式解决。此外,为避免地方保护主义,国家(包括国有实体)与私主体之间的能源纠纷也更适合使用仲裁方式解决。

二、中国能源行业典型法律争议观察

如前所述,能源类型多、涉及范围广,与能源相关的产业涵盖勘探开发、交易、建设、投融资等方方面面,因此涉及的法律争议亦具有类型多、散点化的特点,较难一一涵盖,故在本部分论述中,主要聚焦能源行业交易领域较有行业特色且在争议解决(包括仲裁)中较为常见的三方面典型争议进行观察分析。

(一)"照付不议"合同的法律争议观察

"照付不议"合同(Take or Pay Contract)是20世纪60年代前后在能源领域,特别是天然气销售市场中逐渐应用、发展起来的一类合同。虽然该类合同在国内天然气贸易、石油销售、电力供应、矿产品开采与冶炼等产业中已有较广泛的应用，但是在中国法下尚未形成明确的法律定义或者被类型化为典型合同，故对其运用场景、法律构造或者法律性质等的认识尚未完全统一，特别是对其性质存在合同义务和违约责任条款两种不同的理解，给相关法律案例的最终认定带来不同走向，两种理解和处理方式各有道理和局限，[①]本部分拟集中于"照付不议"合同的起源——能源领域，观察中国法院和仲裁对该问题的裁判思路。

1."照付不议"合同的介绍

"照付不议"合同，是指含有"照付不议"条款的合同，即合同中约定买方无论是否从卖方处提取货物，都有义务按照双方约定的价格和最低提货数量支付货款。在能源领域，国家能源局于 2014 年发出的《天然气购销合同（标准文本）》第 7 条就对 1 年期以上的合同推荐了"照付不议"条款，其推荐文本为"就交付期内的任一合同年而言，卖方应在交付点销售并交付且买方应提取该合同年的年合同量，并为提取的和未提取的天然气付款。双方进一步约定，对于上述买方已付款但未提取的天然气，买方有权按附件三的约定进行补提"。[②] 其强调的是即使买方未实际享受卖方提供的产品或者服务，买方也必须支付一定款项。

如果仅从文本看，该条款对长期合同的买方施加了绝对性的付款义

① 崔强：《论"照付不议"合同及其法律问题》，载上海市法学会主办、上海国际仲裁中心编：《上海法学研究》集刊 2022 年第 2 卷。

② 《天然气购销合同（标准文本）》，载国家能源局官网，https://www.gov.cn/guowuyuan/2014-03/05/content_2629914.htm。

务,似乎双方的义务严重失衡,但“照付不议”条款有其产生和通常适用的背景。以能源领域为例,在天然气、石油、电力等能源供应中,卖方在项目的前期往往需要投入大量的成本用于勘探、开发、建造生产设施及运输设施等,且整个过程一旦启动便很难停止,能源领域的该等特殊性使卖方从一开始就承担了巨大的风险。“照付不议”条款本质上是卖方向买方分散风险的手段,卖方通过合同对买方设置了无条件、不可撤销的付款义务,无论后续市场环境发生什么样的变化,卖方均可获得持续的合理预期收益。如果没有此等机制,能源领域的卖方可能难以有充分的动力和实力推进勘探开发和项目建设。

本着买卖双方共担风险的原则,“照付不议”条款的特点包括:(1)合同期限较长,一般持续10～20年;(2)约定最低价格限制和最低数量限制;(3)买方照付不议义务具有无条件性和不可撤销性;(4)卖方存在照供不误义务等。

随着商事交易的复杂化,简单的“照付不议”条款已不足以反映交易双方在特定交易中的利益诉求。在实践中,特别是在跨境交易中,买卖双方不断根据其特定利益、谈判地位、市场情况等因素,对典型的“照付不议”合同进行完善,使其能更精准地满足特定交易情境下买卖双方的诉求。“照付不议”合同因此发展出了更精细的设计。

(1)“照付不议量”的校准

在“照付不议”合同约定中,通常当事人都会约定“照付不议量”,随着发展,“照付不议量”通常不是一个简单的定值,而是一个可经校准的公式，比如约定"照付不议量"为一定系数的合同预估购买量，同时需要减去①买方申请提取而卖方未能供应的部分；②卖方供应产品质量不合格的部分；③因不可抗力买方无法提取的部分。

（2）价格回顾机制的引入

价格回顾机制是在中长期的"照付不议"合同中预留价格调整的空间，是指当特定情况发生时，双方可以对已确定的照付不议价格进行"回顾"，即调整或者修改价格。价格回顾机制涉及的条款包括：引发"回顾"的事件、进行"回顾"的程序、对"回顾"后价格的具体要求（如有）、买卖双方无法达成一致时的争议解决机制等。

（3）短提和补提机制的配套

在交易过程中，买方按照"照付不议量"支付合同价款后，提取的数量有可能会低于已实际付款的数量，这便是"短提"。"补提"则是买方后续将未提货部分提出的行为。从卖方视角来看，如果买方短提后，在后续的某个时间点集中补提，必然会造成供给的压力。因此，一般情况下交易双方会对补提的数量（如后续单次可以提供多少量的货物）、期限（短提后在何期限内可以要求补提）、价格（如果补提时的货物价格和目前的货物价格差距过大如何调整）等进行进一步的约定。

"照付不议"合同的前述发展实际上实现了交易双方权利义务的再平衡，但是并非所有的"照付不议"合同都有如此完整的约定，故在中国法下"照付不议"条款的合同性质认定争议仍值得检视。

2.“照付不议”条款法律性质之争:合同义务与违约责任

根据我们的观察,在能源领域,就“照付不议”条款的性质,中国法院的裁判认定为合同义务和违约责任的情况兼而有之;而在贸仲的典型案例[①]中,仲裁庭普遍与国际仲裁中仲裁庭的主流观点一致,肯认“照付不议”的义务为合同第一性义务,而不是违约责任。在当前,中国法对此问题没有明确规定的情况下,两种认定结论各有其合理性,了解其后的裁判理由与法律效果可以为当事人的约定设置提供行为指引,也可为不同法域下的交易各方寻求共识提供基础。

(1)认定为合同义务的裁判理由及法律效果

从贸仲的典型案例看,仲裁庭普遍坚守“照付不议”条款属于合同义务性约定的观点,裁决要求买方按照合同约定支付价款,而不将其作为违约责任条款。

例如,在一起氢气供应服务合同纠纷中,仲裁庭充分阐释了“照付不议”合同的起源,明确指出其已成为国际和国内大宗能源销售和气体供应的一种主要合同形式,在“照付不议”条款下,买方的付款义务是“无条件和不可撤销的”,“具有绝对性”,并且“照付不议”条款的核心理念就是“只要卖方履行了照供不误的义务,即使买方未接收合同项下的产品,也要履行付款义务”,强调这是买卖双方通过合同确定的一种合理安排,具有经济上充分的合理性。基于此,仲裁庭全额支持了申请人(卖方)要求被申请

---

① 案例均已脱密处理。

人(买方)支付月基本费的仲裁请求。

又如,在另一起产品供应合同纠纷中,在被申请人(买方)主张"照付不议"条款属于格式合同时,仲裁庭持否定意见。仲裁庭认为,申请人(卖方)在商业地位上并不具备压倒性的地位,因此不存在合同条款不可修改的情况。被申请人作为多年从事商业活动的商业主体,理应对签署合同的行为承担相应的后果。该案合同项下的条款均由双方协商确定,双方对责任的约定具有对等性,合法有效,不属于格式合同,双方均应当遵守。该案合同涉及的"照付不议"条款是惯例,卖方为长期、稳定地供应产品,前期需要大量资金投入,需要销售一定数量才能实现产品利润。被申请人认可并已按约定向申请人支付"保证购买数量"对应款项,故"照付不议"条款实际对买卖双方具有公平性。

再如,在一起煤气购销合同纠纷中,仲裁庭指出"销售煤气的价款是根据合同申请人(卖方)本应得到的合同利益,为申请人的实际损失"。即价款支付是合同的第一性义务。

从前述认定可以看出,仲裁庭认定"照付不议"条款属于合同义务性约定主要有如下两方面的理由:一方面,充分尊重当事人的合意,认为合同是当事人经过理性协商后作出的合理安排,尽可能减少对当事人约定的干预和调整。作为理性的商主体,当事人已自行将"照付不议"作为合同义务进行约定,并未将之约定为违约责任,对"照付不议"的法律后果是明知和有充分预期的,仲裁庭作为事后的裁判者,没有改变其性质理解的必要性。另一方面,充分尊重此种交易安排的商业背景和行业惯例,即通常而言,之所以约定“照付不议”,是因为卖方前期需要投入大量的资金成本,基于此种背景下当事人作出的商业风险分配没有调整的必要性。

从法律效果看,在认定“照付不议”条款为合同义务条款后,仲裁庭通常都会按照约定全额支持卖方要求买方付款的请求。

我们认为,在能源领域,将“照付不议”条款理解为当事人事先约定触发条件的替代性合同义务,即买方负有当条件触发后的替代性履行义务是最接近“照付不议”条款文义的一种。其英文名称“Take or Pay”中的“Take”和“Pay”就分别对应“付款并且提货”或者“付款但是不提货”。这种观点在合同规定“补提”条款时显得更加具有合理性。“补提”条款下,如果买方暂时付款但未提货,买方可以先将一定量的货物“暂存”在卖方处,后续有需要的话可以补充提货。这时,买方支付的“照付不议”货款本质上是“预付款”,买方虽然现在不提取货物,但是其获得了将来的提货权。此时,买方存在两种选择:付款并且提货,或者付款但是不提货。也有观点认为,如果把“照付不议”条款认定为违约金条款,买方在支付了违约金之后,在原合同下就没有进一步的义务,这显然违背买卖双方建立长期合同的初衷,也将在客观上造成已投入的巨大前期投资的浪费。

相较而言,在能源领域的境外争议中,法院也通常持“照付不议”为合同义务的观点。以美国法为例,“照付不议”条款为替代性履行义务而非违约金条款可以称得上是一个共识。联邦法典层面,根据美国《统一商法典》(Uniform Commercial Code)的规定,违约金条款必须在3个标准下证明是合理的:首先,必须与危害成正比;其次,只有在难以衡量特定违约造成的损失时，才允许适用；最后，只有在没有切实可行的替代补救办法的情况下才能适用。考虑“照付不议”条款无法通过上述合理性试验(reasonable test)，《统一商法典》下“照付不议”的性质只能被解释为合同义务条款。[①] 各州案例法层面，在著名的“Colorado Interstate Gas Company, Inc. v. Chemco, Inc. 案”中，科罗拉多州最高法院明确认为“照付不议”条款属于合同约定的替代履行义务。该法院认为，“对替代履行义务的违约的补救措施是支付相当于剩余履行义务价值的损害赔偿”。因此，买方被要求向卖方支付按照合同约定应支付的全部款项。[②]

(2)认定为违约责任的裁判理由及法律效果

从中国法院的判决看，法院认定“照付不议”条款为合同义务和违约责任的情况均存在，有时在同一案件中，不同层级的法院也会持相反意见。

例如，在一起涉及新能源行业的“加工合同纠纷案”中，卖方为硅片生产商，其在生产硅片的过程中会产生大量切割废砂浆，买方为加工服务商。基于此双方签订 3 份合作供货协议，约定了“照付不议”条款，即卖方提供给买方不少于最低年供应量的用于再生的废砂浆，由买方进行再生处理。如果卖方因自身原因无法达到最低砂浆量，卖方应补足买方的最低年收入；仅当卖方已将全部砂浆供应给买方，同时因市场需求萎缩严重导致卖方年硅片出量低于 400MW 的情况下，卖方可被豁免此最小供应量的义

---

① A. F. Brooke Ⅱ, *Great Expectations: Assessing the Contract Damage of the Take-or-Pay Producer*, 70 Texas Law Review 1469(1992).

② Colorado Interstate Gas Co., Inc. v. Chemco, Inc., 854 P. 2d 1232 (Colo. 1993).

务。随后,因光伏产业动荡,卖方濒临破产,提供的砂浆量远远低于合同约定的数量。买方主张合同为"照付不议"合同,卖方应当按照合同约定补足买方的最低年收入。

一审法院河北省高级人民法院认为,"照付不议"条款中约定的最低供应量是双方真实的意思表示,但考虑双方签订合同时市场状况良好,而随后履约过程中,双方均认可该合同所涉及的行业面临艰难处境。基于此,一审法院认为,如果仍然按照当初签订合同时双方对于实现合同目的期待而设定的最低供应量来要求卖方补足有失公平。对于合同履行过程中出现的非一方过错而发生的如行业艰难等情况导致合同不能如约履行的,双方均有义务共同承担该后果。因此,一审法院判决卖方按照应补足费用的50%支付买方费用。

二审法院最高人民法院则直接明示该约定是违约责任的约定,认为"用户方未能依约向服务方提供足量的废砂浆,因而构成违约,即应当依据合同约定的违约条款向服务方承担相应的违约责任"。在评估了当事人的初始投入、履行期限、直接损失等因素后,维持一审判决,支持服务商赔偿请求金额的50%。

从前述认定中可以看出,一审法院直接以公平性对"照付不议"条款的法律后果进行调整,二审法院则将其性质归为违约责任条款后予以调整。之所以将"照付不议"条款确认为违约责任条款,是因为考虑从实际发生效果来看,在长期合同中设定这样的义务不对等、不公平,一方需承担全部的风险不合理,进而在认定性质为违约责任后,综合考虑投入、履行期限、直接损失等因素以调整损失分担比例。

从法律效果上看，如果“照付不议”条款被认定为违约责任条款，在中国法下会产生如下两种后果：其一，在“照付不议”条款约定的金额过高时，裁判者有权按照实际损失、双方的过错程度等因素酌情调整赔偿金额；其二，在买方不提取货物构成违约的情况下，卖方存在减损义务。换言之，如果卖方不履行防止损害扩大的义务，扩大部分的损害其将无法要求买方赔偿。

(3)小结：以提高预期性为目标的争议解决选择

如前所述，我们认为，两种性质认定各有其道理和局限，有其背后的各自理念和考量，在司法裁判尺度尚未完全统一的背景下，我们建议，作为商事交易的主体，可以根据前述仲裁和司法实践的整体趋势，结合自身交易的情况，通过选择合适的争议解决方式，以提高裁判结果的可预期性。

3.“照付不议”条款相关实操建议

除争议解决方式的选择外，从实务角度，如果各方交易主体希望提高后续个案中“照付不议”条款被认定为合同义务的可预期性，从而减少后续争议的发生，我们建议，可以在条款中增加对等性、可调整性的相关约定。

一是合理设置价格条款，以可变动设置彰显公平性。比如，将价格与随市场变化的统计系数(如消费者价格指数)挂钩，使价格能在一定程度上反映市场的变化。并且，加入价格回顾机制，如当原材料价格变化超出一定范围后，合同价格应根据约定的公式或系数进行相应的调整；或者不利一方有权中止履行合同、要求变更合同约定等。

二是合理设置完善的短提和补提条款,以照供不误彰显权利义务对等性。部分观点认为买方“照付不议”属于合同违约责任条款是因为合同中卖方“照供不误”的性质不明显,如果合同中存在明确的短提和补提的设置,考虑权利义务的对等性,裁判者将“照付不议”条款认定为合同义务的可能性就会增加。此外,可以尝试设置提货权转让条款,允许买方在短提时,将提货权转让给第三方。这种模式可以通过消除两个买家在需求时间上的差异,从而增加买方在市场上的灵活性。例如,中国台湾地区的用气高峰与日本和韩国不同,因此2000年日本、韩国将部分液化天然气供应给中国台湾地区,而中国台湾地区则于2001年将等量的液化天然气返还给日本和韩国。[①] 如果不同商事主体之间可以根据需求高峰的不同自由转让“照付不议”条款下的提货权,可以大大降低争议的产生。当然,提货权转让的成功实现严重依赖客观条件,如果转让方和受让方互相之间在客观上没有能够实现转让的途径,转让条款便并无用武之地。

三是合理设置解除条款,允许在特定情形下解除合同,以增加灵活性。“照付不议”条款实质是当事人在中长期合同下对权利义务作了较昂贵的承诺,依赖双方对未来的准确判断。但市场状况瞬息万变,为避免后续争议过大或者需要承担难以承受的法律后果,建议合理设置合同的解除条款,根据个案交易情况留存适当的解除空间,将合同义务限定在可承受的

---

① 参见黄振中、张晓粉:《浅论国际能源贸易中“照付不议”合同的特点与新趋势》,载《中外能源》2011年第3期。

范围内。

对于仲裁员(仲裁庭)来说,我们认为,“照付不议”条款在能源等特定领域已经是较成熟的实践做法,既有可见于交易文本的对价考量,也有隐于文本之外的特殊行业背景,鉴于此,我们建议仲裁员(仲裁庭)继续坚持与国际实践接轨的做法,尊重当事人对于“照付不议”的约定,不要轻易以“公平原则”干预当事人早已深思熟虑的权利义务安排。

(二)能源产品固定价格条款的法律争议观察

在能源产品及其上下游原材料等的交易中,价格条款是核心条款。一旦价格条款确定,则卖方应当按照约定的价格供应货物,买方应当按照约定的价格支付货款。如果卖方没有按约供货或者买方没有按约支付货款,则通常需要按照约定或者适用法的规定承担相应的违约责任;除非在约定或者法定的框架体系内能够寻找到变动价格或者减免责任的特别事由。

从价格条款的类型看,按照价格是否具有可变动性,可以将条款类型分为固定价格条款、可变动价格条款和混合价格条款(在同一批次产品交易中,约定部分比例的产品适用固定价格;部分比例的产品适用可变动价格)。此3种类型的价格条款机制各有利弊,具有各自的适用场景,由交易各方根据需求选定。

1.固定价格条款的特点及在能源领域的运用场景

在能源领域,固定价格条款即在合同中约定产品交易单价固定或者在涉能源的建设项目中约定交易总价固定的条款,不因市场变化而有所调整。其特点为交易各方在签订协议时即已明确交易产品的具体价格,对于因市场原材料价格大幅波动等带来价格变化的商业风险已提前作了风险分配,在交易合同的具体履行过程中,当事人没有调整的空间。相较可变动价格条款和混合价格条款,采用固定价格条款时,因市场原材料价格上涨的风险由卖方承担;但同时,因市场原材料价格大幅下跌带来的超额利润亦由卖方享有。

固定价格条款在光伏、风电等大型可再生能源建设项目中较为常见。固定价格条款的广泛流行,是能源项目融资需求所推动的。以境外大型新能源电站项目为例,在项目建设中,由于需要大量的资金投入,建设方通常都需要寻求如银行等第三方资助,而可融资性(bankability)是第三方资助者核心考察的内容。为了满足项目具有可融资性的需求,在产出端,建设方通常都会尝试与电力买方签订长期的固定价格的电力供应合同,以尽可能地向提供融资的第三方展现项目具有可预期的稳定现金流;而在成本端,建设方亦倾向采用固定价格模式,或者是上限价格固定模式,向提供融资的第三方展现成本可控性和确定性。

在市场价格较平稳时,采用固定价格条款对于交易双方的履行影响较小,然而当市场价格波动剧烈时,当事人不遵守合同约定的风险逐渐增加。近年来,随着国际局势风云变幻,风险因素逐渐增多,固定价格条款的适用风险逐渐显现,采用固定价格条款不再是一道简单的必选题,而是一道需要深思熟虑的选择题。比如,过去通常采用固定价格条款的可再生能源电力采购协议的交易者也开始逐渐尝试选择阶梯式价格或者可变动价格的方式，以更好地适应价格波动剧烈的市场新常态。①

2. 固定价格条款的识别及法定调整的可能场景

一旦在能源交易中采用了固定价格条款，则任何想调价的一方都较缺乏权利基础。在遵循“契约必须遵守”的法律理念时，一方即使因为履约需要承担高额损失，亦为其自身的选择，通常没有调整的可能性。通过观察贸仲的典型案例，我们注意到，在能源领域，围绕固定价格条款产生的法律问题，通常涉及如下三个方面。

（1）固定价格条款的识别

由于价格条款通常是当事人协商的重点，故交易价格条款的表述千变万化，没有程式。当交易双方发生争议时，仲裁庭首先面临的问题就是识别约定的价格条款是否为固定价格条款。

在贸仲典型案例中，我们注意到，最常见的固定价格条款有两种：一种是直接写明合同单价/总价，不再作具体论述；另一种则通常会明确约定合同价格是固定价格，双方无权调整。对于此两种约定，各方对于合同价格条款属于固定价格条款通常没有争议。但如果合同中约定了价格调整机制，则仲裁庭通常需要先识别该等条款的类型。

以“某氢气供应协议争议案”为例，合同的附件中约定，“价格调整机制：①关于年度调整：每年度按协议约定的价格调整公式进行一次价格调

① *Pricing Structures for Corporate Renewable PPAs*, World Business Council for Sustainable Development (June 7, 2021), https://www.wbcsd.org/resources/pricing-structures-for-corporate-renewable-ppas/.

整;②关于非年度调整:申请人依然可根据实际情况和非其控制事件,以挂号信或电子邮件方式通知被申请人要求调整价格;被申请人在收到调整通知十日内书面确认;如被申请人按前述规定书面通知不接受调整的价格,申请人可以选择以不调整的价格继续供气,或书面通知后立即终止协议并不承担责任”。就该条款的理解,双方产生争议,作为申请人的供应方主张该约定赋予了供应方单方调价权,每年度供应方均有权调整价格,无须采购方同意。而作为被申请人的采购方则主张该条款仅约定了供应方的价格调整建议权,根据双方多年的履约实践,每次价格调整都需要采购方同意,供应方无权单方调整价格。在双方达成一致以前,合同价格仍为原先执行的固定价格。

仅从条款约定看,由于文本中分号设置的模糊性,供应方和采购方的理解均有解读空间。仲裁庭在具体识别时,认为①区分气价年度调整以及非年度调整的商业背景是供用气双方均认为原每季调整一次的做法过于频繁,继而调整为原则上一年一次,但为保障供气方利益,保留了非年度的调价建议权。②区分气价年度调整以及非年度调整,并不是以此表明前者是强制性的,而后者是选择性的;退而言之,如果前者是强制性的,则申请人作为供气方应有义务逐年披露气价构成要素的涨跌情况,无论涨跌都应实行强制双向调整,而不是申请人所称的自己可以选择性调整,而对方必须接受;这不仅与合同约定及形成的交易习惯不符,也违背了正常的商业逻辑和公平原则。③至于双方约定的调价公式,更应该只是一个计算的方法,对于参数选用的合理性及计算结果,对方依然具有复核及表示是否接受的权利。④供气合同在兼顾双方利益平衡的同时,更赋予申请人下列单方选择权并在选择解约后无须承担违约责任:如被申请人按前述规定书面通知不接受调整的价格,申请人可以选择以不调整的价格继续供气,或书面通知后立即终止协议并不承担责任(而被申请人的单方任意解除权,则需要支付违约补偿对价);最终认定合同中有关价格调整机制的约定给予供应方的仅是价格调整建议权,而不是单方调价的权利。

从仲裁庭的前述认定可以看出,识别具体条款的类型并非一目了然,需要遵循一定的方法。在具体识别时,仲裁庭实际遵循了《民法典》第142条第1款①的意思表示解释规则,即首先依据条款的文义进行解释,同时结合条款设置的背景、双方履行的惯例、权利义务的对等性,最终认定合同约定权利的性质为价格调整建议权。

从法律性质上看,设立价格调整建议权仅在固定价格条款机制上提供了协商的可能性,属于一种协商启动机制,法律效果上不具有价格变动的强制力,价格条款本身仍为固定价格的性质,在达成新的合意以前,各方仍应履行约定的固定价格条款。

(2)法定调整固定价格的事由

在确定合同约定价格为固定价格后,当市场价格波动明显,能源产品卖方不予供货或者要求涨价,或者能源项目建设方要求涨价产生法律争议时,承受市场波动损失的一方往往会尝试从适用法的规定里寻求突破固定

① 《民法典》第142条第1款规定:"有相对人的意思表示的解释,应当按照所使用的词句,结合相关条款、行为的性质和目的、习惯以及诚信原则,确定意思表示的含义。"

价格的可能,常见的主张依据包括市场波动构成情势变更,履行会违反公平原则等。从贸仲典型案例来看,仲裁庭普遍严格把握"情势变更"的适用要件,限缩"公平原则"的适用场景,不会轻易突破当事人的约定强制调整价格。

《民法典》第533条规定:"合同成立后,合同的基础条件发生了当事人在订立合同时无法预见的、不属于商业风险的重大变化,继续履行合同对于当事人一方明显不公平的,受不利影响的当事人可以与对方重新协商;在合理期限内协商不成的,当事人可以请求人民法院或者仲裁机构变更或者解除合同。人民法院或者仲裁机构应当结合案件的实际情况,根据公平原则变更或者解除合同。"在能源产品交易中,如果当事人主张市场原材料涨价超出正常商业风险覆盖的范围,主张合同应当调整或者解除,仲裁庭通常会严格区分情势变更与商业风险,从法律规定的情势变更要件入手,逐一与案件事实进行对比,进而认定个案中是否构成情势变更,应否调整价格或者解除合同。

比如,在一起涉及能源设备的买卖合同纠纷中,双方约定"本合同为固定总价合同,合同总价在合同执行过程中是固定不变的,不受通货膨胀、利率、汇率、成本及市场因素等变化的影响",在合同履行中,作为被申请人的卖方主张因原材料价格上涨构成情势变更要求调高价格,作为申请人的买方不予同意,后续卖方没有供货,买方无奈从市场上重新购买了替换产品,并对申请人提出索赔。作为被申请人的卖方主张,合同签订和履行过程中,原材料上涨幅度在30%以上,超出了正常商业风险的覆盖范围,符合情势变更的法定条件，进而要求驳回申请人买方的索赔请求。

仲裁庭在认定本案是否属于情势变更时，将《民法典》第533条的规定详细解构为情势变更的5个构成要件，即①应有情势变更的事实，即合同的基础条件发生了不属于商业风险的重大变化；②情势变更的事实应发生在合同成立之后、合同义务履行完毕之前；③当事人在订立合同时无法预见；④发生情势变更的事实具有不可归责性，即不可归责于合同主体；⑤继续履行合同对于一方当事人明显不公平，并将案件中的合同实际履行情况与构成要件逐一对比，因卖方没有提供证据证明案涉原材料价格上涨30%以上，没有证明在订立合同时无法预计到原材料涨幅30%以上等，最终认定案件不存在情势变更。

事实上，商业风险和情势变更的区分历来是一个难点，两者均表现为客观情势发生变化，存在一定的相似性。司法实践认为，"商业风险属于从事商业活动的固有风险，诸如尚未达到异常变动程度的供求关系变化、价格涨跌等。情势变更是当事人在缔约时无法预见的非市场系统固有的风险"。[①] 如果当事人在约定时即已明确具体风险属于商业风险，则仲裁庭通常会认为当事人已经预料到了该等可能变化，并在个案中将其归入商业

---

① 最高人民法院《关于当前形势下审理民商事合同纠纷案件若干问题的指导意见》（法发〔2009〕40号）第3条规定，人民法院要合理区分情势变更与商业风险。商业风险属于从事商业活动的固有风险，诸如尚未达到异常变动程度的供求关系变化、价格涨跌等。情势变更是当事人在缔约时无法预见的非市场系统固有的风险。人民法院在判断某种重大客观变化是否属于情势变更时，应当注意衡量风险类型是否属于社会一般观念上的事先无法预见、风险程度是否远远超出正常人的合理预期、风险是否可以防范和控制、交易性质是否属于通常的"高风险高收益"范围等因素，并结合市场的具体情况，在个案中识别情势变更和商业风险。

风险。

(3)损失赔偿的范围

通常而言,如果能源产品的卖方违反合同固定价格的约定未予供货或者买方违反约定未予付款,则应当按照合同的约定承担违约责任。如果当事人没有特别约定,在适用中国法律时,根据《民法典》第584条的规定,“……损失赔偿额应当相当于因违约所造成的损失,包括合同履行后可以获得的利益;但是,不得超过违约一方订立合同时预见到或者应当预见到的因违约可能造成的损失”,即需赔偿直接损失以及可得利益,[①]而在确定可得利益时,还应考虑可预见性规则、减轻损失规则、损益相抵规则、过失相抵规则等综合因素。[②]

从损失类型来看,对于直接损失,由于事实因果性上较为直接,当事人对其争议较小,但是如果涉及可得利益,由于还需考虑“可得性”上是否具有确定性,故通常争议较大,更需看个案具体的自由裁量情况。在具体自由裁量实践中,中国司法逐渐总结出差额法、约定法、类比法、估算法、综合衡量法等确定方法。[③] 从能源项目来看,可得利益的具体金额可能会较大,特别是当采购的产品用于大型能源项目时,不排除未来能源项目的利润会被列为可得利益,即一旦违约,如果没有合意特别限制,卖方需承担的

① 可得利益,是指由直接损失而引起的未能获得的利益,参见孙维飞:《〈民法典〉第584条(违约损害赔偿范围)评注》,载《交大法学》2022年第1期。

② 最高人民法院民法典贯彻实施工作领导小组主编:《中华人民共和国民法典合同编理解与适用(二)》,人民法院出版社2020年版,第773页。

③ 最高人民法院民法典贯彻实施工作领导小组主编:《中华人民共和国民法典合同编理解与适用(二)》,人民法院出版社2020年版,第769～771页。

违约责任范围可能远大于卖方恪守约定可能需要承担的损失。

3. 固定价格条款相关实操建议

如前所述,由于大型新能源建设项目等具有融资需要的背景,可以预期,未来固定价格条款仍然会是较为常见的价格约定机制。而在当今市场价格受各类因素影响变动较剧烈的时代,我们建议交易各方在制定固定价格条款时,尝试从如下三个方面入手,完善条款设置。

一是争取在合同中保留一定的价格协商机制,即将固定价格的条款限定在可接受的市场背景中,比如,尝试设置特定情形下的价格自动调整机制;又如约定当市场可比较的产品价格指数或者产品的主要原材料价格指数涨跌幅超过一定幅度时,任何一方均有权协商调整固定价格,如果未能协商一致,则有权终止协议。

二是在设定固定价格条款的同时,充分协商不予调整的事项和因素。比如,当条款中明确约定价格不受产品原材料价格变动影响,则后续即使原材料价格变动剧烈,通常仲裁庭亦考虑双方此前已经理性协商,对该等商业风险进行过分配,适用情势变更的概率会进一步降低。

三是建议在设定固定价格条款的同时,充分协商违约责任的范围,特别是充分商定损失的赔偿范围是否包括间接损失和预期利益,是否需要设定责任上限,避免因市场价格波动承担不能承受的损失风险。

对于仲裁员(仲裁庭)来说,我们建议,除考虑适用法的语境、合同条款的约定以探求当事人订约时的真实意思外,也要充分关注外部环境对行业价格非常规波动的影响,谨慎认定价格条款的类型,适度平衡固定价格条款和情势变更下动态调整的关系,避免在复杂多变的市场环境下,裁决的天平过分倾斜于僵化约束机制中的一方。

(三)新能源产品质保的法律争议观察

随着碳中和目标在全球范围内的持续推进,以光伏、风电等为代表的新能源产品市场广阔、前景可期。2023年全球可再生能源新增装机5.1亿千瓦,中国贡献超过一半。目前,中国光伏、风电产品已经出口到全球200多个国家和地区,累计出口额分别超过2453亿美元和334亿美元。①

新能源行业是新兴后发产业,其产品使用年限通常较长,可靠性和成熟度需要时间检验,平衡和可信赖的质保是促成交易的重要手段。在部分交易合同中,当事人还会留存一定比例的货款作为质保金,以确保卖方履行质保义务。为划清后续供应商或者生产商(合称"卖方")的责任边界,在交易合同中,通常会以质保条款或者专门质保书的方式约定质保事项,以明晰质保期内产品发生质量问题的处置程序、具体责任认定、救济措施等。

目前,新能源产品在市场上逐渐进入运维期,与质保相关的法律争议亦逐渐显现。新能源产品跨境交易较多,而仲裁在跨境争议解决中,在保密性、当事人合意可参与性、后续裁决结果可执行性等方面具有独特的优势,故已成为新能源产品跨境交易的首选争议解决方式。

通过观察贸仲近年来与新能源产品相关的典型案例,我们注意到,仲

① 参见潘慧敏:《2023年全球可再生能源新增装机5.1亿千瓦,中国贡献超过50%》,载国家能源局官网,https://www.nea.gov.cn/2024-01/25/c_1310761971.htm。

裁庭在处理相关争议时，均一致性地充分尊重当事人的合意，在法律适用存在模糊地带时给予当事人再次明确的机会；在具体责任认定时坚持以当事人的合同约定为优先评判基准，在没有约定或者约定不明时结合新能源产品的特点，以所选择适用的法律规定为补充。

1. 典型法律争议焦点和责任认定观察

从贸仲典型案例来看，除买方就产品质保服务不到位、质量问题等单独对卖方提起仲裁外，更多的质保争议场景是在新能源产品卖方要求买方支付货款或者质保金时，买方以产品质量不达标或者未达到付款条件等提出不应付款的抗辩或者提起反请求，进而使产品质量、质保期的起算等问题成为案件的争议焦点。常见的争议焦点及认定如下：

(1) 新能源产品质保期限起算时点的争议及认定

如前所述，有的新能源产品会预留部分货款作为质保金，质保金需等待质保期限届满后再予以支付。而部分交易合同对于质保期限的起算时点约定存在模糊地带，故质保期限的起算时点经常成为争议焦点。

情形一：同一合同约定多种质保期起算日的认定。以“某光伏组件供货合同案”为例，当事人约定预留 10% 的货款作为质保金，待质保期限届满后支付。然而，在合同中，当事人对于质保期的起算时点却有 3 种约定。其一，合同定义条款里约定，质量保证期是指设备到货之日后的 5 年。其二，合同关于质量保修服务保函的注释中约定，担保期为产品安装调试完验收成功之日起 5 年。其三，合同条款中约定，申请人保证从设备正式运转之日起使用寿命不低于 25 年，质保期不少于 5 年。即在合同中，对于质保期限的起算时间，当事人约定了设备到货之日、产品安装调试完验收成功之日和设备正式运转之日3个起算点，而且合同中没有约定如果3个起算点对应的具体日期不同，以何种优先。在该种情况下，仲裁庭结合新能源产品性能需要纳入整体项目的安装调试后才能显现的特点，认为在起算质保期以前，买方应当有机会对设备进行检验，最终认定以设备安装调试验收成功之日为质保期的起算时点。

情形二：多次调试验收下质保期起算日的认定。以光伏组件等新能源产品为例，该等产品后续会纳入整体电站体系，故在有关验收环节上既存在供应设备本身的安装和初步验收，也存在整体项目并网发电的安装和验收，在当事人没有约定以何者为准的情况下，买方经常会主张以电网企业的验收作为质保期的起算时点，以实际延后质保期的届满日。就此种情况，我们观察到仲裁庭更倾向分离产品与项目整体并网的关系，以设备本身的安装调试和验收完成为质保期限起算日，降低卖方的义务因自身不可控的因素始终处于待定状态的风险。

情形三：是否完成验收存在争议的质保期起算日的认定。如果当事人约定了验收成功之日为质保期的起算日，但双方对是否验收成功产生争议，则仲裁庭通常会依据当事人的履行行为来作出判断。比如，在一起涉及能源工程的设备供应案件中，当事人约定付款分3期，首期为交机款，在交货后30日内支付，第二期为验收款，在货物调试运行并最终验收合格后30日内支付，第三期是保固款，在货物质保期结束后30日内支付。双方在履行中，卖方支付了第一、第二期款项，但对是否完成验收产生争议，仲裁庭考虑条款约定的内在逻辑，最终认定买方支付第二期验收款的行为视为已经认可货物验收合格，并将卖方开具第二期款项发票的时间作为质保期限的起算日。

(2)买方主张新能源产品存在质保问题能否对抗卖方的货款付款请求权

我们观察到，在新能源产品交易中，如果付款条件已成就，在卖方要求付款时，买方也经常会以卖方产品质量问题、产品质保服务履行不能等主张拒绝付款或者扣减货款。仲裁庭在认定该等责任时，通常以当事人的合意优先，在当事人没有特别约定时，综合考虑适用法是否赋予买方以拒绝付款或者扣减货款的权利来进行认定。

情形一：合同约定质量问题不影响付款的效力认定。比如，在一起“太阳能电池组件销售合同案”中，卖方要求买方依据销售合同的约定，自提单日起90日内付清90%的余款。买方则主张交付货物存在质量问题拒绝支付剩余价款，但没有提出反请求或者对卖方交付货物存在质量问题提出损害赔偿的要求。仲裁庭综合考虑销售合同中“买方不得以质量问题作为延期或者欠款的理由，所有质量问题将在支付货款之后通过合同规定的正常质保条款另行处理”的约定，当事人选择适用的法律赋予买方的权利中不包含拒绝付款的情况，认定“即使存在质量问题……被申请人不得以此为由拒绝支付价款”。

情形二：质保期内约定卖方的义务为维修，买方自行向第三方购买替代产品的费用是否可以抵扣质保金。这一问题实际涉及合同中关于质保责任承担的内容和范围的约定,同时也需要考察在实际履行中,卖方是否履行了约定的质保义务。比如,在一起"洁净煤气化技术设备买卖合同案"中,对于双方争议的维修的要求,卖方主张的是返厂维修,买方要求更新产品,并在没有获得更新时另行向第三方采购了替代产品,仲裁庭考虑双方对于维修方式没有约定,认定应当按照产品提供方常规方式进行维修,在查明卖方对买方的维修要求始终积极响应的事实后,最终认定对于买方自行更换产品的费用,无权要求卖方承担,不能在质保金中抵扣。

情形三:卖方质保服务可能履行不能时,买方能否行使不安抗辩权暂时不支付货款。如前所述,新能源产品的质保期限较长,如果在质保期间,卖方因自身的经营状况进入破产、重整等程序,后续质保服务可能履行不能时,此时买方主张不安抗辩,暂时不予支付货款存在一定的合理性,但如果卖方后续恢复履行能力,比如,重整计划执行完毕,则买方通常无权再以此为由拒绝付款。

(3)新能源产品分批次供应时,前批次产品出现质量问题后的处理

在新能源产品交易中,有时候产品根据项目整体建设情况分批次提供,在先行供应的批次产品出现质量问题时,后批次的产品可能尚未供应,此时就涉及买方能否以此为由解除合同的问题。仲裁庭通常会根据合同的约定,以及法律规定的合同解除权,认定买方是否有权解除合同。

比如,在一起风电项目的变流器设备买卖合同纠纷中,买方向卖方采购了100套变流器,首批次供货是25套。然而,当25套变流器装机运营后,发生了20余次IGBT功率模块的烧毁,主断路器拉弧烧毁,并附带造

成周围元器件损毁，安装板烧穿等。仲裁庭根据事实查明，最终认定卖方交付的25套变流器存在严重质量问题，频繁产生故障，且卖方无正当理由提前终止质保期，其行为已经构成了根本违约，导致合同目的无法实现，根据有关法定解除的法律规定裁决合同已经有效解除。

在案件中，除产品本身是否存在质量问题的争议外，另一核心争议是卖方是否有权主张质保期已经失效。卖方提出，根据行业惯例，买方操作不当已使质保脱保，故卖方不存在不提供质保服务的违约行为。对此，仲裁庭认为，合同中没有任何关于质保期失效或提前到期的约定；卖方主张根据行业惯例及商业习惯，机器设备的质保期在使用人不当使用时，以及买方的多项非合规行为下已经脱保，亦无任何证据支持；卖方并未证明买方确实存在不当使用行为，亦未证明该等不当使用行为与变流器故障之间存在因果关系；最终认定买方根本违约。对于已交付的货物，仲裁庭根据买方的请求，裁决卖方继续承担质保义务。

(4)小结：合理制定质保约定是新能源产品行业发展的助力器

从前述争议焦点及认定观察可以看出，仲裁庭在裁判质保相关的法律责任时，通常以当事人的约定为基本评判坐标系，在当事人没有约定或者约定不明时，结合行业特点，以法律规定为补充，故如果当事人在事前就可能发生的法律争议约定更为细致，则后续对于裁判结果的可预见性就更强。而就新能源产品行业整体发展而言，详细的质保约定是对买卖双方的共同保护，观察的争议焦点及认定也可为质保约定的重点指明方向，进一步完善的质保约定将成为新能源产品市场拓展的助力器。

2. 争议解决视角下新能源产品标准质保约定的关注重点及完善建议

为了有效平衡买卖双方权责、维护买方期待利益、促进新能源产品的市场接受度,较长周期和具备完备售后体系的质保成为新能源产品的“标配”,而独立质保书或较大篇幅的单独质保条款也成为新能源产品交易文件的重要组成和谈判焦点。考虑中国是新能源产品中光伏组件产品的重要出口国,且光伏组件产品通常具有使用年限长,对长期质保有较高需求的特点,故下文以光伏组件产品的质保为例进行说明。一般而言,如以质保书的方式约定,内容中通常包含产品信息、质保期限、质保范围、质保责任、质保条件、质保服务和免责条款等条款。结合对前述法律常见争议问题的观察,如下条款是重点关注对象:

(1)管辖法及争议解决条款

以光伏组件为代表的新能源产品跨境交易较多,故管辖法与争议解决条款会直接影响质保责任的法律认定。在实践中,标准质保的管辖法和争议解决通常有两种模式:第一种模式是与主销售合同的适用法和争议解决条款保持一致,由于质保问题和合同履行的关联性,此模式有利于争议的统一解决和便宜处理,但问题在于很多国际贸易采用小订单(PO)模式,适用法和争议解决方案未必会规定其中,这样就需要在争议解决时须先明确主合同的适用法,再看质保的法律根据,有很大不确定性,另外,如果买方所在法域对产品质量或买方权益的规定与主销售合同约定的管辖法存在不一致的情况,还会导致法律冲突问题;第二种模式是将质保完全独立处理,即质保的有效性、解释以及各方权利和义务的执行,受产品原始安装地所在国家/地区的法律管辖（但不包括该国家/地区的法律冲突规则），同时排除适用1980年4月11日的《联合国国际货物销售合同公约》（CISG）和其他国际规则，而因质保引起的或与本质保相关的所有争议均应由组件原始安装地点所在国家/地区的普通法院解决，但该处理办法会导致质保争议与履行主合同产生的其他争议的解决规则相互平行，不利于争议的一揽子解决和标准的统一适用。

如观察所示，质保问题的法律责任争议通常不会独立出现，而会在与货款有关的争议中一并被提出，从“一揽子”解决争议的角度，我们更倾向建议约定质保适用的法律和争议解决条款与主合同保持一致，即使因买方所在法域对产品质量或买方权益规定与主销售合同约定管辖法存在不一致，拟采用不同的适用法，亦建议统一争议解决条款，并在跨境交易中采用仲裁方式，以实现争议的“一揽子”解决。

（2）质保参数和时长条款

光伏组件产品质保通常包括产品有限质保和功率有限质保。产品有限质保，是指在产品质保期内不会出现影响组件性能的设计、材料和工艺方面的缺陷，且产品满足使用的相关要求，质保时长一般长达12～15年，部分组件质保时长甚至能够达到25年；功率有限质保又称峰值功率有限保证，是指卖方在其承诺的质保时间内为其组件产品保证产品的功率（以瓦为单位）输出，此类质保时长在25～30年。功率有限质保适用的大前提是功率损失是由材料或工艺上的缺陷造成的，虽然在产品有限质保到期后，不再就材料或工艺的缺陷予以补正，但是仍可就因此造成的功率超衰或过损予以补足。基于组件功率衰减的曲线特点,功率有限质保一般会约定:①在质保期第一年末,衰减不得低于一定比率(一般为1.5%~3%);②此后的每质保周年,衰减不得低于某平均比率(如0.3%~0.5%)。

质保参数是后续检验质保服务是否满足的标准,在设定时,建议卖方以科学测试和模拟推算后可达标准为基础,避免后续因客观上难以满足而承受难以负担的质保责任。

(3)责任限定条款

由于光伏组件产品的质保期限较长,为避免卖方质保责任无限扩大,降低质保责任的不确定性,标准质保约定可以且通常会进一步对适用范围和责任形式加以限定,具体包括:

①强调质保救济的唯一性,即除质保书明示的救济外,卖方不再提供其他补偿或额外救济,除非适用法另行规定且不可约定变更;

②强调质保救济的排他性,即按照标准质保约定的方式和时间所作的缺陷补正,构成卖方向买方或其他最终用户一切责任和义务的完全履行,并视为基于合同、疏忽、严格责任或其他原因之索赔的完全满足;

③强调质保救济的程序合规性,即如因非卖方或其员工、承包商或其他授权的服务提供商所进行的维修或试图进行的维修而导致组件损坏或缺陷,卖方不承担责任;

④强调质保救济的有限性,即对于任何附带损失或间接损失,卖方不承担责任,并且在损害赔偿或其他方面承担的总责任不得超过买方为产品支付的发票金额;

⑤强调质保期限的起算确定性，即明确质保期限的最晚起算期限，比如约定质保期限的起算日期最晚为产品交付买方后一定期限（如6个月）届满之日或产品生产日后一定期限（如12个月）届满之日或组件装运一定期限（如6个月）届满之日，以日期在先者为准；

⑥强调特定情形下质保责任的排除适用或暂时失效，如买方未支付货款、未提供购买证明或产品信息；未遵守卖方在有限质保生效期间的安装手册要求；产品遭受以下任一情形：极热或极端环境条件或此类环境的迅速变化、腐蚀、氧化、未经授权修改或连接、未经授权开启、用未经授权的备件进行维修、意外事故、自然力（如火灾、洪水、暴风雪、飓风、地震、闪电等）、化学产品影响，或者超出生产商合理控制的其他行为（包括但不限于火灾、洪灾等造成的损害）等。

责任限定条款是质保条款中的核心条款，是法律责任认定时仲裁庭关注的重点条款。在具体协商时，建议重点关注适用法是否对责任限定有特别的强制性规定，适用法对于质保的相关概念是否有特别的定义或者用途，以保障约定的有效性，同时避免因概念重合而不知情地被加重责任。

以中国法为例，《民法典》规定了出卖人对交付的标的物有质量瑕疵担保责任，并规定买受人有异议通知的义务，如果怠于在异议期（检验期）内通知的，视为标的物的数量或质量符合约定。而对于质量异议期，《民法典》第621条第2款规定："当事人没有约定检验期限的，买受人应当在发现或者应当发现标的物的数量或者质量不符合约定的合理期限内通知出卖人。买受人在合理期限内未通知或者自收到标的物之日起二年内未通知出卖人的,视为标的物的数量或者质量符合约定;但是,对标的物有质量保证期的,适用质量保证期,不适用该二年的规定。”

根据该规定,如果当事人没有约定检验期限,但有质量保证期的,适用质量保证期,即将质量保证期视为“检验期间”,[①]买受人要求出卖人承担标的物质量瑕疵担保责任的期限可以延长到质保期,而标的物的瑕疵担保责任通常是重于质保责任的,比如,根据《民法典》的规定,如果没有特别约定,该等责任的承担包括修理、重作、更换、退货或减少价款等违约责任。而质保责任可能根据约定仅限于维修和更换。而光伏组件产品的质保期限长达10年以上,如果没有特别关注该条款,未另行约定检验期限,出卖人的责任在无形中是被自行默认加重的。

此外,从避免约定与法定冲突的角度,建议可以在约定中增加法定权利优先条款,即明确质保书不影响买方在其司法领域内就产品所享有的法定权利,且该法定权利优先于本质保书约定的权利。例如,如果买方管辖地区的法律不允许排除或限制间接性/附带性损害,则该管辖地区的法律优先于本质保书适用。

(4)更换产品相关条款

更换光伏组件是常见的一种质保责任承担方式,而约定对被更换产品的处理办法和更换产品对质保期限的影响有助于明确预期,避免卖方因产品的更新迭代陷入提供质保服务的履行不能或者永久性处于需承担质保

---

① 检验期间与质量保证期不等同,其区别可参见崔建远:《论检验期间》,载《现代法学》2018年第4期。

义务的状态。此条款建议包括如下事项：

①更换组件后的质保时间问题，通常约定产品的维修、更换或追加供应的产品均不会导致原保修开始日期的修改，并且原保修的原期限不会延长；

②被更换产品的所有权问题，通常约定被更换的产品将成为卖方的财产并由其处置，除非明确抛弃并授权买方或用户处置；

③被更换产品停止生产的替代办法等，通常约定如果停止生产本保修范围内的产品类型，卖方有权视情况提供同等或更大功率的另一种类型的组件（尺寸、颜色、形状和/或功率可能不同）。

（5）索赔程序条款

索赔程序条款约定了在产品质量或服务方面出现问题时，权利方应采用的具体步骤和程序，能够确保在产品质量或服务方面出现问题时，双方能够按照规定的程序进行操作，保障各自的权益，并尽快有效地解决问题，维护合作关系的稳定性和可预期性。通常的处理程序为：

①声索方应即刻（其认为构成缺陷的两个月内）发出书面通知：具体说明索赔请求、购买凭证及受影响的组件序列号。

②未经卖方书面授权，买方不得自行退回组件；经卖方授权后，买方应在回运时提供安全包装用以确保组件状态不发生变化，并且应为该组件投保。

③卖方承担组件回运的运输费、清关费及其他费用，但不负责拆卸、安装或是重新安装的费用。

④若双方因索赔过程中的技术评估产生争议,则可以请世界一流的国际测试机构测试,该测试对双方均具有约束力,且若测试结果与当事人的请求相反,则该当事人承担技术评估的相关费用。一般会明确列举可选择的检测机构名单。

索赔程序条款为买方提供了行事依据,从观察案例看,如果买方在履行中没有依据索赔程序行使权利,后续又据此主张卖方承担责任的,仲裁庭倾向于不支持买方主张。

总体来说,在质保书形式下,产品的标准质保约定是较为翔实和全面的,质保书是产品产生质量问题争议时,仲裁庭评判责任承担的基本坐标轴。而随着产品技术的不断发展和市场需求的变化,产品质保也在不断优化与创新,部分合同会偏离标准质保约定,形成特制化的质保约定。

3. 质保约定新发展:特制化质保约定及系列缺陷概念的引入

中国在全球光伏发电市场中处于领先地位,而光伏组件产品通常使用时间长,对长期质保的需求高,随着光伏项目的广泛应用,特别是大型集中式电站引入合规要求更高的融资方和战略投资者,对产品的质保要求也越来越高,因此质保条款也随之进入新发展阶段。一方面,有的买方不再满足于卖方提供的统一标准质保,而是提出个性化要求。就此,法律并不限制当事人就单一合同项下的产品质保作出特别约定。只要双方达成合意,该等约定就可以成为质保法律责任确定的特定坐标系。另一方面,在特制化质保约定的发展中,系列缺陷概念逐渐被共同关注,进而成为质保约定的新重点。

特制化的质保需求通常由买方提出，以满足自身项目需求，常见于买方要求更高的技术标准，比如，要求卖方按照制式的产品规格和技术规范承担质保责任；加重卖方的质保责任，比如，要求卖方承担超出贸易术语项下的返运和补货的运费及保险费，甚至要求承担问题组件的安装及拆卸费用，要求卖方提供超过维修、更换和补货等常见责任形式外的退款、降价责任等；增加补正不能的后果，比如，要求增加卖方未在约定期限履行质保义务时，需承担买方寻求第三方维护、修理、替换等费用或予以退款的责任；增加买方在索赔程序中的自主选择权，如选择对买方更友好或更便利的检测机构，或者直接约定由买方指定检测机构。

如前所述，光伏组件产品通常会用于大型项目中，而且质保期通常相对较长，很多问题并不是在组件投入使用后被立即发现，而是在项目运行周期中逐渐凸显。因此，随着大型光伏项目的推进，尤其是融资方和战投方的引入，在协商特制化的质保约定时，业主和承包商越来越关注和警惕组件大面积失灵的问题，从而逐渐引入系列缺陷的概念以及相对独立的解决机制。

系列缺陷是个别缺陷的集体爆发，也是个别缺陷的特殊表现。卖方有义务针对产品个别缺陷提供质保服务需要满足 3 个要件：首先，必须发生在组件的表面或内部；其次，必须由卖方可控制的因素造成，通常包括产品设计、产品制作和产品材料；最后，缺陷将导致组件发生参数偏离，无法满足约定或法定的使用要求。而系列缺陷是上述个别缺陷在数量和时空上的合并发生，也就是在“一定时间内”，“同一组”产品中“连续发生”“同样的”缺陷。这里的“同样的”缺陷是指由同种根本原因造成的缺陷;“一定时间内”是特定的持续时间段,如质保期开始后的前3年或前5年,或者质保期内任意连续10年;“同一组”组件可以约定为每个批次、每个订单的全部组件,也可以约定为买方向卖方购买的全部组件;而“连续发生”则意味着缺陷连续出现并达到临界比例。

从法律后果来看,通常会约定,在触发“系列缺陷”的阈值时,推定整批次产品全损,进而要求卖方对“同一组”的全部产品采取救济措施,承担退货退款责任或者免费更换全部组件并自负安装费用。从法理上看,系列缺陷的概念引入及配套法律后果约定是在特定情形下加重卖方的质保责任。

由于这种责任具有加重性,我们建议,各方在商定条款时要结合实际情况注意如下要点:一是科学设定“系列缺陷”的触发阈值,平衡买卖双方的权利义务;二是要关注“系列缺陷”中“系列”的范围限定,避免过于宽泛或者狭窄的限定;三是卖方要谨慎对待“系列缺陷”发生时的法律效果约定,避免在约定时盲目自信,但是需要责任承担时无能为力;四是要尝试确定“系列缺陷”的认定标准,避免后续对是否属于“系列缺陷”产生争议时缺乏评判标准。对于仲裁员(仲裁庭)来说,我们建议,对于此种行业正在仍处于探索中的法律争议,除考察文本条款的具体约定外,也要充分关注行业实践和普遍做法,包容行业在新问题尝试上的考量不足,平衡交易主体间的利益;贸仲也可以尝试通过匿名化/模拟化典型案例的方式引导行业推动标准质保条款的推广运用,进而推动行业的稳健良性发展。

系列缺陷是涉及产品责任的重大问题，一旦出现，不仅会给卖方带来重大的经济损失，还会降低卖方产品在市场上的声誉。虽然现在发生系列缺陷的案例暂不多见，但随着产品使用进入质保期限中后期，相关法律争议可能会逐渐增多。对于作为生产商的卖方来说，我们建议，要提前关注相关风险及规定，提升产品质量的稳定性，合理预设质保的约定义务，避免未来产品质保责任成为企业良性发展的沉重负担。

三、仲裁在能源争议解决中的优势与展望

（一）仲裁在能源争议解决中的优势

纠纷解决机制是国家治理体系的重要组成部分，纠纷解决系统由诉讼与非诉讼两大类型构成，主要包括诉讼、仲裁和调解等多种方式。市场主体之间的能源纠纷均可以选择采用上述方式解决。在调解方式上，《联合国关于调解所产生的国际和解协议公约》（《新加坡调解公约》）的正式生效，开创了调解在国际商事争议解决中的新时代，这一文件被称为调解领域的"纽约公约"。

此外，最高人民法院《关于审理矿业权纠纷案件适用法律若干问题的解释》等是能源争议领域不容忽视的重要文件。其中，2017 年出台的《国家能源局能源争议纠纷调解办法》，为企业之间发生的属于国家能源局职责范围内的电力、煤炭、石油、天然气、新能源、可再生能源等争议纠纷的解决提供了一种新方式，当事人可以选择调解，也可以通过仲裁或诉讼等方式解决争议。凡是涉及能源局管理范围内的纠纷，尤其是与国企有关的能

源类争议,争议方很大概率会在诉讼、仲裁之外首选调解方式解决。但调解无法解决的争议,仍然会进入诉讼或仲裁程序中。

在能源争议解决中,仲裁的优点不言而喻。仲裁具有专业性强、灵活性高、保密性强、经济高效、独立性强、裁决国际执行力强的优势。

一是专业性强。主要表现为案件由专业的仲裁员审理,从而使裁决更加贴近商业实践。能源纠纷大都有行业特点并涉及大量的专业问题,以贸仲受理的某个能源案件为例,申请人中国A公司与被申请人中国B公司就"中国B公司某变电站项目"的土建和设备安装工程签署EPC合同,约定固定总价并分7次进度款进行支付,其中,合同中的供电义务由谁承担成为争议焦点之一。该案由具有丰富能源领域工作经验和能源纠纷解决经验的仲裁员组成仲裁庭进行审理。对于变电站建设有关的供电责任主体问题,在缺乏法律明文规定的情况下,仲裁庭结合行业特点,从合同约定的价格等条款入手进行分析,认为固定总价中所称的已包含了变电站所涉及的相关政府审批手续申请的费用,仅能合理解释为变电站本身的审批手续的申请费用,不能扩大解释为包括供电事宜在内的费用。可见,此类案件的审理需要仲裁员对供电行业有较深了解,并能够熟练解读合同条款,掌握项目本质。

二是灵活性高。仲裁的灵活性主要体现在其充分尊重当事人意思自治。以能源建设为例,中国是基建大国,电建、油建等领域实力强,在东南亚、非洲甚至欧美发达国家也有大量业务。上述地区的法律制度跟中国不尽相同,法律文化跟中国也存在不少差异,还有部分地区的法律或者司法环境不够完善。对于“走出去”的中国企业来说,在不熟悉的法律环境中解决纠纷存在不少令人担忧之处。因此,在订立能源建设协议时,如采用仲裁的争议解决方式,当事人就可以自由约定仲裁机构(如贸仲在境外设立的分支机构)、仲裁地点、仲裁语言,甚至仲裁规则,通过选定当事人信任的机构和熟悉的方式来解决纠纷,从而避免潜在的法律风险、地域风险。同时,针对能源业务的专业性和技术性等特点,在出现能源争议时,当事人可以选定自己信任的、具有丰富能源实务经验的仲裁员或首席仲裁员,减少裁判者不确定性带来的结果不可预期性,避免裁决脱离商业实践。另外,在代理人的选择上,仲裁对代理人的数量并无限制,当事人可以委托多位代理人,包括参与能源项目建设的员工,共同参加仲裁程序,从而保障自己的最佳利益。

三是保密性强。仲裁不公开审理,这意味着更能保护当事人的商业秘密,避免受意外的舆情影响。能源企业,特别是新能源企业,属于技术密集型企业,很多争议往往会涉及商业秘密或者不希望为人所知经营信息,而不公开审理使当事人更容易把上述信息限定在一定范围内,从而使商业利益得到最大限度保护。另外,能源企业大多是实力强的上市公司或者央企、国企,甚至是政府,更受公众关注,公开审理经常会给这些企业或机构带来意想不到的舆情影响,并被不恰当解读和使用,甚至还可能被竞争对手所利用,对企业投标、投融资等方面产生负面影响,而仲裁的不公开审理,恰恰能够避免受这些潜在的舆情损害。

四是经济高效。首先,仲裁“一裁终局”,能较经济、高效地解决争议,这也是仲裁的基本特征和明显优势。能源争议纠纷大多仅涉及私权的处分,很少涉及公权力以及第三人权利,所期待的裁判结果多为当事人之间商业利益上的取舍和衡量。因此,效率利益在很多情况下要大于其他利益。而仲裁给当事人恰恰提供了这样一种选择,使当事人能够通过“一裁终局”的制度,实现其效率利益,并使各方能够快速走出诉累,回归正常经营状态,获取更大利益。其次,仲裁的高效性本身降低了案件管理成本,仲裁机构的唯一特定性,可以大大降低企业进行案件管理的沟通、时间、经济等成本。最后,仲裁一裁终局意味着因案件发生的总体花费会更低,争议解决中的各类支出,如律师费、保全担保费、公证费、差旅费等,都可以在胜诉的同时得到仲裁庭不同程度的支持。

五是独立性强。仲裁机构不隶属于政府,仲裁也没有地域管辖和级别管辖的限制。如贸仲受理的一起能源争议中,某集团在A市与当地政府就项目合作签署协议并约定争议解决方式是提交贸仲解决,仲裁地点为B市,此种做法即通过事先约定的方式避免相关纠纷在A市解决有可能面临的地方保护等问题。再如,一些中方企业与外国政府或外国国有公司签订与能源资源相关的合作协议,若能够在合作之初选择由中立第三方的仲裁机构仲裁,将有利于中方企业在维权时获得相对公正的待遇。如我国上市公司赣锋锂业旗下控股子公司上海赣锋与Bacanora、Sonora于2024年5月就墨西哥矿产特许权被取消事项,向ICSID提请仲裁程序并已被正式登记。[①] 由此可见,通过选择其他国家/地区、不隶属于任何一方当事人所在地政府的机构以仲裁方式解决纠纷,可以很大程度上避免当地政府的干预、消除案件当事人对于纠纷解决结果的担心。此外,很多仲裁机构在指定仲裁员时都会考虑当事人国籍和仲裁员国籍的因素,加强仲裁独立性。例如,贸仲《国际投资争端仲裁规则(试行)》第 11 条第 3 款规定,除非当事人另有约定或共同选定,独任仲裁员、首席仲裁员和仲裁庭的多数成员不得与当事人具有相同的国籍。

六是裁决国际执行力强。如前文所述,中国能源的生产量和消费量之间存在较大缺口,出于国内需求和对能源安全的考虑,大量能源企业,特别是油气公司会在全球寻找资源,进行投资和交易,交易对手的资产或者权益往往分布在不同的国家或地区,因而许多能源纠纷具有很强的国际性,这些能源纠纷的解决也往往涉及财产的跨国执行。而仲裁裁决一个非常突出的特点就是国际执行力强。中国是《纽约公约》的缔约国,根据该公约,仲裁裁决可以在《纽约公约》缔约方[②]得到承认和执行。简言之,就国际性强的能源纠纷而言,选择仲裁来解决具有很大的优势,因为有关裁决可以得到《纽约公约》的保障。

如前所述,仲裁在解决能源纠纷中虽然具有不可比拟的优势,但仲裁

① 《墨西哥矿产特许权被取消　赣锋锂业提起国际仲裁被正式登记》,载证券时报网 2024 年 6 月 25 日,https://www.stcn.com/article/detail/1240075.html。

② 《状况〈承认及执行外国仲裁裁决公约〉(1958 年,纽约)》,载联合国国际贸易法委员会官网,https://uncitral.un.org/zh/texts/arbitration/conventions/foreign_arbitral_awards/status2,最后访问日期:2024 年 6 月 20 日。

在商业实践中也存在被潜在用户误解或者不理解的情况。比较突出的是一裁终局制度,该制度是仲裁的优点,但同时也被部分潜在用户认为是一种缺点,即失去了二审和再审的监督和纠偏作用。此外,还存在难以溯及未缔结仲裁协议的其他当事方等限制。

针对上述误解,仲裁机构应有针对性地加强宣传解释,或者完善相关制度,消除潜在用户的顾虑。例如,针对一裁终局的问题,应加强宣传,让用户理解“一裁终局”体现的是效率优先的商业原则,是仲裁制度的核心,也是一种优势。同时完善仲裁员的专业分类,以及首席仲裁员的指定或选定规则,让最适合、最能够理解当事人商业活动的仲裁员来参与裁判,提高仲裁裁决的公信力。针对仲裁追加第三方较困难的问题,应提示潜在用户在合同起草阶段,对争议解决方式作统筹考虑。

(二)展望与建议

1. 能源纠纷仲裁解决机制的前景展望

在国际能源投资中,由于政策变化、市场准入限制、合同纠纷等原因,投资者与东道国之间可能产生争端,这些争端往往通过国际仲裁等方式解决。受全球能源革命及绿色转型和地缘政治波动的影响,能源行业纠纷呈现显著增长的趋势,这与能源行业争议具有投资金额大、合作周期长、政策性较强、专业性复杂等特点相关。仲裁机构在解决复杂能源争议方面起到关键作用,上述因素也同时对仲裁机构国际化提出了要求。以贸仲为例,成立近 70 年以来审理仲裁案件约 6 万件,当事人涉及 160 多个国家和地区,涉外案件数量、涉案争议金额、当事人国别数 3 项主要业务指标均居世界前列。贸仲始终致力打造国际一流仲裁机构,目前已拥有来自 145 个国家和地区的 1881 位仲裁员,能够满足各国商事主体仲裁服务需求。[①]

此外,针对能源行业发展带来的新问题新挑战,仲裁机构也在努力跟进并积极探索,以适应能源行业的发展。以涉碳争议为例,碳排放交易体系相对复杂,跨境因素多,涉及气候环境能源类争议可能存在多个争议解决地,争议解决途径和适用法律的选择也多种多样。例如,伦敦能源经纪人协会(The London Energy Brokers' Association)、欧盟气候交易所(European Climate Exchange)选用英国法作为争议解决的实体法律,并选择伦敦法院来解决争议,而美国洲际交易所集团(Intercontinental Exchange,ICE)选择适用美国仲裁协会(American Arbitration Association,AAA)的仲裁规则,纽约商品期货交易所则适用自己的仲裁规则。中国是能源投资和消费大国,故应有相应的阵地和规则来解决能源争议。尤其在新兴能源领域,中国仲裁机构也应积极探索和作为,建立专业高效的能源争议解决机制,吸引更多的国内外用户通过中国仲裁机构解决能源争议,从而提高在能源争议解决领域的机构竞争优势。

2. 完善建议

结合能源投资交易的发展和前景,并着眼发挥仲裁在能源争议解决中的作用和优势,提出以下 4 方面的建议:

---

① 张维:《中国贸促会致力于打造国际一流仲裁机构,所属仲裁机构均获评“全国公共法律服务工作先进集体”》,载法治日报—法治网,http://www.legaldaily.com.cn/index/content/2024-04/29/content_8991022.html。

第一,完善能源领域立法。如前所述,能源行业涵盖范围广泛,投资交易模式多样,煤、电、油气、新能源形态迥异、各具特点,新能源和新投资交易模式亦快速发展,这些特点导致能源部门规定零散,许多涉及新能源、新交易模式或新技术的相关规定尚付阙如或有待完善,能源领域的基本法亦有待推出。因此,有必要完善能源领域的立法。例如,可以加快完善《能源法(草案)》,尽早推出一部能源领域的基本法。能源法自 2005 年年底首次启动起草工作到 2024 年 4 月全国人大常委会进行了第一次审议,间隔将近 20 年时间,可见其背后立法争议的复杂性。而作为具有统领功能的能源法如何处理与煤炭、石油、电力、新能源等部门立法的关系,极具挑战性。此外,如果能源法政策语言过多、过于宏观,则会流于政策宣示功能,失去法律的规则指引功能和裁判功能。法律与政策不同,法律是行业的基本制度,具有长期性和稳定性,因此,能源立法如何弱化或者摆脱政策特征,更多地体现法律的特征,是能源立法过程需要注意的问题。

第二,加强与有关能源行业协会的合作,促进通过仲裁解决能源纠纷。目前,许多能源纠纷并非通过仲裁解决,而是通过谈判、诉讼等方式解决。在某种程度上,这与能源领域有关机构不够了解仲裁有关。实际上,能源纠纷中有很大部分是商事纠纷、投资纠纷。如前所述,在解决这些纠纷中,仲裁具有专业、灵活、经济高效等天然优势;对于大型跨国能源投资和交易纠纷来说,可以通过商事仲裁或投资仲裁等专业方式解决纠纷。因此,有必要推广仲裁在能源纠纷解决中的作用。其中一个有效方法是加强与有关能源行业协会的合作,通过行业协会推广示范仲裁条款(如在有关行业的合同范本中推广仲裁条款),从而吸引更多能源企业选用仲裁方式解决有关纠纷。

第三,吸引更多专业人士进入仲裁员名册,并允许当事人在名册外选择合适的专业人士担任仲裁员。如前所述,能源行业发展迅速,纠纷类型多样且复杂,有关法律规范还有待完善。不熟悉该行业的裁判人士可能难以妥当地解决有关纠纷,在此背景下,允许当事人选择熟悉能源行业、擅长解决能源纠纷的专家来担任仲裁员,无疑对能源纠纷的解决更有裨益;仲裁机构则可以吸纳更多能源领域的专家进入仲裁员名册供当事人选择。但一般而言,仲裁员名册中的仲裁员数量是有限的,仲裁机构的仲裁员若干年换届一次,而且名册中能源领域的仲裁员不一定擅长处理新兴能源领域的纠纷和新型能源纠纷。故在机构仲裁员换届之前,当事人想选择的仲裁员可能不在仲裁员名册里。因此,有必要允许当事人在名册外选择合适的专业人士来解决能源纠纷。这不仅能在更大程度上尊重当事人选定仲裁员的意思自由,还能保障能源领域的纠纷能得到更加专业、高效的解决。实际上,不少仲裁机构允许当事人在名册外选择仲裁员。例如,贸仲允许当事人在名册外选择仲裁员。[①] ICC 仲裁院则不采用仲裁员名册制,允许当事人选定他们认可的人士担任仲裁员。

第四,仲裁机构应建立常态化的研讨机制,凝聚共识,展现仲裁解决能

---

① 参见《中国国际经济贸易仲裁委员会仲裁规则(2024 版)》第 26 条,载中国国际经济贸易仲裁委员会官网 2024 年 7 月 11 日,http://www.cietac.org/index.php?m = Page&a = index&id = 65。

源争议的专业性、确定性和可预期性。如前文所述,在国内天然气贸易、石油销售、电力供应、矿产品开采与冶炼等产业中已有较广泛应用的“照付不议”合同,其在中国法下尚未形成明确的法律定义或者类型化为典型合同,学界与实务界对其运用场景、法律构造或者法律性质等认识尚未完全统一,不同仲裁庭在处理类似案例时会有不同的理解。仲裁机构可以定期或不定期地举办能源争议解决沙龙或论坛,邀请行业专家、仲裁员参加讨论,对仲裁实践中的法律问题进行总结,对争议问题进行讨论并逐步达成共识;或在遵循仲裁保密性的前提下适时出台能源纠纷仲裁案选编。这样做,在促进能源争议解决的确定性和可预期性的同时,也能够给能源行业发展提供良好的建议,有关共识、建议和最佳实践方案可以以规则或者指引等“软法”的形式固定下来,为专业高效地解决能源纠纷提供指引。

任何事物都是相辅相成,协调发展的,纠纷解决方式与行业发展的关系也概莫能外,能源行业选择仲裁的底层逻辑无非是仲裁方式对能源争议解决、能源行业发展更合适。在协调处理仲裁与能源行业的关系方面,仲裁有进一步完善的空间。仲裁应紧跟能源投资交易的变化趋势和实践需要,起到促进行业发展的作用,适应发展,促进发展,与行业共同构建良好的互动关系。

第五章　中国国际商事仲裁司法审查年度述评

本章在收集、整合中国法院裁判文书网、其他互联网以及其他途径公开(截至2024年6月30日)的生效仲裁司法审查裁判文书的基础上,回顾过去一年国际商事仲裁司法审查案件的实践情况,分析相关案件涉及的法律适用问题并从横向、纵向两个维度进行简要评述。

人民法院审理的国际商事仲裁案件主要包括确认仲裁协议效力案件,申请撤销和申请不予执行中国内地(大陆)仲裁机构具有涉外、涉中国港澳台地区因素的仲裁裁决案件,以及申请认可和执行中国港澳台地区仲裁裁决、申请承认和执行外国仲裁裁决案件。2023年6月至2024年6月,人民法院办理国际商事仲裁司法审查案件总量不多,且所涉法律问题相对集中。因此,本章在延续往年所涉法律问题的基础上,重点对新出现的法律问题进行研究。为了便于观察在相同或类似法律问题上认识与方法的承继与发展,本章不可避免地会涉及年度时段之外的相关案件。

一、本年度国际商事仲裁司法审查实践出现的新法律问题及主要裁判观点

(一)关于仲裁协议效力的扩张

仲裁以意思表示为基础。一般而言,仲裁协议仅约束对“仲裁”提出明确意思表示且达成合意的当事方。但是,在一些特定情况下,仲裁协议不仅会约束对仲裁协议的形成构成“要约”与“承诺”意思表示的“原始”当事方,而且可能对其他特定主体产生约束效力。当仲裁协议对其形成合意之外的其他主体产生约束效力时,即会产生仲裁协议效力的扩张问题。中国现行立法并未对仲裁协议效力扩张问题作出明确规定。虽然最高人民法院《关于适用〈中华人民共和国仲裁法〉若干问题的解释》(2008年调整,以下简称《仲裁法司法解释》)第8条、第9条,分别对合同权利义务主体变更以及合同转让情形下的效力扩张问题有所涉及,①并确立了符合一定条件时仲裁协议效力可以扩张至第三人的规则。但是,在实践中,仲裁协议效力扩张问题往往不仅包含纷繁复杂的事实,而且经常涉及相当广泛的法律关系。例如,公司原股东之间的仲裁条款能否约束受让股权之股东、主合同仲裁条款能否约束从合同当事人(主从合同当事人相同与不同的情况兼而有之)、合同保全项下的代位权人是否受债务人与次债务人之

① 《仲裁法司法解释》第8条针对主体合并、分立的情形,承认了新主体自动承受仲裁协议的效力;第9条承认了债权债务转让情形下仲裁协议对受让人有效的原则,除非当事人另有约定、在受让债权债务时受让人明确反对或者不知有单独仲裁协议。

间仲裁条款的约束、保险人是否受被保险人与第三人之间仲裁协议的约束、实际施工人是否受发包人与承包人之间仲裁条款的约束等。从年度司法实践的实证角度观察,对上述相关问题不仅存在认识分歧,实践中的处理方案也存在较大差异。

至于仲裁协议能否概括扩张适用至第三人,理论层面一直存在不同观点。有的观点认为,仲裁协议对非签字方不具有约束力。其理由是:(1)合同的相对性。仲裁协议本身即是一项契约,根据合同相对性原则,无论是主合同中的仲裁条款还是独立订立的仲裁协议书,其效力仅及于签订主合同或协议书的双方当事人。(2)仲裁条款的独立性。仲裁条款是程序性权利,不受支配合同实体权利规则的约束。即仲裁条款与主合同是可分的,它的效力独立于主合同的效力而单独存在。[①] 仲裁条款并不随着主合同的转让而自动移转。

在"上诉人美国某房地产公司与被上诉人南京某房地产开发有限公司(以下简称某房地产公司)、某资本国际集团公司(以下简称某资本公司)、江苏某资产管理有限公司(以下简称某资产管理公司)、上海某投资管理有限公司(以下简称某投资公司)股权转让纠纷案"[②]中,A公司、B公司、美国某房地产公司在案涉合同中约定,三方根据中国原《中外合资经营企业法》和中国的其他有关法规,同意在中国境内合资经营某房地产公司。同时约定,凡因执行本合同所发生的或与本合同有关的一切争议,应提交

① 参见蒋敬业:《论债权转让中仲裁协议的效力》,载《仲裁与法律》2001年第5期。

② 江苏省高级人民法院民事裁定书,(2021)苏民终2289号。

北京中国国际贸易促进委员会对外经济仲裁委员会仲裁解决。后 B 公司将其持有的某房地产公司 20% 的股权转让给某投资公司,美国某房地产公司将其持有的某房地产公司 25% 的股权转让给 C 公司。在此之后,A 公司、C 公司、某投资公司将其持有的某房地产公司的股权全部转让给某资本公司。A 公司后更名为某资产管理公司。江苏省南京市中级人民法院认为,合同的签署主体为 A 公司、B 公司及美国某房地产公司,A 公司现更名为某资产管理公司,某投资公司系 B 公司持有的某房地产公司 20% 股权的受让方,某房地产公司系依据合同成立的目标合营公司,理应作为合同的主体。某资本公司系本案所涉纠纷中全部股权转让的受让方,且某房地产公司、某资本公司、某资产管理公司、某投资公司均同意接受合同中仲裁条款的约束,因此,江苏省南京市中级人民法院认定合同中的仲裁条款对本案当事人均具有约束力,案涉纠纷应当通过仲裁解决。美国某房地产公司提起上诉,理由之一是合同系 A 公司(现名某资产管理公司)、B 公司、美国某房地产公司三方签订,某资本公司、某房地产公司、某投资公司,均非合同的签订方,不应受合同中仲裁条款的约束。江苏省高级人民法院认为,合同签订时,某资本公司、某投资公司并非签约主体,各方也未曾达成一致意思表示。案涉两份《股权转让协议》作为与合同相互独立的合同,其中均明确约定通过诉讼方式解决纠纷。该案当事人之间始终没有达成将股权转让纠纷交由仲裁解决的共同意思表示,故该案不应提交贸仲仲裁。

也有观点认为,仲裁条款可以对仲裁条款的非签字方产生约束力。理由是:(1)合同的相对性是原则,同时也具有例外性。当缔约人与第三人有利害关系时,更准确地说,当向第三人给付是一种本来就应该由缔约人履行的给付时,合同当事人为第三人利益缔约是有效的。[①] (2)仲裁条款的独立性并不否定仲裁条款的扩张性。合同转让,通常是将合同项下的权利、救济与利益一并转让,自然包含合同中含有的仲裁条款的转让。通常而言,在转让合同项下权利义务时,受让人不可能不知道合同中的仲裁条款,如果其未提出异议而签字,就应当承担相应责任。

在"再审申请人某保险股份有限公司广州市分公司(以下简称某保广州分公司)与被申请人某电气股份有限公司(以下简称某电气公司)、一审被告美国某电气公司保险人代位求偿权纠纷案"[②]中,案外人(被保险人)广州某天然气发电有限公司与某电气公司、美国某电气公司签订的《联合循环项目合同》第18条"争端解决"条款载明:"双方因合同产生的或与合同相关的争端应通过友好协商解决。若未能达成一致解决方案,应将争端提交至中国国际经济贸易仲裁委员会(CIETAC)根据国际商会仲裁规则进行仲裁。"某保广州分公司向被保险人赔偿保险金后,依据中国《保险法》第60条的规定提起保险人代位求偿权之诉。原审法院认定,该案纠纷不属于人民法院主管并裁定驳回某保广州分公司的起诉,某保广州分公司向最高人民法院申请再审。最高人民法院认为,《联合循环项目合同》签订时间为2004年9月25日,而案涉保险合同签订于2013年5月31日,某

① 参见王利明:《论合同的相对性》,载《中国法学》1996年第4期。

② 最高人民法院民事裁定书,(2019)最高法民申236号。

保广州分公司在签订该保险合同时应当知道上述仲裁协议的存在,且没有证据证明其对该仲裁协议明确表示反对。原审认定案涉仲裁协议对某保广州分公司具有约束力并认定该案争议不属于人民法院主管,适用法律并无不当。

上述对于仲裁协议效力扩张问题存在的认识分歧和实践差异,凸显了在仲裁司法审查实践中探究具体解决方案的必要性。

在通常情况下,仲裁协议仅约束对某一争议事项达成仲裁合意的"原始"当事方,一般不及于未就争议纠纷作出仲裁意思表示且形成合意的第三方,即仲裁协议一般对第三方不具有扩张效力。仲裁制度的实质,是当事人自愿将他们之间的争议交由中立的第三方——仲裁机构/仲裁庭,由其在法定范围内根据当事人的授权解决当事人之间的争议。仲裁自愿不仅是当事人意思自治原则的集中体现,也是仲裁法的基本原则。当事人自愿形成通过仲裁解决纠纷的合意,是采用仲裁方式解决争议的前提。在司法审查实践中,有些案件仅双方当事人之间存在仲裁协议,第三方并非仲裁协议的当事方。在仲裁庭审理涉及该第三方的纠纷时,由于第三方与其他两方之间并无仲裁协议,仲裁庭无权对第三方涉及的纠纷进行审理并作出仲裁裁决,仲裁庭的管辖权仅限于裁决存在仲裁协议的双方之间的纠纷。例如,在"苏州某房地产开发有限公司(以下简称苏州某房地产公司)与莹某公司股东知情权纠纷管辖权异议案"①中,莹某公司依据合营公司

① 江苏省高级人民法院民事裁定书,(2022)苏民辖终225号。

合同提起诉讼,案涉合同规定,凡因执行本合同所发生的或与本合同有关的一切争议,应提交中国国际贸易促进委员会对外经济贸易仲裁委员会仲裁解决。法院认为,案涉合同系莹某公司与案外人苏州市某开发经营有限公司为成立苏州某房地产公司而签订,苏州某房地产公司并非合同的签约主体。故莹某公司与苏州某房地产公司之间的股东知情权纠纷,不受合同仲裁条款的约束。法院在上述案例中所持的观点与前述"美国某房地产公司股权转让纠纷"案中,江苏省高级人民法院认定的公司原股东之间签订的仲裁条款对新股东不具有扩张效力的观点有异曲同工之处。在坚持仲裁协议约束效力范围限定原则的同时,《仲裁法司法解释》第 8 条、第 9 条在一定程度上突破了合同相对性原则,肯定了特定条件下仲裁协议效力可以及于第三方主体的情形。第 8 条针对主体合并、分立的情形,承认了新主体自动承受仲裁协议的规则。第 9 条承认了债权债务转让情形下,仲裁协议对受让人有效,除非当事人另有约定、在受让债权债务时受让人明确反对或者不知存在单独仲裁协议。该司法解释施行近 20 年间,司法实践不断适用上述规则,认识上不存歧义。但是,合同涉及第三人的实践情形极为复杂,有些情形下的仲裁协议效力扩张问题缺乏理论基础与实践典型案例支撑,成为司法实践中的难点。

例如,在年度司法实践中,再次进入视野的行使保险代位求偿权的保险人是否受被保险人与第三人在保险事故发生前达成的仲裁条款约束的问题。在既有的认识分歧尚未解决这一问题的情况下,又出现了新的认识和解决方案方面的尝试。《九民纪要》第98条[①]对被保险人和第三人在保险事故发生前达成的仲裁协议,对行使保险代位求偿权的保险人是否具有约束力的问题有所涉及。为了最大限度达成共识,《九民纪要》在确立规则时采用了二分法,即区分国内案件与涉外案件,分别明确规则或者刻意留白。对于国内案件,《九民纪要》明确了保险代位求偿权的性质是法定债权转让,并确立了被保险人和第三人在保险事故发生前达成的仲裁条款对保险人具有约束力的一般原则。涉外案件《九民纪要》未予涉及。按照《九民纪要》的表述,将规则暂时留白的主要考虑是,涉外民商事纠纷案件的管辖确定,常与国家主权、司法合作、国际条约和国际惯例等密切相关,相关问题具有特殊性,需要考虑的因素也比较复杂。

鉴于法律、司法解释尚未明确规定,目前在国际商事仲裁司法审查理论层面,对于保险人是否受被保险人与第三人在保险事故发生前达成的仲裁协议约束这一问题一直存在不同认识。

一种观点认为,保险代位受偿权属于法定债权转让,保险人应当受被保险人与第三人之间仲裁条款的约束。例如,在"厦门某供应链管理有限公司(以下简称某供应链公司)与某保险股份有限公司福建省榕城分公司

---

① 《九民纪要》第98条规定:"被保险人和第三者在保险事故发生前达成的仲裁协议,对行使保险代位求偿权的保险人是否具有约束力,实务中存在争议。保险代位求偿权是一种法定债权转让,保险人在向被保险人赔偿保险金后,有权行使被保险人对第三者请求赔偿的权利。被保险人和第三者在保险事故发生前达成的仲裁协议,对保险人具有约束力。考虑到涉外民商事案件的处理常常涉及国际条约、国际惯例的适用,相关问题具有特殊性,故具有涉外因素的民商事纠纷案件中该问题的处理,不纳入本条规范的范围。"

（以下简称某保榕城分公司）申请撤销仲裁裁决案"①中，案外人冠某有限公司（以下简称冠某公司）与某供应链公司签订《国际货运代理协议书》，约定某供应链公司为冠某公司提供国际货物代理服务，其中第3.1条约定，本协议未尽事宜以及履行过程中发生的争议和纠纷，提交贸仲解决。案涉货物运输过程中发生火灾产生损失，冠某公司申请某保榕城分公司进行理赔。某保榕城分公司赔付后依据冠某公司与联合公司签订的《国际货运代理协议书》中的仲裁条款向贸仲申请仲裁。贸仲作出仲裁裁决后，某供应链公司主张案涉裁决应予撤销，理由之一是某供应链公司与某保榕城分公司之间没有仲裁协议。法院认为，虽然某保榕城分公司并非《国际货运代理协议书》的签订主体，但是其作为保险人在赔付保险金后代位取得冠某公司的相应权利，而保险代位求偿权在性质上属于法定债权让与，因此在冠某公司与某供应链公司于保险事故发生之前已经就纠纷解决问题达成了仲裁协议的情况下，保险人可以接受上述仲裁协议并以案涉仲裁协议为依据申请仲裁解决纠纷。

另一种观点认为，保险人并非仲裁条款的签订主体，仲裁条款主要涉及程序性权利，具有独立性且不随债权转让，对保险人没有约束力，除非保险人明确表示同意。该观点在最高人民法院涉外海事仲裁领域涉及保险代位求偿权的绝大部分批复中得到体现。例如，最高人民法院《关于中国人民保险公司厦门市分公司与中波轮船股份公司保险代位求偿纠纷管辖

---

① 北京金融法院民事裁定书，（2022）京74民特2号。

权问题的请示的复函》[①]《关于中国人民保险股份有限公司深圳市分公司诉广州远洋运输公司海上货物运输合同货损纠纷一案仲裁条款效力问题的请示的复函》[②]《〈关于中国太平洋财产保险股份有限公司北京分公司诉北京中远物流有限公司、天津振华国际船舶代理有限公司、尼罗河航运私人有限公司海上货物运输合同保险代位求偿权纠纷所涉仲裁条款效力问题的请示〉的复函》等,[③]不胜枚举。

特别值得注意的是,在本年度述评考察窗口时段,国际商事仲裁司法审查实践中对于此类问题的处理又出现了一种新观点。该观点认为保险人知道或者应当知道被保险人与第三人之间的仲裁条款,其没有明确表示反对,应当认为该仲裁条款对保险人具有约束力。例如,在"上诉人 SK 某半导体(中国)有限公司(以下简称 SK 某中国公司)、某半导体香港有限公司(以下简称某半导体香港公司)、SK 某株式会社(为韩国公司)与被上诉人某保险股份有限公司北京市分公司(以下简称某保北京公司)保险人代位求偿权纠纷案"[④]中,某保北京公司向被保险人联某(北京)有限公司(以下简称联某公司)支付保险赔偿金后依法取得保险代位求偿权,向法院起诉 SK 某中国公司、某半导体香港公司、SK 某株式会社从而向其赔偿。SK 某中国公司、某半导体香港公司、SK 某株式会社提出管辖权异议,认为某保北京公司提交的证据《参与协议》中存在有效的仲裁条款,故该案应由

① 最高人民法院(2004)民四他字第 43 号。
② 最高人民法院(2005)民四他字第 29 号。
③ 最高人民法院(2009)民四他字第 11 号。
④ 江苏省高级人民法院民事裁定书,(2022)苏民辖终 33 号。

仲裁解决。某保北京公司则认为,保险代位求偿权属于法定债权让与,仲裁条款属于程序性条款,其不受仲裁条款的约束。一审法院认为,某保北京公司并非订有仲裁条款的《参与协议》的当事人,其并无仲裁的意思表示,该仲裁条款对其不具有约束力。另外,保险代位求偿权是一种法定债权,保险人依据保险合同取得代位求偿权后,相应的求偿实体权利转移给保险人。《参与协议》中的仲裁条款是当事人为协商解决合同纠纷而订立的,是独立于合同项下权利义务关系的程序性条款,故在某保北京公司明确提起该案诉讼且对管辖异议提出反驳的情况下,该仲裁条款对某保北京公司不具有约束力。SK 某中国公司、某半导体香港公司、SK 某株式会社提出上诉后,江苏省高级人民法院认为,《参与协议》第 4 条"选择法院"条款载明"由本协议引起的或与本协议有关的所有争议应由双方通过友好协商解决。如果上述争议不能通过友好协商解决,任何一方均可将争议提交位于北京的中国国际经济贸易仲裁委员会按照其当时有效的仲裁规则进行仲裁",该仲裁条款系合同双方自愿达成,应认定有效。某保北京公司作为保险人,在赔偿被保险人联某公司的损失后,依据《参与协议》提起本案代位求偿权诉讼,主张某半导体香港公司承担违约责任。根据中国《保险法》第 60 条"因第三者对保险标的的损害而造成保险事故的,保险人自向被保险人赔偿保险金之日起,在赔偿金额范围内代位行使被保险人对第三者请求赔偿的权利"的规定,保险人代位求偿权源于法律的直接规定,属于保险人的法定权利,并非基于保险合同而产生的约定权利。保险人在代位行使被保险人对第三人请求赔偿的权利时,应根据被保险人与第三人之间的法律关系确定管辖。某保北京公司在签订保险合同时应当知道上述仲裁条款的存在,且没有证据证明其明确表示反对该仲裁协议,故其应受《参与协议》中仲裁条款的约束。我们注意到,该案中,法院的处理方案与前述某保广州分公司与某电气公司、美国某电气公司保险人代位求偿权纠纷案[①]中法院的观点相似,都表达了对保险人知晓仲裁条款存在且没有明确表示反对这一因素的关切。这种考察要素视角的改变,与要求保险人“明确同意”仲裁条款已然存在云泥之别。但令人欣慰的是,无论是“明确同意”抑或是“知晓但未反对”,都在单纯的法定债权转让基础之外,十分难得地关注了仲裁协议的意思表示特征和“合意”本质。前述某供应链公司一案,法院文书中亦出现了“保险人可以接受仲裁协议并以其为依据申请仲裁”的表述,这也提醒我们,在“法定债权转让”之外,是否需要以及在多大程度上需要关注保险人的意思表示?保险人的意思表示应当以明示还是默示的方式作出?在明示反对和默示接受之间究竟应当作出怎样的取舍才能更好地兼顾既存的仲裁意愿和身处局外的保险人?如何在高效解决纠纷和尊重当事人真意之间获得优雅的平衡?但无论如何,是“明确表示同意”还是“明知有仲裁协议而没有明确反对”,抑或是谨慎的“可以接受”,都反映了司法审查实践对“意思表示”的空前关切。

综观涉及保险人代位求偿权仲裁协议效力的3种不同观点,第一种观点与第二种观点考虑的角度稍有不同。第一种观点认为,保险代位求偿权

---

① 最高人民法院民事裁定书,(2019)最高法民申236号。

性质上属于法定债权转让,来源于法律的直接规定,无须考察保险人对仲裁的意思表示。第二种观点主要强调仲裁的合意。即仲裁条款的基本要素在于当事人将争议提交仲裁的合意。仲裁条款要能够反映当事人之间通过仲裁解决纠纷的真实意思。因此,确定保险人是否受被保险人与第三者之间仲裁条款的约束依然要考察保险人是否有仲裁的意思表示。第三种观点则采取了一种折中方案,该观点虽然认为保险代位求偿权性质上属于法定债权转让,但是保险人受让债权时对于合同中的仲裁条款可能并不知晓。在这种情形下,应当给予受让人自由表达是否接受仲裁的机会。另外,仲裁条款具有独立性。保险代位求偿权作为一种法定债权转让,属于实体权利义务的转让,不能当然认为包含仲裁条款的转让。因此,在保险代位求偿权实现过程中,被保险人与第三人之间达成的仲裁条款对保险人是否具有约束力,依然需要考察保险人是否具有通过仲裁解决纠纷的意思表示,即使这种意思表示以默示的方式作出。

我们可以在一些基础的问题上面先行取得初步的共识。即保险代位求偿权属于法定债权转让,保险人在赔偿被保险人的损失后,在赔偿金额范围内依法取得被保险人的地位,享有向负有民事赔偿责任的第三人请求赔偿的权利。这种法定债权转让不同于意定债权转让。《仲裁法司法解释》第 9 条规范的是意定债权转让情形下仲裁条款对受让人的效力问题。在意定债权转让的情形下,当事人将合同项下的权利义务转让给第三人,如果合同中有仲裁条款,当合同项下的权利义务向第三人转让后,该第三人有机会知悉合同中仲裁条款的存在并有表达是否接受仲裁的机会。而在法定债权转让的情形下,第三人受让债权来源于法律授权,即使受让人缺乏仲裁的意思表示,基于法律的直接规定,在保险代位求偿权实现过程中,被保险人与第三人之间已经达成的仲裁条款对保险人应当具有约束效力。但是,考虑在多数情况下,保险人在签订保险合同时通常会知晓或者有条件、有可能知晓被保险人与第三人之间仲裁协议的存在,如果有证据证明保险人在知晓仲裁条款存在的情况下,对仲裁条款的约束效力进行了否定的意思表示或者作出了排己限定,似亦应认定该意思表示的效力。如此,基于保险代位求偿权法定债权让与的性质,保险人原则上受被保险人与第三人之间仲裁协议的约束。同时,保险人异议的权利应当得到肯定。这样,在意思表示和法律规定之间,似可取得一种较稳妥的平衡。

再如,在年度司法审查实践中进入视野的建设单位与物业服务人签订的前期物业服务合同中,仲裁条款对业主是否具有约束力的问题。

关于建设单位与物业服务人签订的前期物业服务合同中的仲裁条款对业主是否具有约束力,实践中主要存在如下两种观点。

一种观点认为,前期物业服务合同的仲裁条款对业主当然有效。理由主要是,根据《民法典》第939条的规定,建设单位与物业服务企业订立的前期物业服务合同对业主具有约束力,前期物业服务合同中仲裁条款的约束力当然及于业主。

另一种观点认为,前期物业服务合同的仲裁条款对业主不当然有效,仍应以业主知情且同意为前提。具体理由为:仲裁强调自愿原则,在前期物业服务合同中,需要考虑业主是否具有仲裁意愿,开发商不能代替业主作出选择，亦不适用默示推定当事人接受仲裁管辖。根据《仲裁法司法解释》第9条的规定，债权债务全部或者部分转让的，仲裁协议对受让人有效，但当事人另有约定、在受让债权债务时受让人明确反对或者不知有单独仲裁协议的除外。因此，在业主不知晓前期物业服务合同中的仲裁条款或者明确反对的情况下，仲裁条款对其没有约束力。

根据《民法典》第939条的规定，建设单位依法与物业服务人订立的前期物业服务合同，对业主具有法律约束力。从法理基础来看，由建设单位作为合同当事人签订的前期物业服务合同对之后的业主具有约束力，根源在于其他业主对房地产建设单位所签订的前期物业服务合同的概括承受。业主因购买房产而概括承受前期物业服务合同的权利义务。这种权利义务源于法律的直接规定，而非源于债权债务转让。这与《仲裁法司法解释》第9条关于意定债权债务转让的规定情形不同。从法律条文文义解释的角度来看，《民法典》第939条关于前期物业服务合同对业主具有约束力的规定，并未排除争议解决条款的适用，也未对争议解决条款施加限制条件。根据条文表述的内容可以认为，仲裁条款作为合同条款的组成部分，对全体业主亦具有约束力。从立法渊源来看，《民法典》第939条吸收了最高人民法院《关于审理物业服务纠纷案件具体应用法律若干问题的解释》第1条的相关内容。该司法解释规定："建设单位依法与物业服务企业签订的前期物业服务合同，以及业主委员会与业主大会依法选聘的物业服务企业签订的物业服务合同，对业主具有约束力。业主以其并非合同当事人为由提出抗辩的，人民法院不予支持。"

根据上述司法解释展现的观点,业主购买房产,成为建筑区分所有权人,自动加入对共有部分的共有关系,承受共有物的负担以及物上的债权债务,成为前期物业服务合同的一方当事人。鉴于业主已成为前期物业服务合同的一方当事人,前期物业服务合同中的仲裁条款自然对其具有约束力。

鉴于前期物业服务合同约定了仲裁条款,在实践中,同一物业服务合同的业主或者物业服务人发生物业争议时,时常以对仲裁条款知情与否作为提起抗辩的理由,如果对这一问题不能形成统一认识,则极有可能产生同一合同项下争议部分仲裁部分诉讼的状况,不同的争议解决主体对同类争议的处理结果亦有可能不相一致甚至相互冲突。因此,严格适用《民法典》的规定,不仅有利于高效妥善解决纠纷,亦可保证裁判尺度相对统一。

(二)关于租约仲裁条款并入提单

租约仲裁条款并入提单的问题并不是一个新问题。但是,本考察年度内,有关海事法院、最高人民法院分别围绕此问题就个案再度明确表态,因此,这一问题再度凸显为国际商事仲裁司法审查实践中不可忽视的一个问题。这一问题与仲裁条款效力扩张既有联系又有区别,有单独进行阐述的必要。

所谓的仲裁条款并入,是指将一个合同的仲裁条款,通过另一个合同的明示条款并入另一个合同的内容,进而约束另一个合同的当事人。一般而言,在一个商事合同 A 中存在仲裁条款 C,另一个商事合同 B 的当事人在合同中明确表示 C 成为合同 B 的一部分,这种条款并入并受其约束的意思表示是清晰的，在实践中不会产生争议。仲裁司法审查实践中常见的问题是租约[1]仲裁条款并入提单效力的认定。

根据租约签发的提单，出租人通常具有承运人的法律地位。出租人为使其根据提单对货物运输承担的义务和享有的权利尽可能与租船合同的规定一致，常常在提单中约定援引租船合同某些规定的条款，称为“并入条款”（Incorporation Clause）[2]。例如，典型的并入条款约定，“租约中的所有条款、条件、和免责事项，均适用于本提单，并视为并入本提单”。这样约定的结果，通常是使非租约当事人的发货人或收货人也受租约的约束。

之所以产生提单并入条款的实践方式，是因为租约中的出租人常常又是提单的承运人。即使根据租约和提单本身的规定和签发情况认定提单承运人是承租人，但对货主来说，实际承运人仍然是船东。所以在租船运输中，依据租约签发提单时，船舶所有人具有双重身份；相对非租约当事人的提单持有人而言，船舶所有人是承运人并受提单的约束；相对承租人，其是出租人受租约约束。在提单持有人是承租人的情况下，调整船东和租船

---

① 租约又称租船合同，是出租人和承租人自由达成的协议，各国一般均承认双方对权利和义务的约定。与租船合同提单相应的租船合同可以分为航次租船合同、定期租船合同、光船租赁合同。租约虽然可以并入提单，但并不是所有租约都可以并入提单。租约并入提单仅与航次租船合同有关，并不涉及定期租船合同、光船租赁合同。这是因为，定期租船合同从性质上讲属于船舶租用合同，定期租船合同的出租人仅对承租人负责，双方的权利义务属于船舶租用的约定。定期租船合同和提单不会有大量重合的地方，一般也不会出现矛盾冲突，因而不需要在提单上并入租约条款。光船租赁合同与定期租船合同性质相类似，区别是光船租赁的出租人提供给承租人的船舶不含船员。船长、船员是光船承租人雇佣的，与船东没有雇佣关系。承租人在租期内只是享有船舶的占有权和使用权。因此，也不存在租约仲裁条款并入提单的问题。本章主要阐述航次租船合同仲裁条款并入提单的有关问题。

② 参见司玉琢：《海商法专论》（第2版），中国人民大学出版社2010年版，第112页。

人关系的依据仅限于租约,提单仅作为货物收据,不能作为运输合同的证明。而当提单持有人为非租船人时,船东则受两份合同的约束,船东为避免两份合同的不一致而使自己承担额外风险,往往在根据租约签发的提单中增加“并入条款”,以保护自己的利益。①

在国际海上货物运输中,租约及提单属于不同的运输合同范畴。租约仲裁条款能否有效并入提单是中国海事司法实践中经常遇到的问题,涉及对不同运输合同关系当事人以及不同合同权利义务的界定。有关租约及提单在中国相关法律中均有明确规定,但是涉及租约仲裁条款并入提单的效力问题,中国法律一直没有明确规定。实践中对于该问题的理解和认识不尽相同,裁判结果也不统一。中国《海商法》第95条规定,“对按照航次租船合同运输的货物签发的提单,提单持有人不是承租人的,承运人与该提单持有人之间的权利、义务关系适用提单的约定。但是,提单中载明适用航次租船合同条款的,适用该航次租船合同的条款”。可见,中国《海商法》对租约条款并入提单的效力进行了明确,但是对租约中的仲裁条款能否有效并入提单没有明确规定。租约仲裁条款并入提单后能否约束提单持有人,更是法律争议的焦点问题。

1. 满足约束提单持有人的条件

租约中的仲裁条款最初由出租人与承租人协商签订,承租人与提单持有人是同一人的情况下,显然仲裁条款能够约束出租人与提单持有人。但

① 参见沈晓明:《论提单中的并入条款》,载《法学评论》1996年第2期。

是在承租人与提单持有人不同的情况下,并入提单的租约仲裁条款如果要约束提单持有人,需满足哪些条件则是需要解决的问题。纵观各国与各地区的司法实践,大致有3个条件:第一,租约中的仲裁条款是有效的。一项有效的仲裁协议是租约仲裁条款并入提单、约束提单持有人的前提。如果仲裁条款无效则无须考虑是否并入提单以及约束提单持有人的后续问题。一项有效的仲裁协议需具备以下条件:当事人具备相应的行为能力;当事人仲裁的意思表示真实;提交仲裁的事项具有可仲裁性;仲裁协议的内容合法、采取书面形式等。第二,并入是有效并入。在仲裁条款有效的前提下,租约仲裁条款能否有效并入提单是能否约束提单持有人的重要因素。不同的并入方式、不同的并入措辞在各国与各地司法实践中认定租约仲裁条款并入提单的效力不同。第三,提单持有人的意思表示。租约仲裁条款是出租人和承租人协商仲裁解决海事争议的一种方式。仲裁的灵魂是意思自治。根据《纽约公约》第2条第1项、第2项以及《示范法》第7条第2款的规定,一个能够约束当事人的仲裁协议必须以书面形式订立,并且能从中明确看到同意或无异议的意思表示。

2. 租约仲裁条款有效并入提单后,如何约束出租人与承租人之外的提单持有人

该问题在理论界和司法界均存在不同观点。英美国家基本认可租约仲裁条款并入提单对提单持有人具有约束力。在英国1992年《海上货物运输法》(The Carriage of Goods by Sea Act)第2条第1款第3项中规定,合法的提单持有者应被转让并获得全部涉及运输合同的权利,正如其本人

就是该合同一方的当事人。美国也通过案例的形式认可了租约仲裁条款并入提单对提单持有人具有约束力。

中国《海商法》对租约条款并入提单的效力进行了明确规定。但是,对租约中的仲裁条款能否有效并入提单没有作出明确规定。租约仲裁条款并入提单的效力认定问题长期存在于海事审判实践中。租约仲裁条款并入提单对提单持有人是否具有约束力,在中国海事审判实践中存在肯定与否定两种观点。

肯定观点认为,租约仲裁条款并入提单,能够约束提单持有人。首先,提单并入的租约仲裁条款与并入租约的其他条款性质相同。中国《海商法》第95条已经明确规定了租约条款并入提单的有效性。同样,租约仲裁条款并入提单也可以约束提单持有人。当然,前提是并入的租约仲裁条款及并入过程均有效。其次,根据中国《仲裁法司法解释》第9条的规定,当事人对此问题未作其他约定,则债权债务全部或者部分转让的,仲裁协议对受让人有效;但在受让债权债务时受让人明确反对或者不知有单独仲裁协议的,则仲裁协议对债权债务受让人不产生约束力。因此,租约仲裁条款并入提单,原则上对提单持有人具有约束力,除非提单持有人明确反对或者不知有单独仲裁协议。

否定观点认为,租约仲裁条款并入提单,不能约束提单持有人。主要原因是:首先,租约仲裁条款没有提单持有人的意思表示。仲裁不同于司法审判的一个特点就在于它强调当事人的自愿,即当事人的意思自治。当事人合意的内容包括仲裁事项、仲裁地点、仲裁庭的组成等。非出于当事人的自愿,则会导致仲裁协议无效,仲裁裁决被撤销等法律后果。在通常情况下,租约仲裁条款是承运人事先拟定的格式条款,未经提单当事人协商,不具备双方仲裁合意,故不能约束提单持有人。其次,提单受让人接受提单时未对仲裁条款提出异议不能视为接受。在运输关系中,虽然提单载有仲裁条款,但申请仲裁或约定仲裁显然不属于民事权利,而是属于争端解决方式,是程序性的问题。不能将提单持有人在接受提单时没有对提单仲裁条款提出异议,视为其默示接受或同意仲裁的意思表示。

随着海上货物运输贸易的发展,越来越多的海事案件选择仲裁作为纠纷解决方式,其中租约仲裁条款并入提单的案例也日益增多。从年度司法审查实践的具体案例中可以看出人民法院对该问题的司法判断与价值取向。

首先,租约仲裁条款并入提单必须在提单正面记载,且明确表示并入本提单。在"某特种运输股份有限公司与江苏某重工有限公司海上货物运输合同纠纷案"[①]中,法院认为,虽然涉案海运单背面载明"正面记载日期租约中所有的条款、条件、免责,包括法律适用和仲裁条款,均并入本提单",但涉案海运单正面并无租约并入的相关表述,亦无相关租约的日期、编号、缔约主体等信息而使该租约特定,故涉案《运输合同》及《重大件航次租船合同》未有效并入涉案海运单,不能构成租约仲裁条款的有效并入。因此,该租约仲裁条款对江苏某重工有限公司不具有约束力,南京海事法

① 江苏省高级人民法院民事裁定书,(2022)苏民辖终199号。

院对该案具有管辖权。

其次,不仅提单并入的租约仲裁条款要明确,提单并入的租船合同也要明确。在《关于对广西惠禹粮油工业有限公司与蒂娜航运公司(Tino Shipping Corporation)海上货物运输合同纠纷管辖权异议一案请示的复函》①中,最高人民法院认为,提单持有人不是租船合同当事人,其与承运人之间的权利义务应按照提单条款进行认定。案涉提单为1994年版金康格式提单,虽然提单背面记载"与租约一并使用""运费按照2021年1月27日签订的租约",背面条款记载"提单背面指明日期的租船合同中的所有条款、条件、权利和例外规定,包括法律和仲裁条款,并入本提单",但提单并未载明并入租船合同的具体信息。广西惠禹粮油工业有限公司系提单持有人,仅凭提单上述记载即推定其接受租船合同仲裁条款的依据不足。蒂娜航运公司未能举证证明其与广西惠禹粮油工业有限公司之间存在仲裁协议,其提出的管辖异议,没有事实依据。

前述案例中,人民法院在审查过程中认为,虽然提单背面记载了并入租约仲裁条款,但仲裁条款未明确并入,或者因租约不明确而判定租约仲裁条款不能有效并入提单,这种观点与之前的观点一脉相承。例如,2012年,在《关于原告潮州市亚太能源有限公司诉被告华阳国际海运有限公司、宏州船务有限公司、某保险股份有限公司江苏省分公司海上货物运输合同纠纷管辖权异议请示》②所涉案件中,潮州市亚太能源有限公司因与华阳

① 最高人民法院(2023)最高法民他30号。

② 最高人民法院(2012)民四他字第16号。

国际海运有限公司、宏州船务有限公司、某保险股份有限公司江苏省分公司海上货物运输合同纠纷起诉至北海海事法院；答辩期间，华阳国际海运有限公司、宏州船务有限公司提出管辖权异议。北海海事法院认为，案涉提单为租船合同项下的格式提单，提单正面虽然载明提单和租约一同使用，但并没有明确记载被并入提单的租船合同当事人名称及订立日期，且亚太能源公司也未明示接受涉案租船合同有关仲裁条款，租船合同没有有效并入提单。后该案被报送至广西壮族自治区高级人民法院，该院认为，案涉提单正面所记载的内容没有明示租约中仲裁条款是否并入提单，且并入的租约指向不明，案涉提单正面记载租约并入提单使用，但没有明确合并使用的究竟是哪份租船合同、租船合同当事人及签订日期的具体内容。租约中的仲裁条款对提单持有人不具有约束力。最高人民法院认为，涉案提单为1994年版金康格式提单，提单正面虽然印有“与租船合同一同使用”字样，但既未载明与之一同使用的租船合同，也没有将租船合同仲裁条款并入提单的明确意思表示。租约仲裁条款没有有效并入提单。可见，就租约仲裁条款是否有效并入提单，三级法院认定理由基本一致。如果租约仲裁条款有效并入提单，则提单并入的租船合同必须明确。在2009年的一起案件中，最高人民法院在《关于上诉人武钢集团国际经济贸易总公司与被上诉人福州天恒船务有限公司、被上诉人财富国际船务有限公司海上货物运输合同纠纷管辖权异议请示》①中认为，仲裁条款有效并入提单，此

---

① 最高人民法院(2009)民四他字第36号。

案是人民法院在司法审查过程中极少数承认提单背面仲裁条款有效并入提单的案例之一。之所以承认提单背面仲裁条款有效并入,是因为提单持有人明确承认了该并入条款的效力。

二、本年度国际商事仲裁司法审查实践对既有法律问题与裁判观点的承继与发展

(一)涉外、涉中国港澳台地区仲裁协议准据法的确定

人民法院在办理确认涉外仲裁协议效力案件时,确定仲裁协议效力准据法的依据是《涉外民事关系法律适用法》第18条。根据该条的规定,当事人可以协议选择仲裁协议适用的法律。当事人没有选择的,适用仲裁机构所在地法律或者仲裁地法律。最高人民法院《关于适用〈中华人民共和国涉外民事关系法律适用法〉若干问题的解释(一)》(以下简称《法律适用法司法解释(一)》)第14条(2020年修正后第12条)进一步明确,在仲裁机构或者仲裁地没有约定或者约定不明时,适用中华人民共和国法律认定该仲裁协议的效力。由此可知,确认仲裁协议效力的准据法按照优先等级顺序,依次为当事人协议选择的法律——仲裁机构所在地或者仲裁地法律——中国法律。《涉外民事关系法律适用法》自2011年4月1日起施行。根据中国《法律适用法司法解释(一)》第2条的规定,对于该法实施以前发生的涉外民事关系,人民法院应当根据该涉外民事关系发生时的有关法律规定确定应当适用的法律。就确认仲裁协议效力问题,则应适用《仲裁法司法解释》第16条确定应当适用的准据法。

《仲裁法司法解释》第16条的规定与《涉外民事关系法律适用法》第18条并无实质性差别。根据上述两条规定的原则,当事人约定的法律应优先适用,没有约定或者约定不明时,适用仲裁地法。与《涉外民事关系法律适用法》第18条不同的是,《仲裁法司法解释》第16条虽然未提及仲裁机构所在地法律的适用,但其规定准据法选择的第三顺位为法院地法,在中国法院审理的仲裁协议效力判断案件中,法院地法即为中国法律。此外,在当事人约定的仲裁机构为国内仲裁机构的情况下,"仲裁机构所在地"亦是确定且无争议的。

至于确认涉中国港澳台仲裁协议效力的案件,根据中国《法律适用法司法解释(一)》(2012年公布,2013年施行)第19条(2020年修正后为第17条)的规定,涉及香港特别行政区、澳门特别行政区的民事关系的规范适用问题,参照适用《涉外民事关系法律适用法》的规定。根据最高人民法院《关于审理涉台民商事案件法律适用问题的规定》(以下简称《涉台规定》)第1条,"人民法院审理涉台民商事案件,应当适用法律和司法解释的有关规定。根据法律和司法解释中选择适用法律的规则,确定适用中国台湾地区民事法律的,人民法院予以适用"。《最高人民法院有关负责人就公布〈最高人民法院关于审理涉台民商事案件法律适用问题的规定〉答记者问》中指出,《涉台规定》所称的"选择适用法律的规则",指的是参照适用的涉外民商事关系的法律适用规则,也即冲突规则,包括原《民法通则》第8章以及《涉外民事关系法律适用法》等规定的内容。由此可知,人民法院审理确认涉港澳台地区仲裁协议效力规范适用的案件,均应参照适用涉外案件的相关规定。

就目前仲裁司法审查实践目力所及的商事安排观察,当事人直接在仲裁协议中约定确认仲裁协议应当适用的法律的情况较罕见。因此,司法实践更多依据仲裁地点进行准据法的选择。在“湖北某科技有限公司申请确认仲裁协议效力案”[①]中,湖北某科技有限公司与某诊断股份有限公司签订的《授权协议》第10.2条约定,本协议可能产生的所有争议、争论或分歧应通过仲裁最终解决。仲裁地由提出仲裁方选择,可选择在中国香港特别行政区或者新加坡进行。双方发生争议后,某诊断股份有限公司已在中国香港特别行政区向HKIAC申请仲裁。双方当事人未约定仲裁协议效力适用的法律。根据《仲裁法司法解释》第16条的规定,当事人没有约定适用的法律但约定了仲裁地的,适用仲裁地法律。该案应当根据“提出仲裁方选择”的仲裁地法律判断仲裁条款的效力。某诊断股份有限公司选择在中国香港特别行政区进行仲裁,根据香港特别行政区《仲裁条例》的规定,该案当事人之间存在明确的仲裁合意,且无其他导致仲裁协议无效的情形,案涉仲裁条款应当被认定为有效。

当事人极少就仲裁条款单独进行准据法选择的现状,可能会导致实践部门将合同准据法与仲裁条款准据法“人格混同”的状况。例如,在“申请人上海某信息技术有限公司(以下简称某信息公司)与被申请人某资本有限公司(以下简称某资本公司)申请确认仲裁协议效力案”[②]中,某信息公

① 最高人民法院(2023)最高法民他17号。

② 北京市第四中级人民法院民事裁定书,(2023)京04民特284号。

司请求确认其与某资本公司之间不存在生效仲裁协议。法院查明，某信息公司就某资本公司为某信息公司提供独家财务顾问服务一事与某资本公司进行协商，其向某资本公司发出的 5 月合同文本第 9 条争议解决条款载明，协商不成的，提请北仲仲裁；本协议适用中华人民共和国相关的法律解释。之后，某信息公司与某资本公司就服务费率等问题再次协商，并在 6 月的合同文本第 9 条载明，争议解决条款同 5 月合同文本内容。法院认为，某资本公司的注册地在香港特别行政区，该案为涉外仲裁司法审查案件。《仲裁法司法解释》第 16 条规定："对涉外仲裁协议的效力审查，适用当事人约定的法律；当事人没有约定适用的法律但约定了仲裁地的，适用仲裁地法律；没有约定适用的法律也没有约定仲裁地或者仲裁地约定不明的，适用法院地法律。"该案中，5 月合同文本与 6 月合同文本均在争议解决条款中写明了争议解决机构以及"本协议适用中华人民共和国相关的法律解释"，可以理解为双方对仲裁协议效力审查的法律适用达成一致，且双方庭上均认为适用中国法，法院认为，内地法律应当作为审查该案所涉仲裁协议效力的准据法。

值得注意的是，该案中当事人"协议适用中华人民共和国相关法律解释"，这种约定一般应当解释为是对解决争议实体法律的约定，除非当事人明确约定上述法律同样适用于仲裁条款效力的判断。

在"申请人海南某实业有限公司与被申请人某酒店管理（上海）有限公司（以下简称某上海公司）、某酒店亚太投资有限公司（以下简称某亚太公司)申请确认仲裁协议效力案”[1]中,申请人请求法院确认其与某上海公司签订的《酒店管理协议》《技术协助服务协议》《和解协议》,以及其与某亚太公司签订的《许可协议》中的仲裁条款及争议解决条款无效。法院查明,案涉《酒店管理协议》《技术协助服务协议》《许可协议》中均约定,“除合同约定的情形外,凡双方因本协议或与本协议有关的所有争议、主张或纠纷均应提交中国国际经济贸易委员会(“CIETAC”)根据仲裁开始时其届时有效的仲裁规则(“CIETAC 规则”)予以仲裁最终解决……仲裁地为中国北京”。同时,《酒店管理协议》《技术协助服务协议》《许可协议》中均约定,上述协议及双方之间的关系须遵守中国的法律(成文法或其他),受该法律管辖并依据其解释。《和解协议》约定,“管理协议第 7.2 条(争议解决)应适用于本协议”;“本协议须符合中华人民共和国的法律,并受该法律管辖”。法院认为,根据《仲裁法司法解释》第 16 条的规定,案涉合同均约定了适用于解决合同争议的准据法,但是未约定仲裁条款效力的适用法律。合同约定了仲裁地为中华人民共和国北京市,因此应当适用仲裁地法律。中华人民共和国法律应当作为审查该案所涉仲裁协议效力的准据法。该案中,受案法院准确区分了适用于合同实体争议的法律和仲裁协议效力准据法。

(二)撤销或者不予执行涉外、涉中国港澳台地区仲裁裁决的法律依据

根据中国《仲裁法》第 70 条、第 71 条的规定,当事人提出证据证明涉

---

① 北京市第四中级人民法院民事裁定书,(2023)京 04 民特 98 号。

外仲裁裁决有《民事诉讼法》第 258 条(2023 年修正后为第 291 条)第 1 款规定的情形之一的,经人民法院组成合议庭审查核实,裁定撤销;被申请人提出证据证明涉外仲裁裁决有《民事诉讼法》第 258 条(2023 年修正后为第 291 条)第 1 款规定的情形之一的,经人民法院组成合议庭审查核实,裁定不予执行。《民事诉讼法》(2023 年修正)第 291 条规定,对中华人民共和国涉外仲裁机构作出的裁决,被申请人提出证据证明仲裁裁决有下列情形之一的,经人民法院组成合议庭审查核实,裁定不予执行:(1)当事人在合同中没有订有仲裁条款或者事后没有达成书面仲裁协议的;(2)被申请人没有得到指定仲裁员或者进行仲裁程序的通知,或者由于其他不属于被申请人负责的原因未能陈述意见的;(3)仲裁庭的组成或者仲裁的程序与仲裁规则不符的;(4)裁决的事项不属于仲裁协议的范围或者仲裁机构无权仲裁的。人民法院认定执行该裁决违背社会公共利益的,裁定不予执行。最高人民法院《关于适用〈中华人民共和国民事诉讼法〉的解释》(2022 年修正)第 549 条规定,"人民法院审理涉及香港、澳门特别行政区和台湾地区的民事诉讼案件,可以参照适用涉外民事诉讼程序的特别规定"。上述规定是撤销或者不予执行涉外、涉中国港澳台地区仲裁裁决的法律依据。无论申请撤销还是不予执行仲裁裁决,当事人都应当在上述法律规定的范围内提出主张,人民法院亦应在上述范围内对申请事项进行审查。

在"申请人广州某房地产开发有限公司(以下简称广州某房地产公

司)与被申请人某第十有限公司申请撤销仲裁裁决案”[①]中,广州某房地产公司请求撤销仲裁裁决,其中涉及的两项理由:一是案涉裁决所依据的证据是伪造的;二是案涉裁决适用法律错误。法院认为,该案为涉外仲裁司法审查案件。根据《仲裁法》第70条规定,应当以《民事诉讼法》第281条(2023年修正后为第291条)规定的事项作为撤销仲裁裁决的法定事由。对于当事人提出的不符合上述规定的申请理由,不能作为撤销涉外仲裁裁决的依据。广州某房地产公司提出的涉案裁决依据的证据系伪造以及适用法律错误,均不属于法院撤销涉外仲裁裁决的法定事由,对此不予审查。

在“申请人某公司请求撤销仲裁裁决案”[②]中,法院经审查认为,该案为涉中国香港特别行政区仲裁司法审查案件,根据最高人民法院《关于审理仲裁司法审查案件若干问题的规定》第21条的规定,应当参照适用涉外仲裁司法审查案件的规定。根据《仲裁法》第70条规定,当事人提出证据证明涉外仲裁裁决具有《民事诉讼法》第258条(2023年修正后为第291条)第1款规定的情形之一的,经人民法院组成合议庭审查核实,裁定撤销。上述条款是人民法院撤销涉外、涉港仲裁裁决的法定事由。对于当事人提出的不符合上述规定的申请理由,不能作为撤销涉外、涉港仲裁裁决的依据。申请人提出的仲裁庭对于合同解除原因、违约责任认定以及合同履行必要准备时间等问题均涉及仲裁庭对案件事实的认定及法律适用事项,在仲裁庭实体裁量的范畴之内,属于仲裁庭的审理权限,不属于撤销仲

① 北京市第四中级人民法院民事裁定书,(2023)京04民特537号。

② 北京市第四中级人民法院民事裁定书,(2024)京04民特124号。

裁裁决案件应审查的内容。

(三)超裁或者无权仲裁的认定

仲裁庭享有对特定争议进行判断的权力,这种权力源于国家法律和当事人的双重授权。因此,仲裁庭的权力是有限的,其行使权力除需要依据当事人之间有效仲裁协议的授权外,还要受到特定国家或地区仲裁法及相关法律的约束。如果仲裁庭对超出仲裁协议范围、超出当事人请求范围或者不能仲裁的事项进行了仲裁,其作出的仲裁裁决可能被“仲裁本座地”法院撤销或者不予执行。

超裁,是指仲裁庭超越权限作出裁决。[①] 主要存在以下两种情形:

第一种情形是超出仲裁协议约定的范围。仲裁协议是仲裁管辖权的基础,仲裁庭不能对仲裁协议范围之外的事项进行仲裁。在大多数的仲裁条款中,对仲裁事项的约定都表述为“因本合同引起的争议”或“与本合同有关的一切争议”。什么是“与合同有关的一切争议”?《仲裁法司法解释》第2条规定:“当事人概括约定仲裁事项为合同争议的,基于合同成立、效力、变更、转让、履行、违约责任、解释、解除等产生的纠纷都可以认定为仲裁事项。”从该规定的精神来看,在对仲裁协议约定的仲裁事项进行解释时,通常采用的是广义的、尽可能宽泛的、有利于仲裁的解释方法。如果仲裁裁决超出了仲裁协议约定的范围,则可以认定存在超裁情形。

第二种情形是超出当事人仲裁请求的范围。按照私权自治理念和处

① 参见林一飞:《仲裁裁决抗辩的法律与实务》,武汉大学出版社2008年版,第151页。

分权原则,应由当事人向裁判者提出的权利请求,确定裁判者的审理范围和裁判对象。在通常情况下,仲裁庭根据当事人的仲裁请求进行审理并作出裁决。对当事人没有请求的事项,仲裁庭不得进行仲裁,否则也将构成超裁。当事人提请仲裁的事项,既包括仲裁申请人的请求仲裁事项,也包括被申请人反诉请求仲裁的事项。

在"申请人中国某工程集团有限公司(以下简称某工程公司)与被申请人C某申请撤销仲裁裁决案"①中,某工程公司提出的撤销涉外仲裁裁决的理由之一是仲裁庭的裁决事项超出仲裁协议范围和仲裁请求。法院认为,结合案涉仲裁协议的约定、C某提出的给付《线下工程分包协议》等合同项下的保留金、调价款、工程变更款仲裁请求,以及仲裁庭所作出的仲裁结果,某工程公司提出的裁决事项超出仲裁协议及请求并无事实依据。某工程公司称,C某所提出的7项请求均是金钱给付请求,不包括要求仲裁庭确认某工程公司与项目经理部之间法律关系的确认权请求,仲裁庭裁决某工程公司与项目经理部之间属于"隐名代理关系"超出了仲裁请求及仲裁协议的范围。法院针对上述主张认为,确认某工程公司与项目经理部之间的法律关系属于仲裁庭对案件事实的查明及认定,属于仲裁庭依法履行职责的范畴,某工程公司以此主张仲裁庭"超裁",缺乏法律依据。

除以上两种典型的"超裁"情形之外,对于涉及"可仲裁性"问题的无权仲裁问题,是否应当纳入"超裁"的范畴,在实践中存在不同认识。无权

① 北京市第四中级人民法院民事裁定书,(2021)京04民特843号。

仲裁,主要涉及争议事项的可仲裁性问题。关于争议的可仲裁性,是指仲裁作为一种解决纠纷的方式,可以解决哪些争议而不能解决哪些争议。[①]一般认为,可仲裁性问题实际上是一国法律对仲裁范围所施加的限制。"可仲裁"争议是一个国家允许以仲裁方式解决的争议,"不可仲裁"争议是一个国家以法律禁止仲裁,并坚持以国家法院(或其他法定机构)审理的争议。传统上,对可否仲裁的判断是以法定请求(statutory claims)与契约请求(contractual claims)的区分为基础的。基于契约的争议,通常涉及的是契约的成立、契约适用的法律、契约的履行和违约责任等,关涉的是私人可以自由处分的权利,可以通过协议交付仲裁。

中国《仲裁法》既以概括方式规定了可以仲裁的事项,也以列举方式规定了不能仲裁的内容。即"平等主体的公民、法人和其他组织之间发生的合同纠纷和其他财产权益纠纷,可以仲裁";"下列纠纷不能仲裁:(1)婚姻、收养、监护、扶养、继承纠纷;(2)依法应当由行政机关处理的行政争议"。对于"其他财产权益"应当作广义解释,其既包括因侵权行为引发的争议,也包括因无形资产如知识产权等引发的争议。在否定事项方面,排除人身关系色彩浓厚的婚姻、继承等纠纷的仲裁管辖权是与国际上绝大多数国家相类似的。但是,如果在人身关系之外,仅涉及财产关系的争议是否可以通过仲裁解决?实践中有观点对通过仲裁解决类似婚姻纠纷中的财产分配等问题持肯定态度。但考察中国《仲裁法》的立法本意以及世界

① 参见杨弘磊:《中国内地司法实践视角下的〈纽约公约〉问题研究》,法律出版社2006年版,第326页。

其他国家的有关规定,类似上述纠纷的解决实际上是完全排除仲裁的,并没有将纠纷中的人身关系与财产关系分开规定。实际上,上述纠纷即使涉及财产争议,其通常也与人身关系密不可分,财产关系与人身关系在这里是一个紧密联系的有机整体,不能简单机械地割裂看待。在实践中常见的“应当由行政机关处理的争议”,往往与行政机关的行使职权行为密切相关。例如,商标权属纠纷中时常涉及有关商标主管部门赋权行为的正当性判断,将此类纠纷排除在仲裁管辖范围之外是不难理解的。再如,宣告专利无效或者撤销的请求不能提交仲裁解决,因为此类程序涉及行政机关经由行政程序授予的权利,不宜由当事人协议处分。这类权利相关的纠纷应该通过司法途径解决,因为司法途径能够建立或改变不仅对当事人,而且对所有人都产生效力的法律关系。① 鉴于因可仲裁性问题引发的仲裁庭超出权限问题与法定“超裁”在法律基础、处理方式方面均存在较大差异,因此,对于因“可仲裁性”问题引发的超出仲裁权限问题应当更加审慎处理。

(四)仲裁庭组成、仲裁程序是否符合仲裁规则

对上述问题的理解主要涉及3个基本概念,即仲裁庭的组成、仲裁程序与仲裁规则。3个概念之中,仲裁规则是基本概念,仲裁庭的组成、仲裁程序都是依托仲裁规则的规定而形成的。

针对仲裁庭的组成,较多见的对撤销裁决以及不予执行裁决提起抗辩

---

① See Daniel Paul Simms, *Arbitrability of Intellectual Property Disputes in Germany*, Arbitration International, Vol. 15, No. 2. p. 194 - 197 (1999).

的事由主要包括:仲裁员数目是否合适,包括是否以3人仲裁庭或者独任仲裁庭作出裁决,3人组庭时3人是否实际参与了仲裁的裁判过程;仲裁员披露情况是否符合规定和是否具备合法资格,包括仲裁员是否依据当事人约定的仲裁规则进行披露;是否作出相应的中立性或者独立性声明;是否存在影响仲裁员中立性、客观性的情形;等等。

针对仲裁程序,当事人一般从以下方面提起撤销裁决以及不予执行抗辩:通知与送达程序是否合法合理完成,包括是否送达合理的联系人,以何种形式发出通知和申请;是否参照当事人约定或者相关规则,在相应时限内完成相关程序,尤其是审理期限和作出裁决的期限;是否以适当的仲裁员人数作出多数决或一致决;是否在听证程序中存在瑕疵;等等。①

仲裁规则,是指当事人和仲裁庭在仲裁过程中必须遵守的操作规则,是双方当事人和仲裁庭在仲裁的整个过程中所应遵循的行为规范的总和。它包括仲裁申请的提出、仲裁员的选定、仲裁庭的组成、仲裁裁决的作出等内容。适用不同的仲裁规则,可能会产生不同的仲裁结果。双方当事人在签订仲裁协议时,应当明确约定仲裁所应适用的规则,以确保仲裁程序的顺利进行。② 仲裁规则是仲裁司法审查的重要依据,当仲裁程序违反《仲裁法》规定、仲裁规则规定或者仲裁协议约定,达到影响公正裁决的程度

---

① 参见中国国际仲裁30人编著:《1958年〈承认与执行外国仲裁裁决公约〉(〈纽约公约〉)理论与适用》,法律出版社2020年版,第152页。

② 参见杨弘磊:《中国内地司法实践视角下的〈纽约公约〉问题研究》,法律出版社2006年版,第244页。

时,应当认定为违反法定程序。①

以确定仲裁送达程序是否违反仲裁规则为例,在"申请人北京某地产顾问有限公司(以下简称某地产公司)与被申请人上海某投资管理咨询有限公司(以下简称某咨询公司)申请撤销仲裁裁决案"②中,某地产公司以其未收到过指定仲裁员或者进行仲裁程序的通知,亦未能获得陈述意见的机会为由申请撤销仲裁裁决。法院查明,某地产公司与某咨询公司签订的《鑫苑海外项目销售代理合作协议》第9条约定,发生争议提交至北仲仲裁解决。第10条约定,任何一方的所有通知均应采用书面形式送达或者以邮件形式进行确认。一切书面通知必须按照下列地址或传真送达,直到对方依据该条规定发出书面通知更改地址或传真为止:甲方某地产公司地址为×××,收件人为×××;任何一方变更上述名称和/或地址,传真号码或收件人时,应立即(最迟不应超过该等变更发生之日起第5日)依照该条规定的方式书面通知另一方。仲裁庭按照上述地址向某地产公司邮寄了仲裁材料。法院认为,双方在《鑫苑海外项目销售代理合作协议》的仲裁条款中已明确约定适用北仲届时有效的仲裁规则。根据《北京仲裁委员会仲裁规则》(2022年)第71条第2项的规定,"向当事人或者其代理人发送的仲裁文书、通知、材料等,如经当面送交受送达人或者邮寄至受送达人或者对方当事人提供的受送达人的营业地点、注册地、

① 最高人民法院民事审判第四庭编:《最高人民法院商事仲裁司法审查年度报告(2019)》,人民法院出版社2021年版,第35～36页。

② 北京市第四中级人民法院民事裁定书,(2023)京04民特414号。

居住地、身份证载明地址、户籍地址、当事人约定的送达地址或者其他通讯地址，即视为已经送达”。某地产公司在《鑫苑海外项目销售代理合作协议》中已约定其受送达地址，且未发出过书面变更通知。北仲依照约定送达地址及联系方式已将仲裁手续邮寄送达，且送达结果显示已由本人签收，送达程序符合仲裁规则的规定。某地产公司的撤裁理由缺乏事实及法律依据。

（五）仲裁员的披露义务

基于独立和公正义务，仲裁员对于“可能”引起对其公正性产生合理怀疑的任何情况，负有披露义务。[①]《示范法》（2006 年修订）以及许多国家的法律均规定了仲裁员的披露义务。

根据《示范法》（2006 年修订）第 12 条的规定，仲裁员的披露义务是披露“可能”引起对其公正性产生合理怀疑的任何情况。《国际律师协会国际仲裁利益冲突指引》对“仲裁员披露”提供了明确具体的指引。中国《仲裁法》未具体规定仲裁员披露问题，但一些仲裁机构的仲裁规则[②]对仲裁员信息披露进行了规定，这些仲裁规则将披露内容一般概括性地统一表述为“可能引起对仲裁员公正性和独立性的合理怀疑的事实或情形”。在实践中，通常不容易确定哪些事由属于仲裁员应当披露的范围，哪些事由无须披露。例如，仲裁员担任当事人法律顾问，结束顾问关系未满 2 年；仲裁

---

① 参见《示范法》（1985 年通过）第 12 条第 1 款。

② 参见《中国国际经济贸易仲裁委员会仲裁规则》第 31 条、《北京仲裁委员会仲裁规则》第 22 条、《深圳国际仲裁院仲裁规则》第 32 条、《广州仲裁委员会仲裁规则》第 37 条。

一方当事人的代理人是现任仲裁机构仲裁员,或者仲裁员任职单位与一方代理人服务机构存在关联及业务往来等情形。在通常情况下,仲裁员应当按照法律和仲裁规则的规定,披露可能影响其公正性与独立性的全部事实或者情况,以便仲裁庭作出是否回避的决定。在社会生活与交往中存在的某些关联关系,如果尚未达到法律规定或者仲裁规则规定的足以影响仲裁独立、公正裁决的程度,或者仲裁员并不知悉这种关系的存在,通常不能认定仲裁员违反信息披露义务。但是,观察仲裁司法审查实践中当事人对裁决提出挑战的所有可能情形,为避免裁决遭遇无法预知的公正性方面的质疑,仲裁员应当选择将自己所知的,与双方当事人及其代理人或者争议事实存在的、可能引发独立性与公正性怀疑的所有情形对外披露。

在实践中,需要注意的是披露与回避的关系问题。根据《示范法》(2006 年修订)第 12 条的规定,仲裁员的披露义务是披露"可能"引起对其公正性产生合理怀疑的任何情况;而"只有存在对仲裁员的公正性或独立性引起正当怀疑的情况或仲裁员不具备当事各方商定的资格时,才可以申请仲裁员回避"。这意味着,仲裁员负有披露义务的范围要大于申请仲裁员回避事由的范围。另外,违反仲裁员披露义务有可能引起对仲裁员是否应当回避的审查,并可能间接产生仲裁裁决被撤销或者不予执行的后果,而违反仲裁员回避的规定通常直接构成撤销或者不予执行裁决的事由。

在"江苏某工贸有限公司(以下简称某工贸公司)与中国某保险公司

江苏分公司(以下简称某保江苏公司)申请撤销仲裁裁决案”①中,某工贸公司申请撤销裁决的一项理由是仲裁员存在应当披露而未披露、应当回避而未回避的事由,且该事由足以影响裁决的公正性。法院认为,仲裁员披露与回避是两个不同事项。披露的前提是仲裁员自行审查认为自己无须回避,但确实有一定的特殊情形需要告知当事人以避免当事人产生误解。北仲自2019年9月1日起施行的《仲裁规则》第22条“仲裁员信息披露”第2项规定,“仲裁员知悉与案件当事人或者代理人存在可能导致当事人对其独立性、公正性产生合理怀疑的情形的,应当书面披露”,该会制定的《北京仲裁委员会仲裁员回避与信息披露指引》中规定对“合理怀疑”采用“合理的第三人检验标准”,即从知悉相关情形的理性第三人角度来看,如果相关情形可以引起该第三人对仲裁员的公正性或者独立性的正当怀疑,则认为存在合理怀疑。上述文件可以作为审查仲裁员是否正当履行披露义务的参考依据。无论仲裁员是否及时披露,只要当事人发现并认为仲裁员与案件有特殊利害关系,可能影响公正裁决,都有权申请仲裁员回避,而且仲裁员披露的事项本身也是当事人发现应予回避情形的重要渠道之一。仲裁当事人申请回避后,并不意味着仲裁员必然退出案件审理工作,依据仲裁规则,此时需要由仲裁委员会主任审查判断是否存在应回避事项并作出决定(除非仲裁员主动退出),如果仲裁委员会主任经审查认定仲裁员无须回避,该仲裁员仍然可以继续参与案件审理工作。具体到本案中,李

① 北京市第四中级人民法院民事裁定书,(2023)京04民特182号。

某明仲裁员作为北京市某律师事务所“保险业务委员会主任”，从“理性第三人”角度判断其大概率会参与该所承办的保险业务案件，至少会指导相关律师开展业务活动。该律师事务所对外公开宣传某保江苏公司的总公司系其客户(根据《民法典》第74条第2款之规定，分支机构虽然可以自己的名义从事民事活动，但终局民事责任需要由法人承担，因此某保江苏公司的总公司与某保江苏公司实质上属于一体责任，故“某保江苏公司的总公司的客户”可以视同为“某保江苏公司的客户”)，虽然经核实二者之间实际上没有真实业务关系，但从不知情的第三方角度看，确有可能对李某明仲裁员的客观中立性产生一定怀疑。但是，鉴于北仲明确表示结合该案中并未产生实际经济利益的具体情况以及仲裁规则相关规定，不作出要求仲裁员回避的决定，故根据现有信息不能认定本案已经达到“可能影响案件公正裁决”的程度，对某工贸公司基于仲裁员披露及回避相关事项要求撤销涉案仲裁裁决的意见不予采纳。

(六)违反社会公共利益(公共政策)的认定

人民法院认定裁决违背社会公共利益的，裁定撤销或者不予执行。社会公共利益或者公序良俗一般是大陆法系的概念，通常指的是社会赖以建立的根本原则或价值。英美法系称为“公共政策”，大多是指自由、平等、公平、自然正义等一些社会内在的价值观。从各国法律规定的情况看，对社会公共利益(公共政策)条款的规定均表现出“弹性”(flexibility)的特点。社会公共利益(公共政策)是一个关系到时间和地域的概念，由于政治制度和文化传统的差异，不同的国家可能对社会公共利益(公共政策)

的内涵存在不同的解释，而且即便是在同一个国家，其社会公共利益（公共政策）的内涵也会随着社会的发展而变化。但是无论内容如何变化，以违背社会公共利益或者公共政策为由对某种行为或其结果进行否定性评价，并达至维护“国家或社会的重大利益或者法律和道德的基本原则”之目标，是没有什么争议的。①

在“申请人某科技公司申请撤销仲裁裁决案”②中，申请人以裁决的执行违反社会公共利益为由申请撤销裁决。法院认为，违背社会公共利益是指违背以社会公众为利益主体的，涉及整个社会最根本的法律、道德的共同利益，其表现形式应当是违背中国法律的基本制度与准则、违背社会和经济生活的基本价值取向，危害社会公共秩序和生活秩序，违背社会全体成员共同普遍认可、遵循的基本道德准则。案涉纠纷系平等民事主体之间的民事纠纷，且仲裁的起因系某科技公司拒收某荷兰公司已完成的定制的机器人，仲裁裁决的效力所及是平等民事主体之间的权益，现有证据无法证明该裁决存在违背社会公共利益的情形，对于某科技公司的主张不予支持。

在国际商事仲裁司法审查领域，本书的考察年度缺乏适用社会公共利益否定裁决的实例，但最高人民法院对一则国内裁决的撤销理由再一次申明了“社会公共利益”的判断标准。

---

① 参见李娜：《仲裁司法审查实践中的“公共政策”研究》，载《北京仲裁》2022年第1期。

② 北京市第四中级人民法院民事裁定书，（2023）京04民特1316号。

在"王某申请撤销仲裁裁决案"[①]中,李某以与王某签订的借款合同为依据向贵阳仲裁委员会申请仲裁,要求王某还款100万元。贵阳仲裁委员会裁决王某向李某偿还借款本金及利息。王某向贵阳市中级人民法院申请撤销该仲裁裁决。法院认为,各方均明知借款用途为赌博,而赌博之行为系违反公序良俗之行为,则因赌博产生的债务属于非法债务,不应予以保护。贵阳仲裁委员会作出的上述裁决应予撤销。案经逐级报核至最高人民法院并获最高人民法院认可。

三、总结

在本书设定的考察年度内,国际商事仲裁司法审查领域涉及的法律问题较集中,既有对实践中经常出现的老问题的再认识和重述,也有对新情况和新问题的探索和争论。人民法院在这些案件的审理过程中,对相应问题作出回应,进一步规范了司法审查程序,统一了裁判标准。现简要总结如下:

第一,关于确认涉外、涉中国港澳台地区仲裁协议效力的准据法。司法审查实践中,法院不断重申当事人约定的合同实体法、仲裁程序法和仲裁协议效力准据法的区别。在不断加深对上述法律指向不同的认识之时,亦应注意如果当事人没有就仲裁协议准据法进行专门约定,其之后于司法审查阶段对"法律适用"问题的意思表示,应当具有清晰明确的指向。上述"某信息公司申请确认仲裁协议效力案"争议解决条款中关于"本协议

① 贵州省贵阳市中级人民法院民事裁定书,(2023)黔01民特54号。

适用中华人民共和国相关的法律解释”的约定属于当事人对解决合同争议准据法的约定，并非对仲裁条款准据法的约定。法院在审查仲裁协议效力时，并不能仅依据该约定就直接适用中华人民共和国法律。即使在当事人当庭一致同意适用中华人民共和国法律的情况下，是否可以视为当事人对仲裁协议效力准据法作出了选择，仍然应当考察当事人意思表示的具体内容。同时，当事人对仲裁程序法的约定亦不能视为对确认仲裁协议效力准据法的选择。例如，在最高人民法院《关于北京某重工集团有限公司与某海洋集团有限公司、某浙江公司确认仲裁条款效力一案的批复》中，涉案保函约定适用英格兰法律并按英格兰法律解释，对因该保函而产生的所有纠纷依据《1996 年英国仲裁法》提交伦敦仲裁。最高人民法院指出，该约定中既有对涉案保函所适用的实体法的约定，又有关于仲裁及其程序法的约定。但在确认仲裁协议效力的问题上，仍应依据当事人选择的仲裁地而适用英国法律。①

第二，关于撤销或者不予执行涉外、涉中国港澳台地区仲裁裁决的法律依据。在实践中需要注意的是，撤销国内仲裁裁决与撤销涉外仲裁裁决的法律依据不同。前者的法律依据是中国《仲裁法》第 58 条、后者的法律依据是《仲裁法》第 70 条。《民事诉讼法》(2023 年修正)第 291 条规定的不予执行事由与《纽约公约》第 5 条的事由存在很高程度的相似性，但仍有所差别。《纽约公约》将可仲裁性问题纳入由被申请承认与执行仲裁裁决

---

①　最高人民法院(2014)民四他字第 3 号。

的国家法院主动审查的情形之中,而《民事诉讼法》选择了将可仲裁性问题放在被申请人提出证据证明的情形之中,仅在第291条第2款将社会公共利益问题纳入了法院主动审查的事项。

第三,关于否定仲裁裁决效力的司法审查标准。首先,关于违反法定程序的认定,年度司法审查实践中,法院仍然强调标准是"违反仲裁法规定的仲裁程序、当事人选择的仲裁规则或者当事人对仲裁程序的特别约定,可能影响案件公正裁决,经人民法院审查属实的"情形。[①] 其次,关于超裁以及无权仲裁的认定。超裁主要是仲裁庭超越权限作出裁决。超裁强调"仲裁裁决的事项超出当事人仲裁请求或者仲裁协议约定的范围,经人民法院审查属实的"情形,仲裁裁决"在查明事实和说理部分涉及仲裁请求或者仲裁协议约定的仲裁事项范围以外的内容,但裁决项未超出仲裁请求或者仲裁协议约定的仲裁事项范围"的,不属于超裁。[②] 无权仲裁虽然主要涉及争议事项的可仲裁性问题,但也包括其他"无权"的情形。例如,作出仲裁裁决的机构非仲裁协议约定的仲裁机构、裁决事项系法律规定或者当事人选择的仲裁规则规定的不可仲裁事项等。[③] 目前,在实践中较有争议的问题主要涉及政府和社会资本合作争议、反垄断争议、知识产权争议等特殊领域纠纷是否具有可仲裁性等,鉴于该类问题的复杂性,往往需要根据协议的性质(协议属于公法性质还是私法性质),当事人权利义务涉

① 参见《全国法院涉外商事海事审判工作座谈会会议纪要》第101条。
② 参见《全国法院涉外商事海事审判工作座谈会会议纪要》第102条。
③ 参见《全国法院涉外商事海事审判工作座谈会会议纪要》第103条。

及私权还是由公权力机构认定等情况作出不同认定。

第四,关于违背社会公共利益(公共政策)的认定。“公共政策”判断的切入点是考察一种利益或者原则是否构成“国家或社会的重大利益或者法律和道德的基本原则”。也就是说,仲裁司法审查是否违背公共政策面临的问题首先就是正确界定一种利益或原则是否具有“系统性(根本性)”要素。同时,系统性与公共性互为表里,“公共政策”在公共性的基础上,必然同时具有系统性或根本性的价值内容。但具备公共性特征,并不一定必然构成“公共政策”,仅具有公共性的特点,利益很有可能仅构成公共利益事件或者公共利益观点,只有叠加上系统性或者根本性的条件,利益才有可能成为社会公共利益。前述某科技公司申请撤销仲裁裁决案件,法院从“裁决效力所及于的是平等主体之间的权益”的角度切入,就是主要从“公共性”的角度论述社会公共利益的判断问题。

同时,司法审查实践亦注意到“公共性”的构成不能简单地以法律关系或者仲裁裁决当事人的多寡为标准进行判断。“公共性”注重的是利益、原则或价值所辐射和影响的范围,而不仅是利益、原则或价值的原生主体。例如,仲裁裁决保护了两个自然人之间有关赌博债务的权利要求,虽然利益的原生主体局限在两个自然人之间,从表面看上去似乎与“公共政策”没有关系,但是,如果裁决宣告了赌博债务受到法律保护,所辐射和影响的范围远远不止两个自然人,而会波及整个国家、社会层级的文化、道德等共同利益的层面。这时,可以判断裁决涉及“公共政策”。“王某申请撤销涉赌借款仲裁裁决案”即为上述指导思想之明证。

年度小结

仲裁是国际通行的纠纷解决方式,在促进国际经济交往等方面发挥不可替代的重要作用。中国始终高度重视与支持仲裁发展。2023 年,《民事诉讼法》的再次修订进一步完善了支持和监督仲裁的机制,最高人民法院发布仲裁司法审查典型案例和涉外商事海事案例。北京、上海、广东、海南等仲裁资源集聚的地区充分调动地方立法主动性,及时将试点经验转化为制度成果,日益成为国际仲裁走进中国、中国仲裁走向国际的重要窗口,助推中国打造面向世界的国际商事仲裁中心。回顾 2023～2024 年,中国国际商事仲裁理论研究与仲裁实践主要聚焦以下热点问题,并取得了积极进展。

第一,关于中国国际商事仲裁发展概况。2023 年贸仲受案量实现近 10 年连续增长,案件国际化程度持续提升。2023 年贸仲首次实现"一带一路"案件国别全覆盖,近 5 年来受理案件新增国别近 30 个。当事人选择适用国际公约及外国法律的情况日益增多,贸仲在国际商事仲裁方面的影响力与代表性得以进一步提高,并将在今后的国际商事仲裁中扮演越来越重要的角色。各仲裁机构受理仲裁案件争议金额日益增加,涉及标的额过亿元的大额案件同比增长显著,反映了争议的规模不断扩大、复杂程度不断提高。部分仲裁机构仲裁规则的修订成为2023年中国仲裁制度发展完善的一大亮点。贸仲等国内领先仲裁机构积极修订仲裁规则,推动合并仲裁、投资仲裁等制度的完善。中国海事仲裁委员会、海南国际仲裁院等机构发布临时仲裁服务规则或指南等指引性文件,对临时仲裁实践作出探索。

第二,全方位梳理中国当前的紧急仲裁员程序实践,国内比较具有代表性的仲裁机构的紧急仲裁员程序规则,为完善中国紧急仲裁员程序的立法和实践提供了参考。紧急仲裁员程序是近年来国际商事仲裁领域的重要制度创新,其主要目的是为当事人提供在仲裁庭组成前快速获得紧急性临时救济的法律途径,从而高效保障当事人的正当程序和实体权利。中国仲裁机构引入紧急仲裁制度的时间与国际基本同步,但是当前中国紧急仲裁员案件的数量有限,紧急仲裁员程序在中国的应用尚不广泛。近年来,中国的立法和司法实践都在朝着接受紧急仲裁员程序的方向发展。《两地仲裁保全安排》释放了支持仲裁庭作出临时措施决定的信号。北京市高级人民法院在(2021)京执复346号案承认和执行外国紧急仲裁员决定方面进行了有益的尝试。整体上,紧急仲裁员程序在中国基本上呈现与国际仲裁实践趋同的发展态势。

第三,考察在不同情形下如何合理应对破产程序给仲裁程序带来的挑战。仲裁和破产作为两种不同的制度,在制度基础、管辖原则、透明度要求和核心价值等方面都存在较大差异。当仲裁当事人和破产债务人的身份叠加时,特定情况下无法同时实现两种制度下的规范目的,此时就体现为司法实践中的规范适用冲突。具体类型包括3类:一是成立在先的仲裁协议与启动在后的破产程序;二是正在进行中的仲裁程序与并存的破产程序;三是已终结的仲裁程序与启动在后的破产程序。就仲裁程序与破产程序的冲突与协调问题,《仲裁法》《企业破产法》及其司法解释中存在一些相关规定。要处理与应对仲裁程序与破产程序交叉引发的冲突,必须厘清破产程序对仲裁协议的影响、破产程序对正在进行中的仲裁程序的推进的影响、仲裁的保全和仲裁裁决在破产程序中的认定这些典型法律问题。当仲裁地与破产程序所在地并不相同时,不同法域关于破产与仲裁关系的规定上的冲突会加剧这一问题的处理难度,而其中又牵涉准据法的选择、破产法规范的域外效力、对外国破产法院决定的承认等问题。尽管仲裁与破产存在制度和立场上的差异,但通过程序推进和实体审理的协调,两者仍然可以实现并行与协同,应用仲裁处理涉及涉破产企业争议的前景将会进一步拓展。

第四,从行业发展的角度思考和探索能源争议中的重点法律问题和仲裁的价值、前景。中国能源行业纠纷从案件数量到争议金额均呈现增长趋势,新型能源争议案件不断涌现。能源争议的成因复杂多样,从国内市场来看,能源纠纷多由能源政策和技术变化引起;从国际市场来看,能源纠纷的产生还与不同国家和地区之间的市场变化、政策调整和国际形势等紧密相关。能源行业交易领域较有行业特色且较常见的典型争议包括以下3类:一是"照付不议"条款的性质认定为合同义务抑或违约责任;二是能源产品固定价格条款产生的法律问题,通常涉及固定价格条款的识别、法定调整固定价格的事由、损失赔偿的范围;三是新能源产品质保纠纷,买方以产品质量不达标或者未达到付款条件等提出不应付款的抗辩或者提起反请求,进而使产品质量、质保期的起算等问题成为案件的争议焦点。在能源争议解决过程中,仲裁具有专业性强、灵活性高、保密性强、经济高效、独立性强、裁决国际执行力强的优势。中国是能源投资和消费大国,故应有相应的阵地和规则来解决能源争议。尤其在新兴能源领域,中国仲裁机构应积极探索和作为,建立专业高效的能源争议解决机制,吸引更多的国内外用户选择中国仲裁机构解决能源争议,从而提高在能源争议解决领域的机构竞争优势。

第五,人民法院对仲裁实施有限的司法审查并支持仲裁程序的推进和仲裁裁决的执行已达成共识。关于确认涉外、涉中国港澳台地区仲裁协议效力的准据法,应注意如果当事人没有就仲裁协议准据法进行专门约定,其之后于司法审查阶段对"法律适用"问题的意思表示,应当具有清晰明确的指向。同时,当事人对仲裁程序法律的约定亦不能必然视为对确认仲裁协议效力准据法的选择。关于撤销或者不予执行涉外、涉中国港澳台地区仲裁裁决的法律依据,需要注意的是,撤销国内仲裁裁决与撤销涉外仲裁裁决的法律依据不同,前者的法律依据是中国《仲裁法》第58条,后者的法律依据是《仲裁法》第70条。关于超裁以及无权仲裁的认定,目前在实践中较有争议的问题主要涉及政府和社会资本合作争议、反垄断争议、知识产权争议等特殊领域纠纷是否具有可仲裁性等,往往需要根据协议的性质,当事人权利义务涉及私权部分抑或是由公权力机构认定等情况作出不同认定。关于违背社会公共利益的认定,需注意具备公共性特征并不一定必然构成“公共政策”,仅具有公共性的特点,利益很有可能仅构成公共利益事件或者公共利益观点。仲裁司法审查公共政策适用面临的问题首先在于,正确界定一种利益或原则是否具有“系统性”要素。只有叠加上系统性或者根本性的条件,利益才有可能成为社会公共利益。

党的二十届三中全会通过《中共中央关于进一步全面深化改革、推进中国式现代化的决定》(以下简称《决定》),其中4次提及仲裁,充分体现了仲裁在“推进高水平对外开放”“健全覆盖城乡的公共法律服务体系”等方面的重要性。《决定》在加强涉外法治建设方面尤其强调了“健全国际商事仲裁和调解制度,培育国际一流仲裁机构”。此外,《决定》还要求“提高航运保险承保能力和全球服务水平,推进海事仲裁制度规则创新”;“健全覆盖城乡的公共法律服务体系”,深化仲裁制度等管理体制改革。中国仲裁机构应不断推动仲裁规则和相关机制体制的改革与完善,坚持数字赋能、科技赋能,提升案件管理服务质效,提升中国仲裁的国际竞争力、公信力和影响力,大力助推高质量共建“一带一路”,积极参与国际仲裁规则制定与全球治理,奋力续写中国仲裁事业改革发展的新篇章。